北京街道志

LOCAL RECORDS OF BEIJING SUB-DISTRICT

广东省广州市越秀区北京街道志编纂委员会　编

图书在版编目（CIP）数据

北京街道志 / 广东省广州市越秀区北京街道志编纂委员会编 .-- 北京：方志出版社，2018.11

（中国名镇志丛书）

ISBN 978-7-5144-3160-5

Ⅰ. ①北… Ⅱ. ①广… Ⅲ. ①越秀区—地方志 Ⅳ. ① K296.54

中国版本图书馆 CIP 数据核字（2018）第 174160 号

· 中国名镇志丛书 ·

北京街道志

编　　者：广东省广州市越秀区北京街道志编纂委员会
责任编辑：刘　珊

出 版 人：冀祥德
出 版 者：方志出版社
地址　北京市朝阳区潘家园东里 9 号（国家方志馆 4 层）
邮编　100021
网址　http://www.fzph.org
发　　行：方志出版社图书经销中心
电话　（010）67110500
经　　销：各地新华书店
排　　版：北京纺印图文设计制作有限公司
印　　刷：北京中科印刷有限公司

开　　本：787 × 1092　　1/16
印　　张：18.25
字　　数：378 千字
版　　次：2018 年 11 月第 1 版　　2018 年 11 月第 1 次印刷

ISBN 978-7-5144-3160-5　　**定价**：145.00 元

序一

习近平总书记指出:“不忘历史才能开辟未来，善于继承才能善于创新……只有坚持从历史走向未来，从延续民族文化血脉中开拓前进，我们才能做好今天的事业。”中国优秀传统文化是在漫长的历史长河中历经无数次涤荡和沉淀而形成的思想精髓，蕴藏着无穷的宝藏和无尽的力量。发掘和继承优秀传统文化，是延续中华文明“根”与“魂”的必由之路。与时俱进，推动传统文化不断开拓创新，是中华文明常葆勃勃生机的重要保证。

“国有史，邑有志。”编修地方志是中国特有的文化现象，是中华民族的优秀文化传统。数千年来，连绵不断的志书编修为保护中华民族根脉，传承中华文明发挥了不可替代的作用。中国现存古志有 8000 余种，占现存古籍的十分之一。中华人民共和国成立以来，编修完成数万种省、市、县三级综合性行政区域志、部门志、行业志、专志等，编纂数万种地方综合年鉴、行业年鉴和专门年鉴等，整理出版数千种历代方志及相关研究成果，发表相当数量的方志理论与年鉴理论研究成果。这既是对我国国情、地情持续开展的大规模普遍调查，也是对各地自然与社会发展状况进行的综合研究，其成果构成了一座丰富的文化资源宝藏，为各级领导科学决策提供了重要参考，为推动经济社会发展和文化建设发挥了重要作用。

当前，中国特色社会主义进入新时代，全国地方志事业也进入新时代。如今的地方志事业围绕党和国家利益、经济社会发展，以人民为中心开拓创新，志、鉴、馆、史“四驾马车”并驾齐驱，志、鉴、馆、网、库、用、会、刊、研、史“十业并举”，加快实现在全国范围内全面推进地方志从一项工作向一项事业转型升级。在党中央、国务院的亲切关怀和各级地方志工作者的共同努力下，一批紧密结合社会发展需求、具有独特创造性的工作逐步开展，涵盖中国名镇志、中国名村志、中国名山志、中国名水志、中国名街志等“名志”系列文化工程是其中代表。作为首个“名志”系列文化工程的中国名镇志文化工程，启动于 2015 年，至今已是第三个年头。中国名镇志丛书在记述主体上，选择中国历史文化名镇、经济强镇、特色镇等在全国具有影响力和代表性的乡镇，旨在全面展示中国名镇的文化精髓；在内容题材选择上，重在突出不同名镇的“名”和“特”，力求集中体现不同名镇最精彩的部分，增强可读性；在志书编纂程序设置方面，志书申报、篇目设计、专家审读、专家组验收等流程环环相扣，紧密结合，力争把每一部志书都打造成精品佳志。

习近平总书记指出：“历史和现实都表明，一个抛弃了或者背叛了自己历史文化的民族，不仅不可能发展起来，而且很可能上演一场历史悲剧。”2018 年是改革开放 40 周年，40 年来中华大地发生了翻天覆地的变化，乡镇发生了极为深刻的改变，从粗茶淡饭到有机食品，从粗布衣裙到精美时装，从土屋平房到高楼大厦，人民生活水平大大提高，城乡差距不断缩小。然而，在感受辉煌成就的同时，我们也应该看到，许多精巧的古建、精湛的工艺、亲切的乡音、独特的乡俗也在快节奏的发展中与我们渐行渐远，曾经的家乡正逐渐变为记忆中的故园。

党的十九大报告提出乡村振兴战略，此后党中央、国务院又推出一系列重大举措。实施乡村振兴战略，必须全面加强乡村文化建设，培养乡村文化自信，培植文化之“根”，铸牢文化之“魂”。没有乡村文化的高度自信，没有乡村文化的繁荣发展，就难以实现乡村振兴的伟大使命。振兴乡村文化，既要塑形，更要铸魂，必须遵循乡村发展的客观规律，在发展中把文化的精髓保留下来，把乡土味道、乡村风貌的“魂”传承下去。在保留优秀乡村文化内核的基础上，用现代表现方式，把反映时代精神、先进理念的内容通过群众喜闻乐见的文化产品表达出来，才能够让乡土文化具有更强大的生命力。用创新性的模式书写乡镇志，传承和抢救乡土历史文化，激发爱国爱乡情怀，为探索中国特色新型城镇化发展经验、发展模式、发展道路提供历史智慧和现实借鉴，正是实施中国名镇志文化工程的目的和意义所在。

“月是故乡明”。中国人素有“家国情怀”，家乡的山水是最为美丽的，家乡的风俗是充满温暖的，一声亲切的乡音，一口熟悉的家乡菜，都能拨动游子的心弦，让其魂牵梦萦。中国名镇志丛书是一套全面梳理中国名镇历史人文，挖掘文化特色，突出“名”和“特”的镇志。它能让人民群众深刻感受到本土本乡自然的优美、历史的醇厚、人物的杰出、艺文的风雅等，有助于培养人民群众对家乡文化的自信，激发起人民群众浓烈的爱乡爱国情怀，助力国家新型城镇化建设和乡村振兴战略的实施。

是为序。

中国社会科学院院长
中国地方志指导小组组长　谢伏瞻

序二

连绵不断地编修地方志是我国特有的文化传统，为传承中华文明作出了巨大的贡献。在党中央、国务院的高度重视和支持下，这一古老的文化传统焕发勃勃生机，展现新的活力，成为保存、继承、发扬光大中华优秀传统文化的重要依托，培育和践行社会主义核心价值观的重要媒介，社会主义先进文化建设的重要组成部分，发展中国特色社会主义，增强道路自信、制度自信、理论自信的重要载体，在实现“两个一百年”奋斗目标和中华民族伟大复兴中国梦进程中具有不可替代的地位和作用。

事物总是在不断发展中前进。经过改革开放以来 30 余年的发展，中国特色地方志事业与传统的编修地方志已不可同日而语，形成了志（志书）、鉴（年鉴）、库（地情数据库）、馆（方志馆）、网（地情网站）、刊（期刊）、会（学会）、研（理论研究）、用（开发利用）等多业并举的新格局。截至 2015 年 10 月底，全国编纂完成首轮、二轮省、市、县志书 8000 多种，编修部门志、行业志、专业志、乡镇村志 27000 多种，编纂地方综合年鉴 2300 多种，累计整理旧志 2500 多种，还编纂出版了大量的地情书，字数以百亿计，形成以反映国情、地情为主要内容，全面系统、持续不断、卷帙浩繁的社会科学成果群。另外，还开通了 27 个省级网站、230 个市级网站、816 个县级网站；建成国家方志馆 1 个、省级方志馆 16 个、市级方志馆 86 个、县级方志馆近 300 个。这些成果，成为国家极为重要的文化资源，是国家文化软实力和公共文化服务体系的重要组成部分。

最近几年，地方志工作的触角在不断延伸，部门志、行业志、专业志、特色志、乡镇村志编纂方兴未艾，成为当前地方志事业发展新的增长点和亮点。特别是乡镇志，兴起了编纂热潮，从自发的民间行为逐渐过渡为政府组织的文化行为，有的省份以政府令形式将其纳入地方志编修范畴，像河南省还以省政府办公厅名义要求全省普修乡镇志。乡镇志并不是一个新生事物，据现有资料可考，宋代常棠所撰《澉水志》是现存最早的一部乡镇志。与省、市、县三级志书相比，乡镇志虽属小志，但意义却不小，特别是在当前国家全力推进新型城镇化建设的背景下，乡镇志的作用更显重要。

启动中国名镇志文化工程，是适应当前新型城镇化建设形势发展需要、地方志事业发展形势需要的重要举措，也是充分发挥地方志存史、资政、育人功能的重要手段。作为最基层行政组织的志书，镇志是最接近中国社会发展变迁的国情、地情记录文本，具有重要的历史文献价值。而作为充分反映本区域自然、政治、经济、文化和社会的历史与现状的资料性文献，镇志又能全面展示发展脉络，摸索发展经验，为探索中国乡镇未来发展方向提供借鉴和参考。当然，对于祖祖辈辈生于斯长于斯的中国人来说，故乡就是一个魂牵梦萦的地方，故乡的情怀终生难忘。留得住乡愁，记得住乡思，充分展示名镇文化魅力，激发爱乡、爱国情怀，正是中国名镇志文化工程题中应有之义。

是为序。

中国社会科学院原院长
中国地方志指导小组原组长 王伟光

序三

“国有史，邑有志”，中国自古就有注重编史修志的传统。按照我国目前地方志行政法规，国家各级地方志机构的法定职责是编纂省、市、县三级志书，并不包括县以下的乡镇志和村志。这种规定，一方面可能因为全国有数百万自然村落和数万乡镇，全部实行官修很难实现；另一方面可能因为我国历史上就有“皇权止于县”的说法，县以下的民间社会历来是一个以自治为主的领域。然而，改革开放几十年来，我国社会正在发生巨变，这种巨变在基层社会的乡镇、村落、家庭领域更为深刻。作为“乡之首，城之尾”的镇，逐渐被日益崛起的大都市淹没了光彩，村落在快速的城镇化过程中每天都在大量消失，农村家庭的小型化、空巢化趋势非常突出。在这种情况下，我一直在思考，如何留得住历史文化记忆和乡愁，如何把修志的工作向基层社会延伸？

中国人的“家国情怀”，是从“诚意、正心、修身”开始，到实现“齐家、治国、平天下”。所以从国家一统志，省、市、县三级志，到乡镇志、村志、家谱，也是一个完整的系统。

正是在这种背景下，我们决定启动中国名镇志文化工程。乡镇是无数中国人生命的底色和成长的摇篮。如何在城镇化进程中，留得住乡愁，记得住乡音，忘不了乡思，事关城镇化进程的人文关怀和文化保护，事关文化血脉的传承。同时，科学记录城镇化进程，反映城镇化成就，也为今后探索城镇化发展规律、积累经验提供了基本素材。作为全面系统记述一定行政区域的自然、政治、经济、文化和社会的资料性文献，志书是以上功能最好的载体。

我国目前有 4 万多个乡镇，全部修乡镇志还不具备条件。中国名镇志丛书选择的是传统文化名镇、历史军事重镇、革命历史名镇、民族特色名镇、特色经济名镇、旅游景观名镇等类型的乡镇，应该是最具代表性的，在中国乡镇文化传承和社会发展中具有标杆意义。

编纂中国名镇志丛书是对乡土历史文化的保护。随着城镇化进程加快，有不少乡镇被撤并，有些还是在历史上有重要意义的历史文化名镇、特色镇等。如不及时对其历史进行整理、记录，这些重要的历史资料将散佚殆尽。因此，中国名镇志丛书的编纂是对宝贵历史资料的抢救。

编纂中国名镇志丛书是对乡土意识的传承。什么东西有魅力？故乡的山水，乡音乡情的记忆，乡土的气息和家乡菜的味道，不管走到哪里，总是触动心弦。中国名镇志丛书记录的是家乡的山山水水，家乡的历史文化，家乡的风土人情，留住的是乡愁。这些最能激发远方游子和本地民众的爱乡情怀、爱国情怀。

编纂中国名镇志丛书是一种学术探索。镇志的编纂，实质也是一次深入的社会调查研究。“麻雀虽小五脏俱全”，相比省、市、县，乡镇第一手资料的获得需要付出更大的努力。我们也希望在志书编纂上有所创新，使中国名镇志丛书成为一套图文并茂、雅俗共赏的新型志书。

中国社会科学院副院长
中国地方志指导小组常务副组长　李培林

中国名镇志文化工程专家委员会

名 誉 主 任　徐匡迪
主　　　任　谢伏瞻
常务副主任　李培林
委　　　员（按姓氏笔画排序）
毛其智　叶裕民　李　铁　李善同
杨保军　柳　拯　倪鹏飞　魏后凯

中国名镇志文化工程学术委员会

主　　　任　李培林
常务副主任　冀祥德
副 主 任　邱新立
委　　　员（按姓氏笔画排序）
于伟平　王　晖　王铁鹏　巴兆祥
田　嘉　苏炎灶　李　江　李孝聪
张大伟　张英聘　陈泽泓　陈　强
黄晓勇

中国名镇志丛书编纂委员会

中国名镇志丛书编纂委员会办公室

广东省中国名镇（村）志文化工程工作协作组

组　　长　陈华康

副 组 长　刘　卫

成　　员（以姓氏笔画排序）

丁伟志　王　涛　邓翠萍　田　亮　吕汉光
朱正国　朱雄文　刘　波　刘路红　孙少娜
李文蔚　邱家秋　张世开　陈子新　陈　岚
陈宝德　林子雄　罗会明　郑安兴　钟伟基
钟涓泓　洪志勇　姚佑雄　莫秀吉　黄小晶
黄　玲　黄荣超　梁芝铭　彭建伟

广东省广州市复审小组

组　　长　黄小晶

副 组 长　胡巧利

成　　员　叶文昕　曾　新　阳晓儒　卢玉华　谢建新
李启伦　黄敏华　潘　虹　刘德敏

中国名镇志丛书凡例

一、以马克思列宁主义、毛泽东思想、邓小平理论、“三个代表”重要思想、科学发展观、习近平新时代中国特色社会主义思想为指导，坚持辩证唯物主义和历史唯物主义的立场、观点和方法，存真求实，全面、客观、系统记述中国名镇城镇化进程和改革开放成果，传承和抢救乡土历史文化，激发爱国爱乡情怀，留住乡愁，为探索中国特色新型城镇化建设、服务乡村振兴战略提供历史智慧和现实借鉴。

二、为全面反映入志事物发展脉络，各志上限追溯至事物发端，下限一般断至各镇志启动编修年份，个别重大事项可延至搁笔。详今明古，着重反映时代特色和地方特点，重点体现各镇的“名”与“特”。

三、记述地域范围以下限年份的行政辖区为主。为体现名镇在更大区域内的意义，可以从更开阔的区域视野记述与该镇相关的内容。

四、统一采用纲目体，设类目、分目、条目三个层次。横排门类，纵述史实，述而不论。

五、综合运用述、记、志、传、图、表、录等各种体裁，以志体为主。体裁运用适当创新，篇目设置不求面面俱到，一般意义上的乡镇级内容略去不载。

六、除引用文字和附录文献资料外，统一使用规范的现代语体文记述，行文力求朴实、严谨、简洁、流畅、优美，具有较强可读性。

七、人物部类遵循“生不立传”原则，人物传主按生年排序，只选录对本镇发展有重大影响的人物，不面面俱到。

八、各项数据一般采用国家统计部门数据。数据缺乏的，采用主管部门或主办单位正式提供的数据。

九、数字用法、标点符号、计量单位分别执行国家标准《出版物上数字用法》（GB/T 15835—2011）、《标点符号用法》（GB/T 15834—2011）、《国际单位制及其应用》（GB 3100—1993）和《有关量、单位、符号的一般原则》（GB 3101—1993）。历史上使用的计量单位，如斗、石、里、尺、磅、华氏度等，在引文时可照录。考虑到社会使用习惯，全书中亩不统一换算。

十、中华民国成立前的纪年，使用朝代年号纪年，括注公元年份；中华民国成立后的纪年，均使用公元纪年。志中所称“解放前（后）”，以该镇解放日为界；“新中国成立前（后）”，以中华人民共和国成立日 1949 年 10 月 1 日为界；“改革开放前（后）”，以 1978 年 12 月中共十一届三中全会召开为界。本志“××年代”，凡未加世纪者，均指 20 世纪。

十一、为节省篇幅，避免重复，本志采用条目互见法。参见条目的表示形式为：参见本志“××类目·××分目·××条目”。

十二、对旧志、古籍中的繁体字、冷僻字一般用简化字或通用字替换，易引起误解的则保留。

十三、记述各个历史时期的党派、机构、职务、地名等，均以当时的名称为准。对频繁使用的名称，首次用全称并括注简称，其后用简称。

十四、各镇志需要单独说明的事项，均在各自编纂始末中记述。

北京街道在中国的位置

黑龙江省
哈尔滨
吉林省
长春
沈阳
辽宁省
内蒙古自治区
呼和浩特
北京
北京市
天津市
天津
河北省
石家庄
山西省
太原
济南
山东省
黄海
乌鲁木齐
新疆维吾尔自治区
甘肃省
银川
宁夏回族自治区
西宁
青海省
兰州
陕西省
西安
郑州
河南省
江苏省
南京
上海
上海市
安徽省
合肥
西藏自治区
拉萨
四川省
成都
重庆市
重庆
湖北省
武汉
杭州
浙江省
东海
南昌
江西省
长沙
湖南省
福建省
福州
钓鱼岛
赤尾屿
台北
台湾省
台湾岛
贵阳
贵州省
昆明
云南省
广东省
广州
北京街道
越秀区
广西壮族自治区
南宁
香港
香港
澳门
澳门
东沙群岛
海口
海南省
海南岛
西沙群岛
永兴岛
中沙群岛
黄岩岛
南海
南沙群岛
曾母暗沙
图例
北京
首都
天津
省级行政中心
未定
国界
省、自治区、直辖市界
特别行政区界
名镇(乡)所在区域
名镇(乡)
1：32 000 000
审图号：GS（2018）5807号

北京街道在广东省的位置

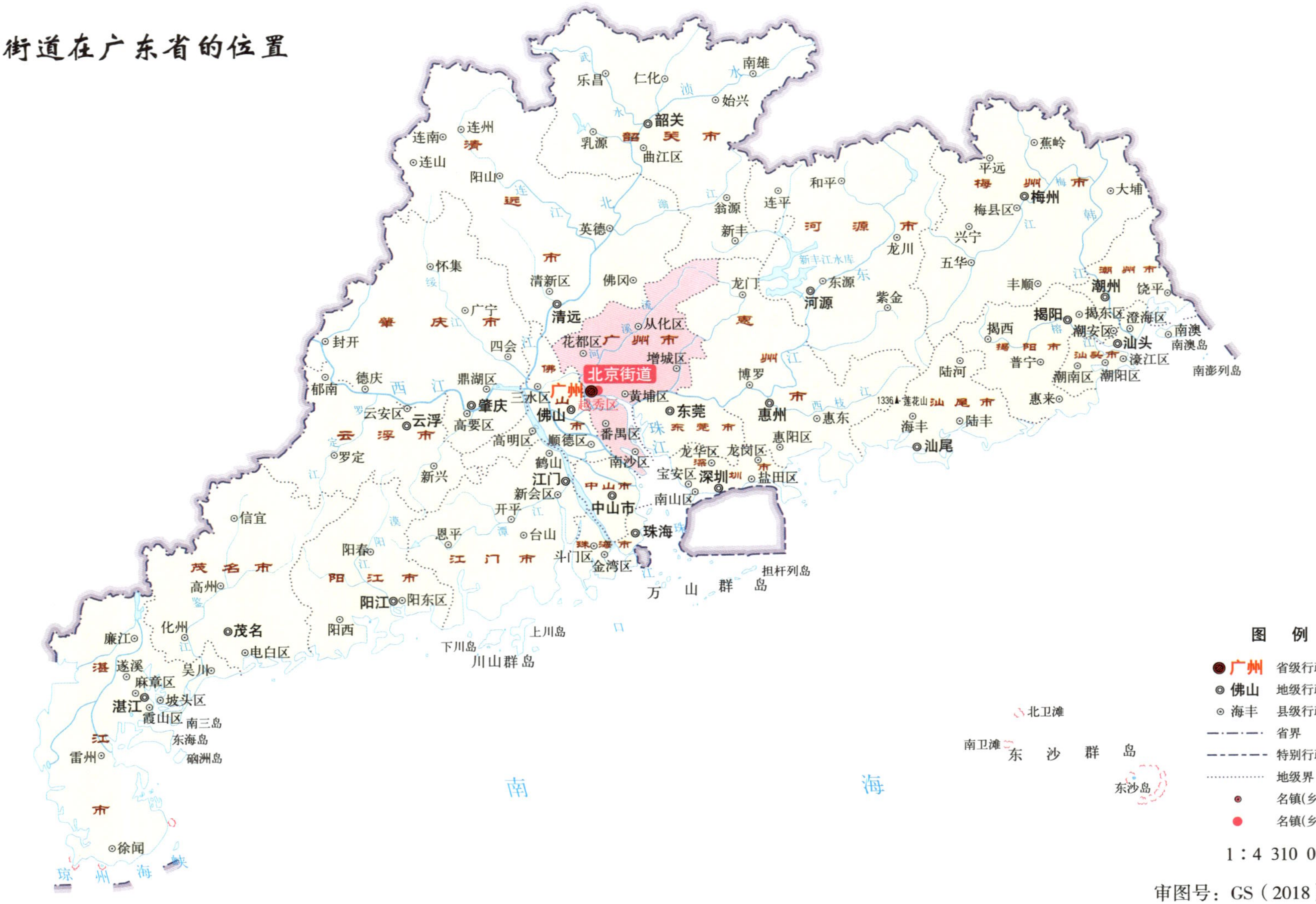

审图号：GS（2018）5807 号

北京街道地图
中山纪念堂
省政府
广东大厦
洪桥街道
中共广州市委
越秀城市广场
广州市正骨医院
越秀区人民检察院
粤财大厦
东风中路
市公安局交通警察支队越秀大队
越秀区公安分局
广州交易广场
广东省民政厅
广州市越秀区卫生和计划生育局
越秀区中医院
广卫
都府
珠江国际大厦
科普文体广场
越秀区妇幼保健院
时代地产中心
广州市保障住房管理中心
房地大厦
仁生里
蓬江大厦
市政府
府前大楼
府前路
广州市国土资源和规划委员会
越秀区
广仁大厦
市文广新局
财厅前
北京街道
广州大厦
北京街司法所
银山大厦
广州公证处
豪贤中学
长胜里
市中级人民法院
越华大厦
广东省财政厅
广州市人力资源和社会保障局
广州市司法局
人民公园
莲花井
回民小学（吉祥校区）
中共广州市委机关旧址
五月花商业广场
越秀区老干局
回民小学（北校区）
广州市原点
广州动漫星城广场
捷登都会
公园前
地铁一号线
都城隍庙
南越王宫署遗址
雅荷塘
广州皮肤病防治所
中山四路
中山五路
中山六路
农讲所
广州市公安局信访办公室
省劳动和社会保障厅
文莱广场
药洲遗址
流水井
教育路小学
银湖大厦
广州百货大厦
文德路小学
秉正小学
广州市城市管理委员会
回民小学
光塔街道
广州市民政局
市公安局综合办证厅
广州市教育局
名盛广场
盐运西
广东华侨中学
龙藏
光明广场
大佛古寺
禺山
越秀区工会
越秀区人力资源和社会保障局
大南路小学
广州市民政局房屋管理所
越秀区发展和改革局
越秀区少年宫
北京街派出所
仙湖街小区
市越秀区儿童医院
侨力大厦
德福巷
惠福西路
大南居
珠玑里
晓日里
粤海仰忠汇
合润广场
高第
仙湖
北京路
地铁六号线
玉带濠
大德路
珠光街道
文明路
图例
省政府
市政府
区政府
街道办事处
居委会
医院
大厦
景点
学校
单位
高架桥
城市主干道
道路街巷
地铁线
街道级界线
社区范围线
注：本图界线不作为权属争议依据
粤S(2017)01-004号
编制单位：广州市城市规划勘测设计研究院
2017年7月编制

重整一新的元代铜壶滴漏（仿制品，2017 年摄）

北京路商业步行街（2015 年摄）

北京路商业步行街北段夜景（2015 年摄）

城隍庙与南越王宫博物馆（2017年摄）

广州中山纪念堂及孙中山铜像（2017 年摄）

广州城市原点（2010 年摄）

东风中路（2017 年摄）

2016 年西湖路 · 教育路迎春花市

目录

1 岭南名街

3 千年都会支点
4 近代民主革命摇篮
6 千年文化传承
8 千年商贸繁华

11 基本街情

13 区位交通
13 区位
13 交通
14 建置沿革
14 街名由来
14 历史沿革
16 自然环境
16 地形地貌
17 气候
17 水文
18 人口
18 户籍人口
19 流动人口
19 街道经济
19 工业发端
20 晋代冶炼作坊
20 唐代铸钱作坊
20 两宋及明清商业发展
20 清末民国初形成商业区
20 中华人民共和国成立后
20 改革开放后

23 **居民生活**

23 民生事业

23 社会服务

24 社会活动

25 文物胜迹

27 **文化遗址**

27 南越国宫署遗址

29 南越国木构水闸遗址

30 历代城墙

31 药洲遗址

34 千年古道遗址

37 六脉渠

38 巡抚衙署旧址（第一公园）

40 兴中会广州分会旧址

41 “三·二九”起义指挥部旧址

42 **古建筑**

42 都城隍庙

44 大佛寺

47 小东营清真寺

49 合族祠群

52 广东财政厅旧址

54 国民政府旧址

55 广州中山纪念堂

56 广州市府合署大楼旧址

58 中西合璧骑楼街

65 街巷风貌

67 **北京路**

67 路名由来

67 官署集聚

68 书院与书店

70 商旅畅旺

72 **中山四路·府学西街**

72 路名由来

73 老字号店

73 名楼食府

74 娱乐名店

75 **中山五路·昌兴街**

75 百货荟萃

76 娱乐名店

76 小吃名店

77 昌兴街古今

78 **广卫路·吉祥路**

78 广卫路

80 吉祥路

81 **西湖路·教育路**

82 刻书名坊

82 著名书院

83 眼镜街

83 学界宿舍

83 教育机构

83 文体场所
84 **惠福东路·惠福西路**
84 路名由来
85 庙会美食
86 **大南路·仙湖街**
86 路名由来
86 仙湖街历史
86 大南路古今
90 **越华路·正南路**
90 路名由来
91 越华书院
91 进驻机构
91 商务大楼
93 **仓边路·旧仓巷**
93 街巷历史
94 高层建筑
95 其他机构
95 **豪贤路·榨粉街**
95 路名由来
95 古迹
96 农贸市场
97 商务街区
98 **东风中路**
98 路名由来
98 街巷景观
99 东风路商务区
100 **广州起义路**
100 路名由来
100 示范马路
100 旗帜彩印专营
101 **高第街**
101 杂货市场
102 红色史迹
102 工业品市场
103 高第街商会
104 **连新路**
104 发展概况
105 道路修筑
105 **府前路**
105 路名由来
106 解放军入城
106 “城市客厅”

107 千年商都

109 **老字号**
109 陈李济药厂
111 采芝林
112 长春洞潘高寿
114 致美斋酱园
116 三多轩笺扇庄
118 新以泰体育用品店
120 宝生园
121 大学鞋店

122 李占记钟表店
123 艳芳照相馆
125 太平馆西餐馆
128 **知名店**
128 新华书店
129 惠如茶楼
131 南如茶楼
131 宁昌饭店
132 **新商城**
132 广州百货大厦
134 光明广场
134 五月花商业广场
135 名盛广场—天河城百货
136 潮楼
137 动漫星城

139 旅游开发

141 **旅游规划**
141 北京路文化核心区整体规划
142 旅游线路设计及景区宣传
144 **旅游建设**
144 景区配套设施完善
145 景区产业转型升级
146 **特色旅游**
146 惠福美食花街
146 广州老字号一条街
147 北京路文化旅游区文物径

149 风土风物

151 **民俗节庆**
151 迎春花市
153 城隍诞
154 广府庙会
157 **特色技艺**
157 传统中医药文化
159 广式腊味制作技艺
161 **美食小吃**
161 肠粉
161 云吞面
161 干炒牛河
162 双皮奶
162 姜撞奶
163 及第粥
163 萝卜牛杂

165 名人与名街

167 **名门望族**
167 黄氏家族：十八世书香门第
170 许氏家族：广州第一家族
177 **历史名人**
177 庄有恭：清代广州唯一的状元

178 黎庇留：近代岭南伤寒名家
179 梁鼎芬：创办广东首个公共图书馆
180 陈伯坛：伤寒派一代宗师
181 蔡兴　蔡昌：近代百货业先驱者
183 古应芬：近代著名资产阶级民主革命家
184 胡汉民：近代著名资产阶级民主革命家
186 金曾澄：近代广东资深教育家
187 郭梅峰：存心济世的岭南名医
188 陈干臣：爱国说书艺人
189 邱炳南：衬衫制作誉满羊城
189 吴子复：书画篆刻名师
192 梁志生：驰名粤、港、沪的丝绸名商
193 朱英南：归侨报国，创立美华百货
194 刘天一：广东音乐家
195 陈兴昌：改革开放后创办第一家私营企业
197 **名人与北京街**
197 陈献章奉诏入京途径北京街
198 海瑞入读禺山书院
198 梁廷枏助林则徐禁烟
199 孙中山在北京街的革命活动
200 梁智华在高第街开办梁苏记遮铺
201 陈独秀创办广东省立宣讲员养成所
201 朱执信组织发动“三二九”广州起义
202 杨匏安在北京街传播马克思主义
202 胡根天发起广州第一个研究西洋美术的团体——赤社
205 **艺文**
207 **古代风雅辑**
207 报文帝书
208 南海百咏（选录）
210 重修广州城隍庙记
211 拱北楼刻漏歌
212 禺山
212 琴柏记
213 粤秀书院记
214 越华书院记
215 九曜石歌并跋
217 浚九曜石池记
217 广州土俗竹枝词（选录）

218 南海百咏续编（选录）
220 岭南杂事诗钞（选录）
222 羊城竹枝词（节录）
223 羊城竹枝词
223 广东藏书纪事诗（选录）
226 **近现代文荟**
226 番禺二山的今昔
228 记创造社出版部分部
230 记广州花市
231 广州名迹记·双门底
234 花城
238 花街十里一城春
241 **民间故事录**
241 五羊传说
245 金花娘娘传说

247 大事纪略

249 **南越国始末**
251 **南汉国始末**
252 **南明绍武政权始末**
253 **清道光十九年林则徐广州禁烟**
254 **清光绪二十一年兴中会乙未广州起义**
256 **1911 年同盟会“三二九”起义**
257 **1921 年新青年杂志社迁址昌兴街**
259 **赤社美术研究会**
260 **1927 年广州起义**
262 **1949 年庆祝广州解放大游行**
262 **西湖路灯光夜市始末**
264 **1997 年设立广州北京路商业步行街**
265 **2016 年北京路文化旅游区正式挂牌国家 AAAA 级旅游景区**

267 主要参考文献

269 编纂始末

岭南名街

北京路千年古道遗址（2017 年摄）

千年都会支点

广东省广州市越秀区北京街道（简称北京街）位于广州市中心，越秀区的中南部，于 1985 年 7 月正式命名为北京街道办事处。行政区划东以德政路、府学西街为界，与大塘街道相接；南起高第街，与人民街道接壤；西到解放中路、广州起义路，与六榕街道、光塔街道为邻；北至应元路、东风中路，与洪桥街道相连。面积 1.27 平方千米。

北京街因北京路而得名。唐代时，岭南节度使刘隐在今北京路建清海军楼，作为广州城南门。宋代时大规模扩建，清海军楼上为楼，下为两个并列的大门，俗称双门，北京路最早的名称——双门底由此而来。双门底处于古广州城的中轴线上，市井繁华，商贾云集。1920 年，双门底改称永汉路。1936 年 5 月，在粤主政的陈济棠为纪念国民党元老胡汉民，将永汉路改名为汉民路。1945 年，汉民路又复名为永汉路。1966 年，改名为北京路，沿用至2016年。

北京街是三朝古都所在地。秦始皇三十三年（前214），秦平定岭南，设南海郡，郡治番禺（今广州）。任嚣为南海郡尉，在今北京街筑城，史称“任嚣城”。此为中央政府第一次在岭南地区建行政区，实行郡县制，是广州历史之源。西汉高祖三年（前204），赵佗在任嚣城的原址上扩展城郭，建立南越国，俗称赵佗城。南越国在汉时已跻身中国九大经济都会之一。五代十国时期，刘龑称帝番禺，史称“南汉国”，共55年。明末清初，朱元璋第二十三子唐王朱桱的八世孙朱聿鐭，在今广州称帝，年号“绍武”，为南明若干政权之一。以北京街为中心的主城是南越国、南汉国、南明绍武政权共3朝的都城所在地，也是历代各朝郡、县、省、路、州、府的治所，如唐代广州都督府飨军堂、宋代经略司西园、元代广州路总管府、明代广东行中书省、明代广东承宣布政使司署和清代广东巡抚衙门、两广总督署等。

千年羊城，根就在北京街。广州建城已有2230多年，有着悠久的历史和文化。广东省财政厅—北京路一线的古代传统中轴线，北连“岭南第一胜览”镇海楼，南临珠江，贯通广州古今文化的脉络，并且始终保持完整，是广州这座千年古城最重要的地标。在这里可以体会广州厚重的历史，也可以品味古城的市井生活。这里既有大马站、小马站、流水井、龙藏街、盐运西街等历史街区，也有人民公园广州原点、青年文化宫等公共文化场地。除此之外，北京街还聚集着千年古道、古药州、南越国宫署等广州最为精华的历史遗迹。

今天的北京街仍驻有广州市人民政府、广州市人大常委会、中共越秀区委员会、越秀区人民政府以及省、市一些行政、司法机关，成为广州市乃至广东省的政要机关所在地。广州作为岭南地区政治、经济、文化中心的地位日益巩固。

近代民主革命摇篮

北京街以其独特的地理环境，成为近代中国民族资本主义的摇篮和资产阶级维新思想的启蒙之地，成为资产阶级民主革命尤其是第一次国内革命战争的策源地和根据地。

清光绪二十一年（1895），孙中山在双门底王氏书舍（今青年文化宫）设立革命组织兴中会广州分会，策划发动反清起义，史称“乙未广州起义”。这是孙中山从事革命活动后组织的第一次起义，虽然起义胎死腹中，但揭开了推翻专制王朝、建立共和国家的伟大历史序幕。宣统三年（1911），震惊全国的辛亥“三二九”起义就是在北京街的越华路小东营发起的。在“三二九”起义中，死难者不计其数。之后，同盟会会员潘达微将殓收的 72 具烈士遗骸葬于黄花岗。如今的“三·二九”起义指挥部旧址纪念馆是广东省重点文物保护单位。1921 年 4 月，国会非常会议在广州召开，成立中华民国政府。5 月，孙中山就任非常大总统，总统府设在今中山纪念堂。孙中山在这里部署了第一次北伐。1921 年，陈独秀与谭平山、谭植棠等人，在北京街的高第街素波巷成立广州共产主义小组，其后中共广东支部也成立于此。同年，《新青年》杂志迁址昌兴街。1923 年，中共中央机关刊物《向导》也由上海迁至昌兴街。这两份杂志发表大量时事政治评论文章，宣传中共纲领、路线、方针、政策，指导群众斗争，在中国革命史上具有重要意义。1927 年 4 月，中共广州市委成立，市委机关设在北京街广大路广大二巷 4 号。1949 年 10 月 1 日，中华人民共和国成立。10 月 2 日，解放军发起解放广州的战役。10 月 14 日，解放广州的战斗胜利结束。11 月 11 日，广州 20 万名市民开展盛况空前的庆祝大游行，途经汉民路（今北京路）。人民解放军在广州市政府门前举行入城式，接受叶剑英等党、政、军领导检阅。

广东省民政厅（国民政府旧址，2014 年摄）

千年文化传承

北京街虽然历尽2230多年的沧桑变幻，却始终没有改变其在广州城的中心地位，也因此造就了北京街无比丰厚的文化积淀。

崇文重教，书院集聚。广州之有书院，始于南宋，盛于清代。崇文重教的氛围吸引众多书院、学堂汇集。南宋嘉定十七年（1224），梁百揆创办广州第一家有文字记载的书院——禺山书院。以廉洁奉公而青史留名的海瑞，就曾在禺山书院就读。清代，集中在北京街的官办书院粤秀书院、越华书院、羊城书院并称为“广东三大书院”，同时，民间兴起的以姓氏命名、具有宗族祠堂性质的书院、书室、家塾达数百家之多，形成一个由官学堂、私学堂和书院构成的多层次学堂体系，为近代广东学术与文化的崛起奠定了坚实基础。一些书院的遗迹今仍可触及。

文化立街，传承薪火。北京街自明清始就是广州的教育行政管理中心。明、清两代主管全省教育的广东提督学政署均设在北京街西湖路。因秀才、举人在书院落脚，以及文人雅士的聚集和需求，北京街一带渐渐形成一个以售卖文房四宝、古董字画和新旧书籍为主的文化市场，也造就了当时的文化产业——书坊业。今书坊街就是清代书院群带动书坊业兴盛的印记，有案可考的书坊达百余家，为学子提供大量书籍，广东因此成为清代后期全国的刻书中心之一。民国以后成立的广州市教育局也定址在西湖路。二十世纪三四十年代，北京路聚集了33家书局、书店。中华人民共和国成立后，北京街的文化基因继承与传播并重，北京路仍然是全市书店最集中的区域，新华书店、教材书店、工具书店、外文书店、儿童书店、科技书店、古籍书店、联合书店，各从其类，各具特色。这种“书店一条街”的盛况在全国也属少有。

人文彪炳，惠及后人。北京街最美的风景是人文环境，承载这一环境的是名门名人和一批杰出的文化人才。十八世书香门第黄氏家族代表人物黄佐，是岭南思想家、教

广州古城（越秀区）清代书院位置图（2015 年摄）　　联合书店（中华书局广州分局旧址，2017 年摄）

育家、文学家，编纂《广东通志》《广西通志》《广州志》《香山县志》等多部地方志书和《泰泉集》等著述共600多卷，刊行于世。黄氏家族杰出后人还有黄培芳、黄佛颐等。有“广州第一家族”之称的许氏家族，在中国近代史留下赫赫声名。杰出名人还有清代广州唯一的状元庄有恭、近代岭南伤寒名家黎庇留、广东首个图书馆创办者梁鼎芬、伤寒派一代宗师陈伯坛、近代百货业奠基人蔡兴和蔡昌兄弟、近代著名资产阶级民主革命家古应芬和胡汉民、近代广东资深教育家金曾澄、存心济世的岭南名医郭梅峰、爱国说书名家陈干臣、誉满羊城的衬衫制作者邱炳南、书画篆刻大师吴子复、驰名粤港沪的丝绸名商梁志生、“美华百货”创立者朱英南、广东音乐家刘天一、改革开放后第一家私营企业创办者陈兴昌等。与北京街相关的名人有明代心学开山祖陈献章、岭南传播西学先驱梁廷枏、伟大的革命先行者孙中山、梁苏记洋伞创始人梁智华、被毛泽东誉为“五四运动总司令”的陈独秀、近代著名资产阶级民主革命家朱执信、马克思主义传播者杨匏安、现代美术教育启蒙者胡根天等。一大批名人的存在，彰显出北京街源远流长的人文传统，为北京街深厚的历史文化注入鲜活的生命力。

保护古街，焕发生机。北京街拥有全国重点文物保护单位 4 处，即秦代造船遗址、南越国宫署遗址、南越国木构水闸遗址、广州中山纪念堂；省级文物保护单位 4 处，即药洲遗址、大佛寺大殿、“三·二九”起义指挥部旧址、广东财政厅旧址；市级文物保护单位 9 处，即千年古道遗址、拱北楼遗址、拜庭许大夫家庙、都城隍庙、庐江书院、叶剑英商议讨逆旧址、濂溪书院、市政府合署楼旧址、解放军进城式检阅台旧址。历代政府重视古城建设，使北京街沿袭2230多年而形成独特的地域环境、人文环境、历史传统、经济基础，在社会与文化的发展中互相推动、互相影响，形成今天充满活力与生机的现代街区格局。1982年，广州入选第一批国家历史文化名城。从2011年开始，越秀区以北京街为核心，在每年元宵节举办广府庙会，开展综合性民俗文化节庆活动，展示非物质文化遗产项目、广府民间工艺、广府民俗文化、广府美食等，多元化诠释民俗文化品牌。至2017年，已成功举办七届，广府庙会辐射力不断加强，是越秀区打造民俗文化品牌的全新探索。2011—2013年，广州市人民政府先后制定《广州市旧城保护与更新规划纲要》《北京路骑楼街保护规划》《广州市历史文化名城保护规划》，对北京街予以保护。2014年1月，广州市批准成立广州北京路文化核心区，高标准规划建设北京路文化核心区，确定将北京路文化核心区纳入广州战略性重大发展新平台，是全市唯一一个以文化保护与发展为主要内容和特色的产业发展功能区，促进都会区优化提升和国家历史文化名城建设。并于2014年7月，制定《北京路文化核心区总体规划》，指导区域建设。2016年8月，以北京街为核心的北京路文化旅游区成功挂牌成为广东省首个全开放、全免费的国家AAAA级旅游景区。

千年商贸繁华

朝代的更迭，历史的变迁，始终没有改变北京街在广州的商贸中心地位。广州在历史上是著名的商埠，也是中国通向海外世界的门户，有历代相沿的与外国商人做生意的传统。位于北京街的秦代造船遗址的发现，证明秦汉以来，海上贸易促进了古城经济的发展。海上丝绸之路从广州（或泉州）启航，形成于秦汉时期，发展于三国至隋代时期，繁荣于唐宋时期，转变于明清时期。由于海外贸易频繁，唐初，朝廷在广州设市舶使，负责征收关税等。这是中国历史上第一次设置的管理海外贸易的外事官员，说明广州当时对外贸易的繁荣，而广州也成为对外贸易第一大港。随着海外贸易的不断扩大，宋初在广州设市舶司，为对外贸易的管理机构，负责船舶进出港、关税征收、接待外国使者和商人等事宜。北京路、中山五路从明代起就已经成为全广州的一级商业区，在清代更是繁华的商业街区。

中华人民共和国成立后，北京街仍然保持着其在广州商业的中心地位。1958 年，广州市政府对广州商业网点进行大调整，确立三个全市性的一级商业中心，中山五路—北京路是其中之一。区内有新大新公司、广州百货大厦、友谊商店、大学鞋业公司、健民医药商店、南粤糖烟酒食品商店、致美斋等知名商店、商场。1980 年后，北京街相继诞生全国第一条个体户专业街——高第街，全国最早的灯光夜市之一——西湖路灯光夜市，广州第一家个体户企业——昌兴时装有限公司等，成为改革开放不可磨灭的印记。

20 世纪 90 年代以后，以中山五路百货商店升级改造为新大新公司和广州百货大厦的开业为标志，北京街的商业实现转型升级，进一步巩固其在广州商业的中心地位。北京路商业步行街获“全国文明商业街示范点”“全国精神文明创建活动示范点”等称号，人气指数和商业指数均位居全国十大步行街前列。

进入 21 世纪，北京街迈入经济、社会全面发展的新阶段。通过优化提升招商环境，推进广东省非物质文化遗产中心暨大小马站书院街项目立项和规划用地许可，进行庐江书院、药洲遗址和南方剧院“三位一体”改造；引进企业入驻老字号一条街，举办购物节；开展惠福美食花街环境改造，提升文化、商业、旅游（简称文商旅）品牌。创新发展具有百年历史的西湖路—教育路迎春花市，将“行花街”新春习俗与岭南传统文化紧密结合，让“广州过年，花城看花”“美丽花城，幸福广州”“花城花市花海洋，迎春迎福迎吉祥”等主题活动贯穿于迎春花市全过程，首创“网上花市”和“手机花市”，促进旅游消费。

2016 年，北京路文化核心区实现地区生产总值 1194.23 亿元，同比增长 7.6%；完成固定资产投资额 165.76 亿元；实现社会消费品零售总额 558.24 亿元；实现商品销售总额 4523.66 亿元，同比增长 12.3%；引进注册资本 1000 万元以上的四大主导产业企业 55 家，其中文化创意 17 家，金融 4 家，商贸 27 家，健康医疗 7 家，注册资本总计 56.81 亿元。

2017 年西湖路・教育路迎春花市

基本街情

北京街地处广州市越秀区中南部，珠江三角洲北缘，濒临南海。地形平缓，地下水资源丰富，古时有文溪、六脉渠等河流流经，现均湮灭。属于亚热带季风气候，冬冷夏热。北京街人文历史悠久，是人杰地灵的南越之都；商业氛围浓厚，是千年不变的商业中心。20 世纪 50 年代以来，北京街以发展工业为主，进入 21 世纪以后主要发展商业。街内人口稠密，2007 年后人口数量稳中有降。近年来，北京街加大基层管理体制创新，社会秩序稳定和谐，民生服务多样，居民生活幸福祥和。

区位交通

区位 北京街东起文德路与中山四路交界处，南邻高第街，西至解放中路口，北抵东风中路。面积 1.27 平方千米。处于广州城传统中轴线上，是 2230 多年来广州城的政治、经济、文化中心。辖内有广东省民政厅、广东省财政厅、广州市人民政府、广州市人大常委会、中共越秀区委员会、越秀区人民政府等各级党政机关单位，与广东省人民政府仅一路之隔。辖内有社区居民委员会 13 个。街道办事处位于越华路 7 号，地理坐标为北纬 23° 7′ 53″，东经 113° 15′ 56″ 。

交通 街道范围内的北京路、中山四路、中山五路、西湖路、教育路、禺山路、大南路、惠福东路、广州起义路、新民路等，均属一、二级公路，人流量大，交通发达。已建成的地铁 1、2、6 号线从街道辖内经过。乘坐地铁从北京路（公园前站）到广州白云国际机场约 39.1 千米，需时约 41 分钟；到火车南站约 17.8 千米，需时约 28 分钟；到火车东站约 9.4 千米，需时约 16 分钟；到广州火车站约 3.6 千米，需时约 5 分钟，十分方便。

19 世纪 50 年代广州城全景图（北京街在城中央）

北京街道办事处（2017 年摄）

广卫路公交站场（2017 年摄）

公交线路纵横交错，四通八达。中山路是一条横跨广州市东西向的主干道，其中中山四路、中山五路段穿越北京街。广卫路是 15 条线路公交车的总站，是广州重要的交通网络站点之一。

建置沿革

街名由来　因街道辖内有北京路，故名。北京路最早的名称为双门底，位于古广州城的中轴线。1920 年，改称永汉路。1936 年，改为汉民路。1945 年，复名永汉路。1950 年，在今北京街区域成立永汉北街道。1966 年，永汉路改名为北京路。1968 年 4 月，经广州市革命委员会批准，永汉北街道改名为北京街。

历史沿革　秦始皇三十三年（前 214），秦始皇平定岭南，置桂林、南海、象三郡。今北京街属南海郡番禺县，任嚣是南海郡首任郡尉，在今旧仓巷至芳草街之间设郡治，并修筑番禺城，史称“任嚣城”。

西汉初，任嚣的继任者赵佗建立南越国，南海郡为其建都之地。南越国的王宫御苑在任嚣城西侧，即今中山四路南越王宫博物馆处。王城的范围，大约北至越华路，南至西湖路，东至旧仓巷西侧，西至吉祥路东侧，与今北京街范围大致相同。元鼎六年（前111），复置南海郡，今北京街为郡、县治所中心。东汉建安二十二年（217），交州治所从广信（今广东封开、广西梧州一带）迁至番禺，今北京街为州、郡、县治所中心。三国吴黄武五年（226），析交州东部置广州，为广州州治，属番禺县境。

唐代至南汉，今北京街先后为岭南道、南海郡、岭南东道、兴王府（今广州）治所及番禺县治所。北宋开宝四年（971），平南汉，复称广州，为广南东路治所，也为南海县治，今北京街东属番禺县，西属南海县。元代属江西行省广东道宣慰司广州路，为道、路治所。明、清两代，今北京街东部属番禺县，西部属南海县。明代为广东承宣布政使司、广州府治所，清代为两广总督府、广州府治所。

1918年，广州市政公所成立，开始以省会设市。1921年2月，广东省议会通过《广州市暂行条例》，并于同年2月15日公布施行，广州市正式设立，为全国第一个"市"。民国时期，广州划分为28个区公所，今北京街隶属汉民（永汉）区。

1949年10月18日，中央人民政府、人民革命军事委员会电令成立广州军事管制委员会，接管广州市。10月19日，广州市人民委员会成立。同年12月，全市划分为7个区，北京街隶属永汉区。

1950年2月，废除保甲制度，建立区政府驻街道办事处。广州市划分为16个区，今北京街分别隶属于永汉区、越秀区。1952年，市区划分为6个区，今北京街大部分划入北区，部分归中区。1960年4月，广州开展城市人民公社化运动，北区15个行政街合并为7个人民公社，永汉北路与永汉南路合并成立永汉人民公社。同年7月27日，市区重新划定为东山、越秀、荔湾、海珠4个区，北京街隶属越秀区。

1999年4月，北京街与大南街合并，保留北京街街名；广卫街与越华街合并，保留广卫街街名。北京街面积为0.36平方千米，有学源五巷、市场新街、中山四路、大马站、小马站、流水井、西湖路、龙藏街、惠新西街、白沙居、教育南、盐运西、中山五路13个社区居民委员会。

2013年，越秀区部分行政区划调整，22个街道调整为18个街道。北京街与广卫街合并组建成新的北京街，面积为1.27平方千米，设莲花井、雨帽、越华大院、华宁里、昌兴、财厅前、都府、长胜里、登云里、雅荷塘、青莲里、仁生里、禺山市、大马站、流水井、高第、许地、白沙居、龙藏、仙湖、盐运西 21 个社区居民委员会。

2014 年 2 月，北京街撤销许地、白沙居、大马站、雨帽、越华大院、昌兴、登云里、青莲里、华宁里、禺山市 10 个社区居民委员会，新成立禺山、广卫两个社区居民委员会。调整后，设盐运西、龙藏、仙湖、流水井、高第、禺山、都府、财厅前、雅荷塘、仁生里、长胜里、广卫、莲花井 13 个社区居民委员会。

自然环境

地形地貌 广州，古称番禺，因城中有番山、禺山而名。南汉以前，广州的地势，自白云山蜿蜒向南，逐级而下，白云山为第一级，越秀山为第二级，禺山、番山为第三级。清屈大均在《广东新语》中形容："自白云蜿蜒而来，为岭者数十，乍开乍合，至城北耸起为粤秀，落为禺，又落为番，禺北番南，相引如长城，势至珠江而止。"[①] 番山由北而南，大约从今南越王宫博物馆向南，沿文德路广州市工人文化宫，绵延至北京路名盛广场一带。禺山自西而东，大约从今广大路口起，经广东省财政厅前、南越王宫博物馆、都城隍庙，至仓边路与中山四路交会处而止，以聚星里为最高处。北京街即在越秀山之南，番山之西，枕跨禺山。

番、禺二山在南汉时已消失，相传是南汉皇帝凿平二山，用于兴建皇家宫苑。南宋乾道三年（1167），州人在番山旧地建番山亭，以为纪念。后亭圮重建，在今文德路孙中山文献馆后的小土坡上。明清以后，番山和禺山两山的具体位置出现争议。清人张维屏认为，禺山很大，今南越王宫博物馆一带，只是禺山的分支余脉。

今北京街地形以平原为主，基岩岩性为红色碎屑岩，其上覆盖 5 ~ 12 厘米的淤

① 〔清〕屈大均：《广东新语（上）》，78 页，中华书局，1985 年。

泥和沙砾，属第四季松散堆积或沉积物，南部平原的覆盖层厚度达 20 厘米。有由台地残留的丘陵形成的明显高地 2 处，一处在今镇海路以南、文明路以北、东濠涌以西、教育路以东的范围（一说为禺山遗址），海拔约 20 米；一处在今镇海路以南、文明路以北、仓边路以西、吉祥路和教育路以东的范围（一说为番山遗址），海拔约 20 米。

气候 北京街位于北回归线以南，属于亚热带季风气候，全年暖热，降水量丰富。夏季吹偏南风，温暖潮湿；冬季因有寒潮入侵，吹偏北风，偶尔干燥寒冷。每年 7 月、8 月最热，1 月、12 月最冷。夏秋季节有台风侵袭，7 月、8 月受台风影响概率最高。

2016 年，北京街气候具有降水异常多、暴雨频繁、台风影响大的特点。年平均气温 23.1℃，比上年年平均气温低 0.5℃，比常年平均气温高 0.7℃。年内，各月平均气温变化呈现明显季节性特征。最低月平均气温出现在 1 月，极端最低温度 2.0℃，出现在 1 月 24 日；最高月平均气温出现在 7 月，极端最高温度 38.3℃，出现在 7 月 30 日。年内，各月降雨量多寡不均。降雨量最多的月份是 6 月，最少的是 12 月。

水文 今北京街范围没有大的河流经过，但地下水资源十分丰富。古时，处于会城水网的中心地带，外围水系主要有珠江，人工湖有仙湖，内河有文溪（甘溪下游别名）、玉带濠、六脉渠等河流。

7000 多年前，今北京街一带尚未完全成陆，伶仃洋海潮涌起，可直拍越秀山南麓。秦汉时期，这里尚属江海交汇之处，海潮可达。晋代的珠江水岸，在今惠福路一线。到宋代，已前移至今泰康路一线。

南汉时期，在今西湖路一带曾开挖人工湖，名仙湖，东至流水井、龙藏街东侧，西至朝观街西侧，南至仙湖街以南，北至华宁里北端，面积宽阔。上承文溪，西支来水，与菊湖相通，堪称广州城里第一大湖。湖的南面有仙湖渠通往城外，经南濠汇入珠江。宋代，曾在仙湖东堤修筑水利工程。至南宋嘉定元年（1208），仙湖已变成一片烂地，广南东路经略安抚使陈岘曾尝试疏凿整治，在药洲上种植花木，修筑园林，改名为“西园”。至清代时已完全湮灭，成为闹市。

古代文溪从越秀山流向珠江，流经今北京街。在北京街北界，即今应元路、中山纪念堂一带，是文溪在越秀山东麓分支后流向西边一支的水道，这条水道在越秀山南麓再分支，其一支继续向西汇入芝兰湖（今流花湖），另一支向南流向西湖。之后，在漫长的岁月中，日渐淤塞。在 20 世纪的城市开发建设中，这些天然溪流和人工渠堑、池塘，或被填埋，或改为暗渠，至 21 世纪均不存。

宋代时，城外的南濠（玉带濠），其中一段从今北京街经过。玉带濠水通往西澳（今大德路与海珠路交会处），汇入六脉渠总出口，流入珠江。1951 年，广州市政府决定将全长 2781 米的玉带濠（从越秀南路东濠东水关桥至人民南路西濠口，清水濠也包含在内）全部改造成宽 3.5 米、高 2.8 米的暗渠，渠面用钢筋混凝土填平，铺成路面。这是中华人民共和国成立后，广州市第一项河涌整治工程，于 1952 年竣工。自此，只有玉带濠的街名，而不复见濠。

始修于宋代的六脉渠也经过今北京街。宋代，六脉渠由贯通城内的天然溪流、沟堑开凿而成，其中流经今北京街的水渠有：一脉自越秀山脚龙王庙起，流入莲塘街、卫边街，入华宁里、古药洲，至七块石；一脉由聚龙桥至万安桥，出旧仓巷，过文溪桥，由大塘街、长塘街两街之间至贤思街，出老城外南濠；一脉起自文溪西支，连接东支，经万安桥、豪贤路入东濠涌。

今北京街在历史上有诸多著名的井泉，如唐代广州“四大名井”之一的流水井、清代广州“九大名井”之一的莲花井、“府学双泉”（俗称“学源里孖井”）、麻石古井等，至 21 世纪皆不存。

人口

2230 多年来，今北京街所在区域均位于广州城的中心，人口相对稠密。

户籍人口　近代以来，由于广州行政区划经过多次调整，北京街辖地也随之出现较大改变，人口统计数值的变化，较多是由于区域变化引起。1990 年第四次全国人口普查，北京街人口密度为 7.43 万人 / 平方千米。1998 年，有户籍居民 7851 户、2.34 万人。

21 世纪以来，人口增长较快，部分原因是辖区内经济高速发展，以及 20 世纪 90 年代后期房地产市场兴旺，辖区内房屋容积率较改革开放前明显提高，越来越多的新的人口迁入。2005年，北京街有户籍居民1.3万户、3.79万人。2006年，户籍居民为1.47万户、4.18万人。2007年，北京街户籍居民为1.21万户、3.51万人，人口开始出现负增长，并持续数年。2008年，户籍居民为1.33万户、3.47万人，户数虽有增长，但人口继续下降。2009年，户籍居民为1.18万户、3.42万人。2010年，户籍居民为1.2万户、3.37万人，常住人口1.92万人。2011年，户籍居民为1.15万户、3.28万人，常住人口1.62万人。2012年，户籍居民为1.25万户、3.25万人，常住人口2.25万人。2013年，北京街与广卫街合并，户籍居民为2.47万户、7.82万人，常住人口4.97万人。2014年，户籍居民为2.36万户、7.42万人，常住人口4.57万人。2015年，户籍居民为2.33万户、7.26万人，常住人口4.64万人。2016年，户籍居民为2.38万户、7.11万人，常住人口4.64万人。居民中有汉、满、蒙古、回、壮、瑶、白、黎、苗、仫佬、朝鲜等10多个民族。在少数民族中，以回族、满族人数居多。

流动人口 除户籍人口外，北京街还有数量众多的流动人口。北京街自古以来就是广州的商业中心，尤其是餐饮业、零售业发达，吸引大量外来人口进入北京街从事经商活动和务工。2012年，北京街登记在册出租屋6991套、流动人员信息6546条。2013年，登记在册出租屋1.76万套，比上年大幅增加，登记流动人员1.45万人。2014年，登记在册出租屋1.95万套、流动人员1.52万人。2015年，登记在册出租屋2万套、流动人员1.57万人。2016年，登记在册出租屋2.11万套、流动人员1.6万人。

街道经济

工业发端 北京街的工业，发轫于秦汉时期。

秦代出现过官营的造船工场等。1974年，在中山四路地表下5米处，发现了一个规模宏大的秦代遗址，有考古学家认为是“秦乃使尉佗将卒以戍越”时修建的造船工场。

1977 年，在中山五路与广大路交会处东侧发现木船模型，被认为是东汉造船工场遗址。20 世纪 80 年代，在广州市工人文化宫地表 4 米以下，发现用于造船的滑板和枕木，被认为极有可能是古代造船工场的残迹遗存。

晋代冶炼作坊　晋代出现过大型冶炼作坊。1994 年，在中山四路秦代遗址的晋代土层中，发现大片的冶铸遗物。结合东晋咸和六年（331）广州刺史邓岳“大开鼓铸，诸夷因此知造兵器”的记载，推测这里曾是一个大型冶炼作坊。

唐代铸钱作坊　2000 年 11 月，在西湖路广州百货大厦新翼建设工地发现唐代铸钱作坊遗址，出土“开元通宝”成品、次品铜钱一批，成品铸工精良。同时还出土铜块、铜叶、浇铜槽及铜渣、炭块、焦土粒等冶铸残余物。

两宋及明清商业发展　两宋时，广州经济蓬勃发展。双门底发展为商业闹市。

明清时期，广州几度成为中国海上丝绸之路的唯一出口通道。生意兴隆达四海，各省的货品，都要经长途贩运至广州出口，时称“走广”。人们用“金山珠海，天子南库”“百货之肆，五都之市”形容广州的繁华富庶，甚至把广州称为“货城”。清代，广东市舶司（后改为粤海关）设在今北京南路东横街（粤海仰忠汇附近），在一口通商的时代，管理着全国的进出口贸易。陈李济药厂创办于明万历二十八年（1600），是中国最早的中药厂之一。

清末民国初形成商业区　清末民国初，以北京路、中山四路、中山五路为中心的商业区，逐步形成“千店云集，万货汇萃”的盛况。

中华人民共和国成立后　20 世纪 50 年代，北京街工商业绝大部分走上国营和集体经营的道路。为解决街道辖内困难户的生计问题，北京街创办了一些加工性质的社、组，为其他厂、社加工生产零部件。

改革开放后　90 年代，今北京街辖内由北京街、大南街、广卫街、越华街等街道构成。

这一时期，北京街较具规模的全民所有制企业有广州市日用机械厂、广州焊条厂、光明糕点厂、羊城饼家、广州服装工业公司服装研究所等；集体企业有广州速印机厂、广州大公制盒厂、新华印刷厂、广州表带厂、广州图强电器厂等。由于工厂大多设在老城区中心地带，民宅和商铺密集，地方逼仄，缺乏发展空间，北京街斥资 1000 万元，在市郊购地 1.14 万平方米，建成 3 间工厂，使生产场地增加至 1.51 万平方米。1994 年，全街工业总产值 1.5 亿元，利润 2001 万元。1999 年，北京街拥有企业 80 家，其中较大型的中外合作企业 8 家，中外合作商业企业 4 家。

1995 年，越秀区在“九五”规划中确定“兴商富区”经济发展战略，着力构筑“大商业、大流通、大市场”的发展格局，实施“一区、一路、三带”黄金商业网规划建设。其中，“一区”指“北京路—西湖路—教育路”商业中心发展区，“一路”指北京路，“三带”指包括中山四路、中山五路在内的三条繁华商业带。

21 世纪以来，北京街的经济发生重大变化。工业陆续迁出，商业蓬勃发展。2001 年，成立北京路商会，规范行业风气。以广百百货为龙头，包括新大新百货、五月花商业广场、光明广场、名盛广场等大型商场，在广州百货业占据十分重要的地位。北京路全路段有经营百货、服装、鞋类、珠宝首饰、餐饮业等沿街店铺、商厦、酒店 100 多家，日人均流量最高达 30 万人次，年营业额 40 亿元。2002—2003 年，越秀区提出规划建设“三大商圈”，其中一个商圈是以北京路为核心，将包括中山五路、惠福东路、西湖路、大南路、泰康路在内的整个区域规划建设为国际商贸区（其他两个商圈分别是沿江一带的沿江商贸区和流花路一带的流花地区展贸区）。

2013 年，北京街与广卫街合并后，辖内有法人单位 2839 个，产业活动单位 749 个，个体经营户 3187 户；批发零售业企业 532 家，房地产建筑业企业 80 家，住宿餐饮业企业 78 家，交通运输仓储业企业 9 家，服务业企业 469 家，另有专业市场 29 个。全年税收区级国库收入 3.28 亿元。

2016 年，北京街辖内有法人单位 3045 个，产业活动单位 970 个，个体工商户 3413 户；批发零售业企业 137 家，房地产建筑业企业 45 家，住宿餐饮业企业 34 家，服务业企业 117 家。全年引进注册资本 1000 万元以上企业 17 家，规模以上企业营业额 660.89 亿元，规模以上企业零售额 170.01 亿元，固定资产投资 71.64 亿元。代征印花税 206 万元，重点商务楼宇实现区级国库税收 1.78 亿元。

时代地产中心（2017年摄）

居民生活

改革开放以来，北京街经济社会得到发展，城镇居民收入增加，物质生活不断改善，精神追求不断提高。

民生事业 北京街积极开展各项民生工程，加强特困群体服务保障和住房保障，扎实推进再就业工作，有效落实民生保障措施。街道下设文化站、社区服务中心、出租屋管理服务中心和在编社工队伍。另有社区党建指导员、党务副书记，工会、统计、文化助理员及劳监、安监、劳动保障、残联、退管、助老、出租屋管理员、城管协管员、计生协管员等近200人的编外聘用协管人员队伍。

社会服务 北京街在社会服务管理工作中屡立潮头，带头创新。在广州市社区建设、基层党建、基层管理体制改革、社区家庭服务中心建设、社区治理结构探索实践等工作中屡次承担试点任务。2012年，在新型城市化工作推进过程中，盐运西社区和都府社区均成为广州市幸福社区创建试点社区，是越秀区首批两个试点社区。盐运西社区根据社区“一街三巷”的特点，以社会主义荣辱观主题墙、中华道德格言椅、书香长廊、典故教育区、礼仪实践区、历史文化长廊等形式，把公民道德教育的各项内容布局在社区每个角落；设立善心义举榜；每季度举办一期社区道德讲堂，社区道德模范和身边好人现身说法，讲述事迹、交流心得，褒扬善行、弘扬正气。举办志愿服务集市，开展电器维修、卫生清洁、关爱老人、义诊义剪、平安志愿巡逻等各类志愿服务活动，并形成常态服务机制。盐运西社区先后获“全国文明单位”等称号。都府社区成立粤曲传唱队、云燕健身队、茶艺学习班等群众文体团队；创办《社区报》；定期邀请专家学者、名家大师开展岭南画派、粤剧等讲座、培训、鉴赏，举办书、画、摄影、粤绣[①]、

① 粤绣：广州刺绣和潮州刺绣的总称。

“广府迎春竞芳菲”北京街新春音乐会暨书画名家进社区活动在龙藏文化广场举行（2015 年摄）

广彩[①]、广雕[②]展，丰富群众文化生活，将广府文化精髓发扬光大；在榨粉街建立日间托老中心和食堂，为社区老人提供日间托老服务。都府社区先后获“全国和谐社区建设示范社区”“2012 年全国工人先锋号”等称号。

社会活动　北京街从街情社情入手，从民众需求着眼，利用辖区深厚的广府历史文化积淀和得天独厚的中轴线的地理优势，结合迎春花市、广府庙会、北京路商业步行街、惠福美食花街、广府文化会馆等项目资源，开展丰富多彩的社区活动，建立广府文化精品展示区。开展“四节一会”[③]活动，打造社区文化的品牌项目。北京街获得“中国街道之星”称号，并两次获得“全国和谐社区建设示范街道”的荣誉称号。

---

① 广彩：广州地区釉上彩陶艺术的简称。

② 广雕：广府雕像。

③ “四节一会”：“四节”，即社区邻居节、幸福社区文化节、社区敬老节、社区书香节；“一会”，即社区广府庙会。

文物胜迹

北京街走过了2230多年的历史，拥有浓厚的文化底蕴，汇聚有千年官署南越国官署遗址、千年水闸西汉水闸遗址、千年古道北京路、千年古楼拱北楼遗址、千年御园药洲遗址、千年古刹大佛寺6个千年古迹，以及广东财政厅旧址、中山纪念堂、国民政府旧址等近现代历史建筑。这些文物胜迹是北京街沧桑变化的见证，承载着北京街的记忆，传承着最原汁原味的广州味道。越秀区人民政府重视对文物和历史建筑的保护规划和利用，力求将北京街打造为“广东省岭南历史文化旅游产业知名品牌创建示范区”。

文化遗址

南越国宫署遗址 南越国宫署遗址位于中山四路316号，包括南越国宫署遗址及御苑遗址等。西汉高祖三年（前204），秦将赵佗割据岭南，建立南越国，在都城番禺（今广州）兴建王宫御苑。南越国宫署遗址是广州现存最早的园林建筑遗迹，也是中国现存最早的皇家园林遗迹。

1974年，考古学家在中山四路忠佑大街都城隍庙旁的原广州市文化局院内，发掘出一个规模宏大的秦代遗址。1975年和1988年，分别在秦造船台填土层上和新大新公司地下室工程中，各清出一段残长20余米、宽2.55米的南越国宫署大型砖石走道和以砖铺砌的斜壁地面。在1995—1997年的基建工程中，分别发现南越国御苑遗址的一座大型地下石构水池、一座宫署食水砖井和一段长150米的石构水渠。

石构水池面积约4000平方米，压在一栋五层的楼房之下，仅发掘其西南一角，约400平方米。石构水池的西、南两边同为斜坡形，坡面斜长11米，均用厚0.05～0.12米的灰白色砂岩石板呈冰裂纹斗合铺砌。池的底部用河卵石与碎石等平铺。在池南壁铺石板下面，发现一条木质输水渠管，用以为南面的曲流石渠人工水景注水，中间被一栋九层的宿舍楼隔断。曲流石渠由北向南后急转向东连接一座弯月形的石室，再向西为回环曲折的石渠，该石渠长150米。石渠两边用石块砌壁，渠底铺石板。渠西端有座石板平桥，桥头北面尚存一段步石路面。石渠尽头处设石质方形水闸，分内、外两层，外层为石箅，以滤杂物，内层置木板闸以控水，渠水排入木质暗槽，后流入珠江。暗槽上面填土，其上有回廊，仅存部分散水遗迹。

遗址中出土了大批绳纹板瓦、筒瓦、“万岁”瓦当、印花铺地砖、八棱石柱、石门楣、八棱石柱栏杆、铁门枢轴等陶质、石质建筑构件，以及铁斧、铁凿、错金铁剑、铜镞、鎏金半两铜钱等遗物。在池壁的南坡和西坡，呈冰裂纹铺砌的石板上均发现石刻文字。其中南坡近西面的一块石板上有秦隶“蕃”字，长 0.25 米，宽 0.19 米，“蕃”即番禺的简称，象岗南越王墓出土的铜器中有 9 件鼎刻有“蕃禺”或“蕃”字可证。这座大型蓄水石池即名“蕃池”（其中出土的南越木简中有“蕃池”二字）。在遗址的西边还发现“皖”（有多个）、“赀”、“阅”等字，西壁的斜坡有“□□被诸郎”五字（竖排），同属秦汉间的隶书，是岭南发现的年代最早的石刻文字。另外，在板瓦中发现“公”“官”文字印戳和“万岁”瓦当。在一块印花砖上，有“左官脟单”陶文戳印。在曲流石渠西段尽头处的西边，发现一口砖石砌的渗井，清理出 100 多枚南越国木简。其中完整的木简全长 25 厘米，宽 1.7 ～ 2.4 厘米，厚 0.1 ～ 0.2 厘米，除一枚书两行半字，其余皆单行书写。木简上文字均为墨书，字数不等。经初步考证，这批木简是西汉前元二年（即赵佗二十七年，前 178）前后南越国王宫的纪实文书，如宫室管理、职官制度、法律条文等，其中的“宫”“苑”“蕃池”等文字与遗址中的文字相印证。

南越国宫署遗址的年代为西汉初年，这处有 2000 多年历史的石构建筑，在已知中国古代建筑遗址中属首次发现，地面大面积采用石板呈冰裂纹铺砌的做法，与西亚早期建筑中石砌挡土墙及地面相似。

遗址中水井众多，分属各个朝代，堪称星罗棋布。其中三口南越王宫食水砖井，最深 14 米，最浅 8 米，都是用专门烧制的弧扇形砖砌成，井底用砖石铺砌，井底石板之

南越国宫署遗址（局部，2017 年摄）

下还铺有一层约 8 厘米厚的细沙，形成一个非常精密的水过滤体系。

南越国宫署遗址下还叠压着 12 个历史朝代的文化遗存，包括隋代广州刺史署，唐代岭南道署、岭东节度使司署和清海军节度使司署，南汉皇宫所在地，宋代经略安抚使司署、清海军大都督府，明、清两代广东等处行中书省和承宣布政使司署。鸦片战争后，此地曾是法国领事馆。1928 年北伐战争结束后，广州市政府收回该地，改建为动物园。抗日战争期间，公园成为日本侵略军的“神社”。抗日战争胜利后，“神社”被拆除，改名为汉民公园，以纪念国民党元老胡汉民。1955 年，改名为广州动物园。1958 年 6 月 1 日，改名为儿童公园。

南越国宫署遗址于 1995 年被评为全国十大考古发现之一，遗址内的御苑遗址也于 1997 年被评为全国十大考古发现之一。1996 年，遗址被列为全国重点文物保护单位。2009 年，广州市在南越国宫署遗址上兴建南越王宫博物馆，目标定位为“国家考古遗址公园”。2010 年 7 月，南越王宫博物馆对市民实行免费局部开放；2014 年 5 月 1 日，博物馆全面开放。2012 年，南越国宫署遗址被列入《中国世界文化遗产预备名单》。

南越国木构水闸遗址 西汉南越国木构水闸遗址位于惠福东路光明广场的地下，发现于 2000 年夏。遗址距今地表约 4 米，其上叠压有东汉建筑基础、东汉和南朝水井、唐代房基、宋代房址和走道等遗迹。水闸位于西汉时期的珠江北岸，从北向南分引水渠、闸室、出水渠 3 个部分，闸室面向珠江呈八字形敞开，引水渠和出水渠均呈长方形。

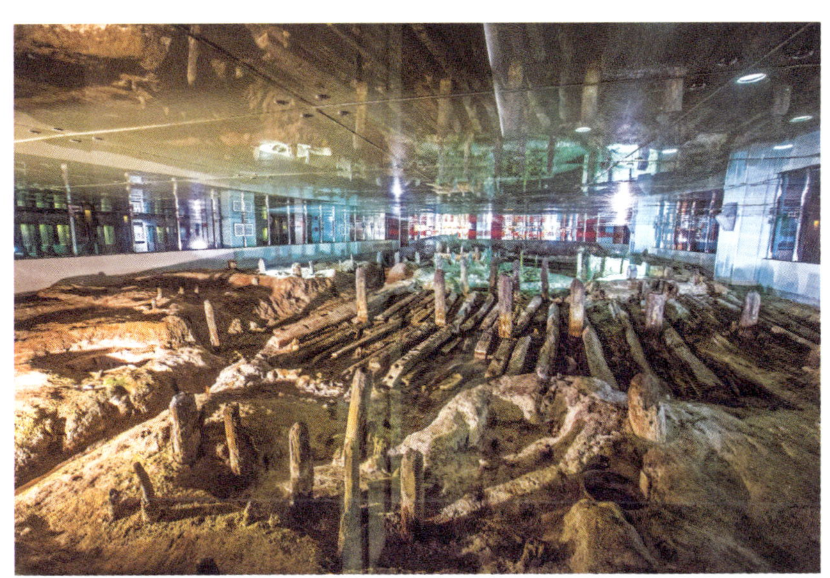

南越国木构水闸遗址（2017 年摄）

闸口有原木分层纵横交织填埋，构成城墙与水闸的建筑基础。出土的木材为水松，体积达 40 立方米，多数木质仍坚实，较大的长 8 米，径粗 0.4 米。木材上有榫卯结构，据考古学家推测，是水闸上层建筑木构件，水闸废弃后用作城墙基础。

水闸是保护城市的水利设施，洪水来时，把闸门打开，泄洪出珠江；咸潮来时，放下闸门，可阻挡潮水入城。西汉水闸是 2000 多年前城市防洪、排汲水设施的重要木结构遗存，也是至 21 世纪中国城市考古中发现年代最早、规模最大、保存最完好的木结构水闸遗存之一。

为保护水闸遗址，遗址原地保留，2004 年，在光明广场大厦内设计一个与水闸遗址保护面积相当的近 700 平方米的中庭。中庭四周回廊环绕，可供游客观赏遗址。遗址位于负一层。在首层加盖钢化玻璃罩，恒温、恒湿保护，游客从首层到九层都可观赏到水闸遗址，也可乘观光电梯或扶手电梯下至负一层参观，使光明广场成为全国第一个室内公共开放式文物展示场地。

2006 年，南越国木构水闸遗址被列为全国重点文物保护单位，并入选《中国世界文化遗产预备名单》。

历代城墙 东汉、东晋、南朝城墙遗址位于今中山五路。该城墙始建于东汉，东晋和南朝时进行扩建。1996—1998 年，配合地铁 1 号线建设进行发掘。城墙遗址长 16 米，呈南北走向。其中，东汉城墙为夯土墙垣，现存墙体面宽 5 米，残高 1.85 米，夯筑 19 层，每层之间以草茎铺垫，夯土层中有大量汉代的板瓦、筒瓦和陶器残片。东晋城墙是在东汉墙体基础上拓宽、夯筑加固而成，用红黄色网格纹砖包边。残存墙体上宽 7.8 米，底宽 8.8 米，高 1.4 米，夯土层中有青釉瓷器残片，外墙基部砖块上有“泰元十一年”的模印字样。南朝城墙是在东晋砖墙两边填土拓宽、砌砖包边而成。现存墙体宽 21 米，残高 1.5 米。西侧有一处马面建筑，南北长 9.1 米，北边宽 7.3 米，南边宽 8.1 米，建筑形式与墙体相同。此外，在南朝城墙西侧发现唐代路面残痕，东侧发现宋代水池遗迹。考古学家据此推测，唐、宋时此城墙已废弃不用。这是广州首次发现的汉代城墙，且经 3 个朝代的城墙套合修筑，时间跨度超过 500 年，在全国罕见。

唐、宋城墙遗址位于今仓边路和越华路交会处，今银山大厦附楼所在地。1998 年 2 月，配合银山大厦建筑工程，发掘出两段走向与年代均不相同的城墙遗址。唐代城墙呈南北走向，现存墙体长 14 米，残高 3 米。两边包砖，中间夯土，墙体下宽上窄。砖壁底下以黄白色砂质块石砌基，基下铺垫碎砖瓦层。包砖南壁厚约 2 米，残高 0.65 米；北壁瓮砖底部最宽2.05米，残高2.3米。修城砖块大而厚实。砖壁上有“番禺修城大条砖”等砖铭。这是广州首次发现的唐代城墙，从方位推测，应为唐代东城墙遗址。宋代城墙呈东西走向，现存墙体长12米，宽8.9米，残高1.2米。墙体两边包红砂岩或黄白色砂岩，边缘多用条形石，基部有“地牛”结构，中间填塞不规则的石块，还有柱石、石础等，夹杂很多砖块和陶瓷片、瓦片、瓦当等物夯土。墙体下布满下端削尖的木桩，直径15～20厘米，长2～4米不等，先将木桩打入淤泥中，再铺上20厘米厚的碎砖瓦作基础。墙砖上有“修城砖”“景定元年造御备砖”等砖铭，推测此段城墙为宋代东城北墙的遗址。同时，在城墙遗址上，除石柱础、残石柱外，还出土有汉魏六朝和唐、宋的陶器，包括陶球、蒺藜火毬等防御用具，以及雕阳纹花草砖，龙首、兽首等建筑装饰物。建筑材料多为饰莲瓣纹的瓦当，部分砖上有刻画或拍印文字。

宋代子城西城墙遗址位于今越华路与广仁路交会处，发现于1972年7月。城墙呈南北走向，东西宽6.6米，南北未能完全开挖，仅见2米。墙基底铺一层长方形和梯形的红砂岩石块，上面砌砖墙相夹，中间填塞碎砖和泥土。在一些墙砖上，刻有“水军修城砖”“水军广州修城砖”等戳印，推测城墙由当时广州水军所造。在一块墙砖上，又发现有“番禺县”三字。

两宋时期，广州城经历大大小小十几次扩建和修缮，是有史以来最频繁的一次扩修。北宋庆历四年（1044），广南东路经略使魏瓘在城东修筑子城（程师孟所修西城不在北京街范围内）。南宋绍兴二十三年（1153），经略使方滋重新修葺中城、东城和西城，自此，广州有“三城”之称。嘉定三年（1210），经略使陈岘又在城东南与西南各修筑雁翅城，以加固南面的城防，形成中、西、东三城加两翼城的格局。在北京街发现的历代城墙遗址，为确定广州从汉代至宋代的城墙范围提供了可靠的证据。

药洲遗址　药洲遗址位于今教育路80号南方戏院北侧，原是南汉时期的皇家园林。有“葛仙洲”“石洲”“西洲”等名，自北宋书画家米芾在园中笏石题书“药洲”二字后，便以“药洲”闻名于世。南宋方信孺《南海百咏》记：“药洲，在子城之西址，漕台之北界，旧居水中，积石如林。今西偏壅塞，水尚潴其东，几百余丈，穴城而导于海，绿净如染。”①

①〔宋〕方信孺：《南海百咏》，4页，中华书局，1985年。

药洲是仙湖中的小岛，背倚南宫，有长春宫、三清殿等建筑和明月峡、玉液池等景观，四面环以犀桥，以通宫城。北为宝石桥，在今中山五路与吉祥路交会处；南为仙童桥，在今仙湖街。

药洲遗址（2017 年摄）

修筑园林时，南汉皇帝遍购天下奇石，甚至罪犯也可以石赎罪，富人犯罪，只要以奇石进献，便可获宥。故洲中奇石如林，又称“石洲”，其中以九曜石最为著名。九曜石为九块奇石，以天上星宿为名，俨然九大星宿散布于药洲，现尚存部分残石。石上有历代文人雅士的题刻，弥足珍贵。池西北的大石上有宋人许彦先题刻《药洲》绝句：“花药氛氲海上洲，水中云影带沙流。直应路与银潢接，槎客时来犯斗牛。”这首诗被后人广泛传诵，该石因诗而名，被称为“海上洲石”。清人阮元认为，根据这首诗的首句，说明药洲之名源于洲上种植花药，而不是聚方士炼丹。

元代人称药洲为“千古之胜”。明代把“药洲春晓”列入羊城八景之一。清代，药洲四周已是街市。民国时，药洲面积仅余2000多平方米，其中湖水面积440平方米，昔日五百余丈的仙湖已不复存在。

1988年，对药洲遗址进行修缮，将埋在地下的景石提升上来，拓宽水池的面积。1989年6月，药洲遗址被列为广东省文物保护单位。1993年，广州重新设计建造仿五代风格的门楼和碑廊。现存历代有关药洲石刻92题，其中51题在九曜石上，12题在草坪上，29题在新建的碑廊中。

千年古道遗址

千年古道遗址位于北京路商业步行街。2002年7月，在北京路整饰商业步行街开挖路面工程中，出土大量砂岩石条和古城墙砖。遗址总面积420平方米，分为中段千年古道遗址和南段拱北楼建筑基址。

中段千年古道遗址　位于北京路中段，长约44米，宽约3.8米。在距地表深3米以上，清理出民国、明代、宋元、南汉、唐代5个历史时期的11层路面。第1层为民国路面，距今地表约0.5米；第2层黄砂岩石层为明代路面，距今地表约1米；第3～6层为宋元路面，在宋代路面垫层中出土大量瓷片，并发现有进口玻璃残片和宋代铜钱；第7～8层为南汉路面，用灰砖平铺；第9～11层为唐代路面，其中第9～10层铺砖，第11层铺碎石。在唐代路面以下的淤泥层发现南越国时期遗迹，再往下为淤泥层，直至7.9米深处，可见灰红色生土，表明这里曾是河涌滩涂地段。

2003年1月，重新整修北京路，对中段千年古道遗址作防潮、防长草等技术性处理，安装变幻动感的彩虹喷泉和冷雾系统，并铺设钢化玻璃盖，以供行人观赏。

2008年12月，千年古道遗址被列为广州市文物保护单位。

南段拱北楼建筑基址　位于北京路广州百货大厦前，长32米，宽4.7米。在距今地表深 1.8 米以上，挖掘出清代、明代、南汉—宋代 3 个历史时期的门楼遗址。清代拱北楼基址因受后代修路破坏，仅剩基础垫土层和为加固基础打的众多木桩孔。明代基址距今地表深约 0.8 米，现存西边门洞的铺石地面和一块较完整的抱鼓石。南汉—宋代基址共有 3 层，说明有过 3 次修造，南汉基址出土有浮雕龙纹青石构件、青石门槛及门楼西门洞的砖铺路面、白云石的门枕石等遗迹。

唐代，今北京路上建有清海军楼，位置在今青年文化宫附近。南汉时，在此叠石建双阙。宋代，改为双门城楼。至元代毁。明洪武七年（1374）重建，将造于元延祐三年（1316）的铜壶滴漏置于楼上。清代重修。因其东、西两间为双门，故北京路有“双门底”的俗称。1918 年，开展市政建设，拆城筑路，拱北楼被拆毁。

2008 年 12 月，拱北楼遗址被列为广州市文物保护单位。

铜壶滴漏 在拱北楼上，原有一个古代计时器，由广州工匠冼运行等人铸造。水由

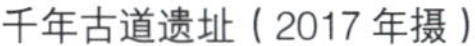
千年古道遗址（2017 年摄）

拱北楼遗址（2017 年摄）

元代铜壶滴漏（仿制品，2017 年摄）

日天壶（日壶）依次滴至夜天壶（月壶）、平水壶（星壶）、受水壶，浮箭逐渐升起，指示铜尺上的时辰刻度。四壶依次安放于阶梯式的座架之上，通高 2.64 米。铜壶结构精巧无比，历经上百年仍分秒不差，全城官民计时均以它为准。

清咸丰七年（1857），英法联军炮击广州城，拱北楼失火，漏壶移置其他地方。咸丰十年（1860），两广总督劳崇光悬赏购得，其中月壶略有损坏，于是重铸月壶，暂置于抚署退思轩。同治三年（1864）重建拱北楼，复置原处。1919 年，广州拆城墙，筑马路，拱北楼被夷平，漏壶移置于长堤海珠公园铜壶滴漏亭。后又因市政府要炸海珠石填新地，公园建筑物全部拆除，遂在永汉公园建一座四方仿古亭，以安置铜壶滴漏。1932 年，市政府拨款收购原拱北楼旁废弃的先锋庙，暂时安放铜壶滴漏。1935 年，将铜壶滴漏移置越秀山上的广州市立博物院。

20 世纪 50 年代，铜壶滴漏被调往北京，由中国历史博物馆（今中国国家博物馆）收藏，广州博物馆陈列其复制品。2010 年，在北京路拱北楼遗址前放置仿造的铜壶滴漏，作为北京路景观之一，对公众作纪念性展示。

六脉渠　六脉渠是广州历史上重要的水系网络，始建于宋代，历代都有修葺整治。

1997年5月，在吉祥大厦基础工程建设中，发现宋代六脉渠遗址，位于今吉祥路七块石巷，为宋代六脉渠中的第五脉。石渠长9米，上宽4.03米，下宽3.6米，深5.14米。渠底在两壁基础石上，每隔15米左右横放一根大木枋，木枋两端锯有半边凹榫，再用大木枋套接横木的凹榫，构成大木枋框架，用以支撑两壁的石墙基。在渠内的堆积层中，发现历代遗存的残物，时间最早的是宋代的碎砖、瓦片、瓷片和铜钱。

宋代六脉渠位置大致如下：第一脉：从六榕路出，经惠福西路，至南濠街出城，入玉带濠；第二脉：从净慧路出，经海珠北路、擢甲里、朝天路、光塔路，至南濠街出城，入玉带濠；第三脉：从光孝路出，经诗书路，至大德路口出城，入玉带濠；第四脉：从越华路出，经广州起义路惠福巷、解放南路、广州起义路素波巷出城，入玉带濠；第五脉：从华宁里出，经人民公园，由仙湖街出城，入玉带濠；第六脉：从文德路市一宫出，入清水濠。其中，四、五、六脉都从今北京街范围经过。

1996年，配合地铁1号线建设，在中山五路与教育路交会处，发现一段明代六脉渠遗址，长23米，深1.5～2.8米，宽4.35米，其中一段收窄为3.25米，是清风桥的基址。砌渠的石条中，留有“前卫左所”四字，可证为明代遗构。石渠为明代六脉渠的正南一脉，绕清风桥、龙藏寺、仙湖街出城，与宋代六脉渠遗址南北相对。

清同治九年（1870），广东布政使王凯泰主持清代最大规模的治理六脉渠工程，修治原则是：有故道的循故道，找不到故道就辟新沟，重开六条大渠。工程完成后，王凯泰撰写了记录六脉渠修治过程的《重浚六脉渠记》，对六脉渠的走向有详细标注。其中，第一脉、第二脉（南支脉）、第四脉、第六脉均经过今北京街范围。

第一脉：督署前渠，“北流者由洛城街至莲塘街，合抚标箭道横渠流入五福巷，出铜关。其南流者，行华宁里、卫边街民房中，过七块石，上抵清风桥，径流水井，至南朝街，由义隐书院中入学署后院，贯九曜池，出九曜庙桥，直至仙湖街仙童桥下，出城入玉带河。”[①] 第二脉：抚署右渠，抚署在今人民公园。“北流者入连新街径莲花井街，至九眼井转西，西流九龙街，过大北直街西华一巷，过财神庙出北水关外濠。其南流者，由雨帽街下桂香街、贤藏街，至孚通街三圣宫下，出城入玉带河。”[②] 第四脉：旧仓巷

① 〔清〕李福泰等修：《（同治）番禺县志》，144页，上海书店出版社，2003年。

② 同上。

渠，“北流者，由梯云里北行，至司后街，入谭家祠，转高家口，东流入豪贤街天官里民屋后，合万安里明渠，出铜关入濠。其南流者，从惠竺寺过仓边街，南流行黄家巷、毓秀坊山文溪桥下，径长塘街至贤思街土地庙下，出城入玉带河。”[①] 司后街即今越华路，铜关在越秀桥附近，通入东濠涌。第六脉：龙王庙右渠，“南入粤秀街，穿东墙入和康里，出抚标箭道，东过莲塘街中约，汇督署前北流之渠，东入五福巷双槐洞、崔家巷、理事厅照墙、狮子桥、三多里、九如坊、丹桂里，抵状元桥下，出铜关入濠。”[②] 抚标箭道在今中山纪念堂处。

巡抚衙署旧址（第一公园） 今人民公园及广州市政府大院为清代广东巡抚衙署旧址，也是民国时期第一公园、中央公园所在地。

今人民公园，元代时为海北广东道肃政廉访司署，明代时为都指挥使司署，南明时为南明绍武皇帝的皇宫，清代时先后为平南王府所在地和广东巡抚署。衙门后花园规模较大，东至吉祥路，西至雨帽街，今广州市政府大院在其中，与其连成一片。

清乾隆年间（1736—1795），广东巡抚讬恩多在衙门后院修建菜根香轩，挖渠引水，模仿老农披蓑荷锄，自种菜蔬。道光初年，两广总督阮元又在东园修建万竹园、署漪园。光绪年间（1875—1908），张之洞兼署广东巡抚，精心修葺万竹园，分别营造渔、樵、耕、读四景，又为菜根香轩题联：“稼穑艰难君子教，菜根风味士夫知”。

光绪二十六年（1900），兴中会策动惠州起义后，兴中会会员史坚如为配合惠州义军，刺杀广东巡抚（署理两广总督）德寿，因炸药未能全部爆炸，刺杀未遂，被官兵拘捕。11 月 9 日，史坚如被处死，时年 22 岁。

光绪三十一年（1905），广东裁撤巡抚，巡抚衙门改为两广高等工业学堂，后改称广东高等工业学堂。

1918 年，经孙中山提议，广州市政厅以原巡抚衙署为主，另再征用几十间民居，扩建成第一公园。公园建筑由杨锡宗设计，1920 年动工，1921 年建成。采取意大利图案式庭园布局，十字交叉道路系统呈中轴对称布置。公园范围南临中山五路，北至东风中路，西至莲花井，东至吉祥路，面积为今人民公园的两倍。公园内种植树木、花草，有 6 座喷水池、4 座艺术雕像，以及大礼堂、古物陈列馆、餐厅、射击场、球场等设施。

---

① 〔清〕李福泰等修：《（同治）番禺县志》，144 页，上海书店出版社，1998 年。

② 同上。

人民公园（巡抚衙署旧址，2017 年摄）

为配合意大利庭园风格，对原衙署内的建筑和园林进行大规模拆除和改造，只剩下市政府门前的古榕树一株和平南王府时期的一对石狮未拆。

1921 年 10 月 12 日，第一公园正式开园，这是广州历史上第一家公立的现代化综合性公园。1922 年 12 月 24 日，广州各团体和民众在第一公园举行反对帝国主义示威大会。1923 年 5 月 1 日，广东工会联合会以及所属数十个团体的群众、学生代表在第一公园举行庆祝“五一”劳动节大会，陈独秀、蔡和森、张太雷以及苏联人白拉克姆等人发表演说。1924 年 2 月 24 日，国民党在第一公园举行追悼列宁大会，孙中山主祭，邹鲁宣读祭文。孙中山书写“国友人师”祭幅。是年 3 月 8 日，广东各界妇女第一次在广州举行庆祝“三八”国际劳动妇女节大会，是中国纪念“三八”国际劳动妇女节的开端。1925 年，因第一公园位于市中心，改名为“中央公园”。1926 年，在公园中部修建音乐亭，园中竖有史坚如纪念碑，园前立有警察殉难碑。1927 年 12 月 11 日，发动广州起义，埋伏在中央公园的义军敢死队经惠爱路向市公安局发起连续进攻，并占领公安局。1929 年 5 月 6 日，广州第一家广播电台——广州市播音台开始播音，台址设在中央公园西侧靠连新路的一间小平房里，内设播音室及发射机房等，由市公用局派一位技术人员管理。1933 年，约占公园三分之一的北部地域被划出，用以修建广州市府合署大楼（今广州市人民政府大楼）。

1966 年，中央公园改名为人民公园。自 1978 年始，公园每年举办菊展、迎春花会和中秋灯会。1987 年，在公园内建成分别用青铜、黄岗石、汉白玉、红砂岩石等材料制成的《烽火年代》《鲁迅》《冼星海》《猛士》《新娘》《椰林少女》雕塑 6 座。1998 年 10 月，再次对公园进行改造，拆除铁栅栏，建成休闲广场。2000 年后，市政府把连接吉祥路与连新路的公园路和中山五路以北一段的广州起义路收回，改建成一个 2 万平方米的绿化广场。2003 年开始，国内第一个政论性电视节目——《羊城论坛》每月在人民公园固定举办一期，议题广泛。2010 年 10 月 21 日，在广场上建广州原点。原点标志为花岗岩构件，内侧圆盘由精铜浇铸，直径约 2 米，厚 2 厘米，重 3 吨，表面刻西汉南越王墓出土的龙凤玉佩以及羽人驾舟等图案。

兴中会广州分会旧址　兴中会广州分会旧址位于今北京路青年文化宫附近。清光绪二十一年（1895），由孙中山、杨衢云、陈少白等人领导的兴中会在广州设立分会，联络三合会、三点会、添弟会、天地会等绿林、会党，准备在重阳节发动起义，建立新政府。这是由兴中会领导的第一次起义，史称“乙未广州重阳起义”。

兴中会广州分会会址设在双门底王氏书舍（又称王家祠、云岗别墅，即今青年文化宫），对外以“农学会”招牌作掩护。起义失败后，王氏书舍被官府查封。

抗日战争时期，日本侵略军对广州进行多次大规模空袭，王氏书舍被炸毁。抗日战

青年文化宫（兴中会广州分会旧址，2017 年摄）

黄花岗起义指挥部旧址纪念馆（“三·二九”起义指挥部旧址，2017 年摄）

争胜利后，东莞王氏族人在书舍旧址兴建一座 3 层共 300 多平方米的王氏宗祠，水泥钢筋结构，俗称“红砖楼”。1948 年，政府认为王氏宗祠处于市中心繁华地段，该地段宜作商业用途，遂改为大世界游乐场，并在游乐场立碑记述孙中山在此地策划和指挥起义的经过。

中华人民共和国成立后，大世界游乐场改建为民乐游乐场（剧场），以演出粤剧为主。1951 年春节，改建成广州市青年文化宫，广州市市长朱光题写“青年文化宫”五个大字。原王氏宗祠建筑已不存。

“三·二九”起义指挥部旧址　“三·二九”起义指挥部旧址位于今越华路小东营 5 号，是 1911 年广州“三二九”起义时的指挥部所在地朝议第。

朝议第建筑风格是岭南常见的青砖大屋，坐北朝南，三进三开间，硬山顶，碌灰筒瓦，青砖墙石脚，木趟栊及板门；明间与次间以砖墙相隔；后座为一列平房。总面阔 18 米，总进深 24.5 米，面积 443 平方米。头门进深约 6 米，共 9 架；中座进深约 7 米，共 16 架，前廊 3 架卷棚顶；后座进深约 7 米，共 23 架，前廊 4 架卷棚顶。门前为窄巷，东侧现辟为广场，西侧为小学用地，后为民居。

清宣统三年（1911）公历 4 月，为准备起义，同盟会在广州城内设立多处机关，仅北京街范围内，就有小东营、大马站、粤秀里、西湖街甘家巷、高第街瓷业公司、司后街陈炯明寓所、榨粉街、观音山脚等多处。因小东营距离两广总督署（今广东省民政厅）只有500米，对进攻十分有利，故起义总指挥部设在小东营朝议第，以黄兴为总指挥。宣统三年农历三月二十九（公历4月27日）下午5时30分，起义爆发，革命党人每人带着1块人饼、1条毛巾和枪械炸弹，从小东营出发，向两广总督衙署发起进攻。两广总督张鸣岐闻风逃跑，革命党人与前来增援的清军展开激战，最后起义失败，革命党人死难不计其数。事后，收殓烈士残骸72具，葬于黄花岗，故又称“黄花岗起义”。

朝议第原为私人物业。1956年，业主李诵遵照父亲李章达（原广东省人民政府副主席）遗愿，把旧址捐献给国家。为纪念“三二九”起义，1958年，朝议第被辟为“三·二九”起义指挥部旧址纪念馆。1959年10月1日，纪念馆正式对外开放。1962年7月，被列为广东省文物保护单位。1978年7月，被重新列为广东省文物保护单位。1981年，纪念馆重新整修，内分三馆和烈士纪念堂。其中，三馆分别展示起义前的准备、英勇战斗、起义失败及其影响等史料。同时，原安放在两广总督署门前的一对石狮，也移到纪念馆陈列。2005年，纪念馆进行重修。

古建筑

都城隍庙　都城隍庙位于中山四路忠佑大街48号，南越王宫博物馆东侧。据古籍记载，唐代时广州已有城隍之祀，城隍庙“在州西城内百步”[①]，具体位置已不可考。元代，城隍庙在华宁里，但到元末已废。明代，朱元璋规定全国所有府、州、县都要设立城隍庙，纳入官方的祭典。城隍被视为城市的人伦道德守护神，“使人知畏，人有所畏，则不敢妄为”。

据清道光《南海县志》载，今复建于中山四路的都城隍庙，始建于明洪武三年（1370）。明初，城隍庙建成时，朝廷规定只准供木主（木牌位），不准供神像。至

① 〔宋〕王象之：《舆地纪胜》，2851页，中华书局，1992年。

都城隍庙（2017 年摄）

景泰年间（1450—1456），广东巡抚、御史王翱塑广州城隍像，取代木主，自此改为供奉神像。雍正年间（1723—1735），广东观风使焦祈年奏请朝廷，将广州府城隍升格为管辖全省的都城隍，成为全国级别最高的五处都城隍之一。都城隍庙分前后座，在其中轴线上依次设有外门、中门、拜亭和大殿等。进入外门，左右两侧建廊庑、斋宿、厅房、羽士房和省牲所等。万历十三年（1585）重修，竣工后，立重修广州城隍庙记碑以纪其事，按碑文记述，城隍庙建筑规模甚大，闳敞辉煌，“自中殿一座六楹，以及拜亭六楹，罔不美而焕矣。又自左右两庑，各十二楹，中外二门，共八楹，罔不翼而严矣。又自斋宿厅房，左右各六楹。西为省牲所，东为羽士房，罔不饰而新矣”[①]。大殿供城隍像，正中高悬“正大光明”的红底金字匾额。广州历任城隍有明代的杨继盛、海瑞、倪岳和清代的李湖。这四人均以严明公正、忠信守正著称。

1920 年，广州修筑惠爱东路，拆去都城隍庙拜亭前的建筑，改铺为大街，都城隍庙仅余大殿和拜亭。1929 年，政府接管都城隍庙，改造为国货市场。1931 年，国货市场正式开张，分为“国货陈列室”“国货商标展览”和“国货推销场”三个部分。原来的两尊城隍神像分别被送往中山大学博物馆和广州市立博物院收藏。

中华人民共和国成立后，都城隍庙改作工厂。1993 年 8 月，都城隍庙被列为广州市文物保护单位。都城隍庙仅存大殿和拜亭。整体建筑坐北朝南，总面阔 24.7 米，总进深 27.2 米，占地约 672 平方米。

2009 年开始动议修复，2010 年竣工。重修后的都城隍庙大殿面宽 5 间 24.7 米，进深 5 间 20.2 米共 29 架。人字形封火山墙，碌灰筒瓦，绿琉璃瓦当，滴水剪边。前檐以勾连搭形式，与拜亭后檐连接，使大殿的造型既雄伟又富于变化。大殿建筑面积近 500 平方米，供奉南汉刘龑，明代杨继盛、海瑞，其中刘龑居中为主神。梁架结构为穿斗式和抬梁式相结合，柱高 9 米，梁架做工简朴，前廊步梁做工精良，梁枋雕有福寿、卷草纹和鳌鱼等图案纹饰，柁墩雕饰戏曲人物。拜亭三间三进，面阔 6.2 米，进深 7 米共 11 架。绿色琉璃瓦歇山顶。檐柱及金柱各 4 根，共 8 根，均为花岗岩方柱。采用抬梁式结构，以如意纹驼峰斗拱承托，雕工精细。拜亭两侧有加建的建筑物。都城隍庙内有许多楹联，内容都是警醒世人，弃恶从善。如头门前廊外柱悬挂一副楹联：“是是非非地，明明白白天”。

都城隍庙外原忠佑大街开辟为市民广场——忠佑广场。广场前建有一座清代风格的牌坊，为传统石木结构和岭南如意斗拱，采用福建花岗岩和东南亚菠萝格，与明末清初风格的城隍庙显得颇为协调。牌坊正面悬挂“忠佑”匾，背面悬挂“护国佑民”匾。

2010 年 10 月 31 日起，都城隍庙对市民开放。2011 年 10 月 30 日，都城隍庙在忠佑广场举行“广州都城隍庙修复开放暨开光庆典”活动。

大佛寺 大佛寺位于惠福东路惠新中街 21 号，始建于南汉时期，为兴王府（今广州）28 座佛寺之一——新藏寺。元代时重建，名福田庵。明代再行扩建，改名龙藏寺，

① 〔清〕李福泰等修：《（同治）番禺县志》，541 页，广东人民出版社，1998 年。

建筑庄重，香火兴旺。至明末，寺庙衰落，被官府没收，改为巡城御史公署。

清顺治六年（1649），寺庙毁于一场大火，沦为废墟。康熙二年（1663），平南王尚可喜为迎接儿媳——顺治皇帝的女儿固伦公主，自捐王俸，依照京师官庙形制重修大殿，再塑金身，于翌年建成大佛寺。竣工后，尚可喜撰《鼎建大佛寺记》，勒碑以纪其事。

重建后的大佛寺坐北朝南，大雄宝殿高约30米，面阔7间36.32米，进深5间25.36米，建筑面积达955平方米，居岭南众刹首位。抬梁式梁架，上施檩枋承托檩，驼峰、斗栱造型简朴古拙，有明代遗风。十九檩前后用六柱、两山墙承重。回廊周匝。重檐歇山顶，檐下施七踩三翘斗拱，上施彩绘，色泽鲜明，纹式简练。上盖素胎陶瓦，瓦当滴水。正脊饰以云龙、西番莲灰塑，龙身围绕着正脊两侧穿插，栩栩如生。正中有一鎏金葫芦形宝珠，垂脊、戗脊塑狮兽，两侧山墙饰以缠枝西番莲纹式。复盆式雕花花岗岩柱础，古拙朴实，至今尚存。殿中的巨型楠木柱粗2米，高10余米，重10吨，为岭南大寺殿柱之冠。殿中供奉三尊大佛像，用青铜铸造，高约6米，重约10吨，为广东省内现存最大的古代铜铸

大佛寺（2017年摄）

大雄宝殿（2017 年摄）

像，中为佛祖释迦牟尼，左为药师佛（一说为弥勒佛），右为阿弥陀佛。寺内有一对名联“大道有岸，佛法无边”，相传为尚可喜的谋士金澄所写。

康熙六年（1667）八月，平南王尚可喜第七子尚之隆与固伦公主夫妇到广州省亲，尚府在大佛寺设为天子祝禧的净坛。尚之隆在京城聘请班禅、喇嘛 40 人同到广州，在寺内修四十九日无遮胜会。

雍正十三年（1735），广州知府刘庶重修大佛寺，在殿前增建宣谕亭，作为宣讲皇帝谕旨的地方；在殿侧建造韦驮殿、伽蓝殿，辟“佛境”“禅林”东、西两门。乾隆年间（1736—1795），再次扩建大佛寺，踵事增华，为广州“五大丛林”之一（其他四寺

为光孝寺、六榕寺、海幢寺、华林寺），占地面积达3万平方米。

道光十九年（1839），林则徐在广州禁烟，在大佛寺设收缴烟土烟枪总局，负责收缴广东各乡烟膏和烟具，并配制戒烟药物。20世纪20年代，广东政府为筹措军费，拍卖公产，大佛寺也在拍卖之列，价值60万元的寺产以30万元贱卖，大佛寺的面积因而不断缩小，四面被民居所占。50年代，寺院部分地方改作学校。“文化大革命”时期，大佛寺的三尊大佛像被拆除，运到南岸货仓堆放。“文化大革命”结束后，佛像被移到六榕寺供奉。

1981年，大佛寺启动修复工程，重铸三尊铜佛像，各高6米，重10吨。1986年，恢复大佛寺佛教活动，对外开放。1993年8月，大佛寺被列为广州市文物保护单位。1996年，耀智法师任大佛寺住持。2000年9月，成立广东省内第一家面向社会开放的现代化佛教图书馆，组织四众弟子共修、兴建祖师塔园。2004年7月，惠福西路小学按照大佛寺与越秀区教育局签署的协议搬迁，其房屋、土地使用权正式归还大佛寺。大佛寺成立慈善基金会，创刊《如是雨林》弘法。大佛寺得到四众弟子赞许，成为香火旺盛的弘法道场。2008年12月，大佛寺大殿被列为广东省文物保护单位。

大佛寺修复工程分两期完成，第一期复建弘法大楼，于2016年1月15日落成开光。当天上午，由广州市佛教协会主办、大佛寺承办的“海上丝绸之路佛教文化系列活动暨广州大佛寺弘法大楼落成开光典礼”在大佛寺举行。大雄宝殿雄伟庄严，大门悬挂楹联：“南汉初奠基龙藏绍隆历沧海桑田犹存圣迹，平藩营大佛羊城得古有云山珠水长护禅林”。第二期工程将复建山门、天王殿、钟鼓楼、地藏殿、观音殿、厢房、佛教博物馆、停车场等建筑。

小东营清真寺　小东营清真寺位于越华路小东营1号，始建于明成化四年（1468）。成化年间（1465—1487），两广发生瑶族骚乱，朝廷调南京的回族兵到岭南平乱，

小东营清真寺（2017 年摄）

战后多数将士没有北归，长期驻守在广州，设大东、小东、西营、竹筒 4 个军营，俗称回回营，越华路小东营为其中之一。

小东营清真寺为当年驻扎在此的回族兵设立，坊间俗称东营寺，与濠畔寺、南胜寺、怀圣寺、清真先贤古墓，并称广州伊斯兰的五大圣地。清嘉庆二十二年（1817）、同治五年（1866）曾进行过修葺。民国时，东营寺教长马季显阿訇，在寺内设经文小学，招收学生 20 余人，即今越华路小学前身。

五四运动时，回族青年何敏衡、何德雄、刘东甫、陈焕文、马正甫、马志超和刘方如等人，在杨瑞生阿訇支持下，以东营寺为基地，广泛联系进步青年，组织各种活动，传播新文化，改革旧礼教，先后成立广东回教同益会、广州回教青年会，出版《穆民》月刊，改革义学堂的教育制度，为培养新一代回族青年起到了承前启后的作用。

1949 年后，怀圣寺成为穆斯林主要的聚会场所，东营寺逐渐成为穆斯林办理丧事之地。1966 年，广州的回族、满族人在东营寺处办工厂。1981 年，东营寺进行全面大修，大殿、门廊和洗礼用的“米依”房均修葺一新。改善男女浴室，方便穆斯林洗礼。2004 年，广州市伊斯兰教协会自筹资金 30 多万元，对东营寺再次进行修缮，从门廊到大殿全部翻新，寺内地面铺设花岗石。对寺内珍藏的明代阿拉伯文巨匾、《至圣百字赞》古匾、四真清寺公设碑等古碑和民国初年马英萃题赠的木刻楹联等文物进行维护修葺；扩建男女浴室和客厅，并在客厅之上加盖一层会议室；新刻《重修东营寺碑记》，古寺焕然若新。

2005 年起，东营寺开始进行主麻日聚礼，在小北路、环市路一带聚居的外国穆斯林大多在东营寺进行礼拜活动。2010 年，广州主办第 16 届亚洲运动会后，东营寺的殡葬服务功能取消，接受广州市伊斯兰教协会统一管理。

今东营寺占地面积 600 平方米，建筑总面积 530 平方米，大殿建筑面积 153 平方米。建筑风格是传统宫殿式。大殿正中悬挂高 1 米、长 3.2 米的大匾，是广州现存最大的阿拉伯文雕刻品，匾额绿底金字，以中国书法形式书写阿拉伯文“安拉是万物的创造者和维护者”。另一块阿拉伯文木匾悬挂在月亮门上，高 0.48 米，长 1.33 米，匾上有同治五年（1866）凤阳人李成仪书写的《古兰经》文字：“真主的慈恩确是临近于行善的人们。”

合族祠群

合族祠群位于大马站、小马站和流水井一带，因是四乡八镇的学子在广州苦读六经三史、诸子百家的场所，也称书院群。

清初，两王（平南王尚可喜和靖南王耿继茂）入粤屠城后，广州城中已很少有五世以上的家族，无法独立建宗祠，只能由同姓族人建合族祠。雍正十三年（1735），朝廷下令严禁民间聚众结盟，凡寺、观、神、祠皆禁止兴建。乾隆三十七年（1772），广东巡抚张彭祖提出“城内合族祠类多把持讼事，挟众抗官，奏请一律禁毁”，民间合族祠遂改为书院、试馆。咸丰二年（1852），官府下令已改为书院、义学的合族祠，也一律禁止。光绪元年（1875）、光绪八年（1882），官府先后两次下令“各姓不得纠众添建祠宇，致碍民居”。官府虽然排斥合族祠，但对于以书院、书屋、书舍、试馆一类名义建起的合族祠，也只能听之任之。由于宗祠书院主要为应试族人服务，院址大多选择在贡院与学政衙署周边，因此，在今北京街范围内的旧仓巷、北京路、西湖路、大小马站一带，出现大量宗祠书院，其密度与数量堪称全国之冠。

据不完全统计，在西湖路、大小马站、流水井、仙湖街、越秀书院街周边地区，曾经分布有东平书院（阮家祠）、汾阳书院、赖氏书院（赖家祠）、谢氏书院（谢家祠）、江都书院、谭氏书院（谭家祠）、曾氏书院（曾家祠）、周氏书院（周家祠）、冠英家塾（马家祠）、太邱书院（陈家祠）、六桂书院（方家祠）、日丽书院（甄家祠）、武溪书院、镜湖试馆、瑞柳书屋、光复书院等数十家宗祠书院。为保护这些历史建筑，20 世纪 90 年代，广州市制定大小马站书院群复建规划。

2000 年 12 月，广州市人民政府宣布将大小马站、流水井宗祠书院群，作为广州市旧城区内唯一尚存的成群成片古书院的历史地段，列入第一批历史文化保护区名单。

2012 年夏，广州市宣布启动大小马站书院群的重建项目，包括复建大书院、考亭书院、冠英家塾、周氏书院，新建三益书院、谢氏书院、平所书院、赖氏书院、关家书院、江都书院，共计 10 所宗祠书院。

青云书院 青云书院原为梁氏宗祠，又称梁千乘侯祠，位于惠福东路 389 号。梁氏宗祠始建于康熙三十八年（1699），康熙四十年（1701）建成，是当时广州府、肇庆府梁姓宗族合资建造的合族祠，为梁姓宗族子弟到广州城参加科考、办理诉讼、缴纳赋税等事务时的居所，后改建为青云书院。1918 年，政府开辟维新路（今广州起义路），按规划要穿过青云书院，广东名流梁士诒（曾任北洋政府国务总理）、梁启超等人分别致

青云书院（2017 年摄）

函广东军政府，呼吁保护。最后，政府听取他们的意见，维新路在书院前“拐弯”，青云书院得以保存。1920 年，青云书院被市政局占用，并拆毁让出包括西斋昌后堂三大座在内近一半面积。至 2016 年，青云书院日渐破败，外墙及硬山顶装饰性的建筑构件和木质装饰花格损坏严重，原有书院风貌十不存一。2009 年，政府与非营利性机构合作，按照“修旧如旧”“建筑如故”原则，对青云书院进行全面修葺。在内部，对原建筑结构进行保护性加固，对建筑立面及屋顶的装饰性图案与花纹进行原样修复，对已经损坏的石雕、炭雕、木雕及大部分木质花格、门窗等进行原样修复；在外部，拆除书院西侧加建的临街商铺，增设 300 平方米的市民休闲活动广场。青云书院经修复后，改为一间艺术馆，向市民开放。

考亭书院　考亭书院又称朱家祠，位于西湖路流水井 35 号。考亭位于福建建阳，是朱熹晚年居住和讲学的地方，考亭书院是他创办的最后一所书院。朱熹逝世后，其第七代孙迁居到广东新宁，在广州流水井筑朱家祠，除纪念朱熹外，也为方便朱氏举子赴省或京师参加会试、殿试前在广州学习、住宿。凡中举人、进士者，可得到考亭书院的奖赏，并参加书院举行的祭祀仪式。考亭书院现存建筑仅余奎楼，有高 5 米的门檐，额“考亭书院”四字。门檐后是奎楼二楼耳窗，窗上有一石牌，刻“奎阁”二字，意取“中魁入阁”。祠堂为三进结构，奎楼后面是庭园，前座是仪门，中座为大堂，后座供奉祖先牌位。两侧为书屋，书屋也有三进，与青云巷相连接。

庐江书院　庐江书院又名何家祠，位于西湖路流水井 29 号之一。嘉庆十八年

考亭书院（2017 年摄）

庐江书院（2017 年摄）

（1813）建成，占地1722平方米，道光、光绪年间均有重修。现存门楼，坐西向东，门额有“何家祠道”四字。门楼后有照壁和庭园，主体建筑正祠坐北朝南，为三进式。前座头门，面宽3间。大门上有石额，刻“庐江书院”。中墙有“必得其寿”彩绘。头门后为天井，两侧皆廊庑。正祠两侧为东、西书舍，以青云巷与天井、廊庑连接。东面书舍一排9间，魁楼1座。西面书舍3排共25间，其余书舍共12间，舍门石额分别刻有各县、乡名称，如“新会房”“恩平房”“龙塘房”等，计43间。其余都是附祠用房。东侧书舍内有魁星楼，也称“登云楼”，高3层，原为镬耳风火山墙，青砖绿瓦，灰塑瓦脊，正脊置琉璃鳌鱼宝珠，墙上嵌有石额2块，一题“文光射斗”，一题“青云”。1993年修缮时，魁星楼改为平顶楼。同年8月，庐江书院被列为广州市文物保护单位。

三益书室 三益书室位于西湖路大马站49号。光绪十九年（1893）建成，由新宁县东陵乡（今台山市端芬镇江联乡）大墩村江姓与邻村何姓、黎姓三姓族人合办，为多姓族祠书院，是同乡三姓士子到省城参加科考时进修课业、等待放榜的居所。书室宽12米，深33米，面积约400平方米。整座建筑为三进式，分前、中、后三座，硬山顶风火墙，灰塑瓦脊。前座头门面阔4米，高约6米，门上石匾凿有“三益书室”。进前座头门后，两侧为耳房；过天井至中座大堂，堂匾题“怀谦堂”。大堂两侧为书房；后座为祖堂，安置三姓先祖牌位神龛。三益书室属越秀书院群中保存较为完整的宗祠书院。

平所书院 平所书院位于西湖路大马站79号，是宋太宗第十一世孙、上柱国大夫赵必次后裔兴建的宗祠书院，又称赵家祠。书院面积约1000平方米，头门坐西朝东，头门后为一条长30米、宽3.5米的石道，石道南边为一排书房，计7间，北边为一排附祠，道路尽处为庭园。庭园北面是书院主体建筑，中座为二进式，分大堂和祖堂；庭园南面为照壁和奎楼，奎楼高12米，瓦檐下的石阁上刻“文阁”二字。

广东财政厅旧址 广东财政厅旧址位于北京路376号，原址为明、清两代广东布政司署，俗称藩司，掌一省民政、田赋、户籍。民国后拆城筑路，拆除布政司署建筑，在该处兴建广东财政厅大楼。1915年奠基，1919年竣工，是一栋具有欧洲折中主义建筑风格的砖、木、钢筋混凝土结构大楼。大楼门额石匾书有“广东财政厅　中华民国八年六月吉日”字样，庄严古朴。

大楼分两期建成，第一期建一至三层，第二期建四、五层及穹窿顶。大楼坐北向南，高28.57米，面阔37.14米。一、三层为钢筋混凝土楼板，二、四、五层为木楼板。首层作基座处理，开平缓的旋拱，沿花岗岩石阶梯登上第二层，正面大门耸立着雄浑壮

民国时期的广东财政厅前照片

广东省财政厅大楼（2016 年摄）

观的罗马柱式巨柱、倚柱和方柱，贯通到三楼檐部。三楼起发拱券廊，四楼起双柱承托檐部。楼顶女儿墙饰以变化多样的线脚，与大楼顶部檐沿线互相呼应，浑然一体。

1921 年 5 月 5 日，孙中山在广州宣誓就任非常大总统后，登上广东财政厅大楼阳台，检阅庆祝游行的队伍。1924 年 11 月 12 日，孙中山离开广州，北上促请召开国民会议，共议和平统一中国问题。广州各界两万多人，举行提灯游行欢送大会。孙中山再次登上广东财政厅大楼阳台，向民众致意。民国时期，一直为广东财政厅所在地。抗日战争期间，日本侵略军在此设特务机关，侦缉和镇压广州民众的抗日活动。抗日战争结束后，恢复为广东省财政厅。中华人民共和国成立后，广东省财政厅仍设在该处。

1978 年，大楼进行加固维修，将二、四、五层原木楼板改为混凝土楼板，拆除原前廊的隔墙和东西廊的隔墙，外墙的窗换成铝合金窗，拆除外墙正中门顶的山花，外墙改抹水刷石。

1993 年 8 月，被列为广州市文物保护单位。2002 年 7 月，被列为第四批广东省文物保护单位。

国民政府旧址　国民政府旧址位于越华路 118 号，今广东省民政厅大院。

国民政府旧址原为清代鸿胪寺卿金光的府第。金光是平南王尚可喜身边最得力的谋士之一。平藩之后，金府一分为二，一部分做抚标中军参将署（抚标左营中军参将署），一部分做旗民同知署（理事同知署）。后两署皆废。清咸丰十年（1860），将原抚标中军参将署修葺扩建，作为两广总督署。

宣统三年（1911），同盟会发动“三二九”起义，黄兴、朱执信等人率领起义队伍，冲进总督署，在督署门前与清军展开激战。今省民政厅大院前的两尊石狮上，共有 23 处可辨伤痕，是清兵长枪留下的痕迹。辛亥革命后，胡汉民出任军政府都督，都督府设在原两广总督署。

民国时期的广东省民政厅（国民政府旧址）

1925 年 7 月 1 日，国民政府正式成立，国民党中央政治会议推举汪精卫、林森、廖仲恺、胡汉民、古应芬、孙科等 16 人为国民政府委员，并在第一公园宣誓就职。国民政府设在原两广总督署。1926 年 12 月，国民政府迁往武汉后，原址改为广东省政府和省政府民政厅的办公地。民国时期的旧建筑今仅剩 4 根门柱、一对石狮和一部分琉璃瓦围墙。

2002 年 9 月，国民政府旧址被列为广州市文物保护单位。

广州中山纪念堂 广州中山纪念堂（简称中山纪念堂）位于东风中路 259 号，原为清代督军衙署。

1921 年，孙中山在广州就任非常大总统，总统府设于此。1922 年，发生“六一六事变”，部分粤军在广州发动兵变，反对孙中山，与支持孙中山的海军发生激战，总统府被毁。1925 年，孙中山在北京逝世。1928 年 4 月，为纪念孙中山在广州期间不屈的革命精神，国民党元老胡汉民动议，在越秀山下兴建公园，“以伟大之建筑，作永久之纪念”，动议得到各界积极响应，议决在原总统府旧址兴建中山纪念堂。

1929 年 1 月 15 日，中山纪念堂奠基，1931 年基本建成。建筑由著名建筑师吕彦

广州中山纪念堂（2016 年摄）

直设计。纪念堂整体建筑包括门楼、纪念堂及东、西附楼，坐北朝南，占地 6 万平方米，建筑面积 1.2 万平方米（含东、西附楼，后台休息室及地下化妆室），钢架和钢筋混凝土结构。前、后、左、右 4 个重檐歇山顶拱托着中央的八角形亭式顶盖。从大堂地面至八角亭宝顶最高点为 57 米。红柱黄墙，衬以宝蓝色琉璃瓦盖，庄严瑰丽。墙裙为辽宁青石，用香港花岗岩做须弥座台基和阶梯。廊柱为红色水磨石米柱和红色隔扇。在正面重檐歇山顶的中央，高悬一块蓝底红边的漆金大匾，上有孙中山手书“天下为公”4 个大字，雄浑有力。堂内观众大厅，分上、下两层，共 4729 个座位，顶呈圆盖形，是用玻璃镶嵌的一个大吊顶，厅内无一柱，不会阻碍视线，而且基本上没有回声，堪称建筑艺术中的杰作。堂内四周饰以彩绘图案，丹彩明丽。舞台后墙镶嵌着孙中山浮雕头像和《总理遗嘱》刻石。纪念堂前立孙中山全身青铜像，青铜像前广场开阔，绿草如茵。

抗日战争初期，纪念堂堂顶一角被日本侵略军战机炸毁。1936 年，广州市各界人士在此举行禁烟大游行。1945 年 9 月，驻广州地区的日本侵略军在此处签字投降。

1962 年，中山纪念堂被列为广东省文物保护单位。从 1981 年开始，中山纪念堂有限度地开放草坪与回廊，供市民参观游览。1990 年，中山纪念堂经建设部、国家文物局、中国建筑学会核定，被列为全国近代优秀建筑单位。1996 年，由广州市旅游局主办，市民投票评选的“广州十大旅游美景”中，“辛亥之光”一景，包含两个景点，一个是黄花岗公园，另一个就是中山纪念堂。2001 年 6 月，中山纪念堂被列为全国重点文物保护单位。

广州市府合署大楼旧址　广州市府合署大楼旧址位于府前路，今广州市人民政府所在地，为陈济棠主粤时建造的一座仿中国古典建筑风格的官署。

1929 年 10 月至 1930 年 10 月，广州市行政议会作出关于筹建市府合署办公楼的决议，拟定《广州市政府合署征求图案条例》，向社会征集市府合署办公楼建筑设计方案，要求方案必须切合实用、适合经济能力和具有美观性；采用中国传统宫殿式，“能保存固有艺术，参以现代需要，创成新中国式之建筑，东方文化之精神”。最后以广州著名建筑设计师林克明、唐锡畴合作设计为优，定为实施方案。

大楼原定分三期进行建设，第一期工程为正面前座及两旁的前部，即今所见到的建筑，1931 年 7 月 1 日奠基，1934 年 10 月竣工，时任广州市市长刘纪文题写“广州市政府”五字。第二、三期工程因政局动荡、资金不足等多方面原因被搁置。

大楼外观 3 层，内分 5 层，坐北朝南，钢筋混凝土框架结构，建筑面积 1.3 万平方米。前座总面阔 88 米。按照中国建筑北高南低的传统，中山纪念堂高 57 米，合署楼高度定为 33.3 米。屋顶铺黄色琉璃瓦、绿屋脊，重檐歇山顶，饰吻兽造型。门廊施红色圆形巨柱，侧翼巨柱形成柱廊。两端角楼 5 层，四角重檐攒尖顶，飞檐翘角，“如鸟斯革，如翚斯飞”（《诗经·小雅·斯干》）。屋顶檐下的斗拱与额枋用钢筋混凝土浇筑，水磨石上饰有彩画。侧翼东、西两楼 5 层，重檐十字脊顶。余为两坡顶，红圆柱廊，内分 4 层。整座建筑基座以花岗岩砌成。正门前月台总阔约 34 米，深约 8 米。月台仿须弥座形式，饰莲瓣图案，三面设石阶。

1938 年，日本侵略军侵占广州，市府合署大楼被日本侵略军占领，改作“南支派遣军司令部”。1949 年，南京国民政府南迁广州，市府合署大楼成为当时的临时总统府。是年 10 月 14 日，人民解放军入城仪式在该处举行，月台为检阅台，市府合署大楼随之成为广州市人民政府的办公大楼，沿用至 2016 年。

1989 年 12 月，市府合署大楼旧址和解放军进城式检阅台旧址被列为广州市文物保

广州市人民政府（广州市府合署大楼旧址，2015 年摄）

护单位。

中西合璧骑楼街　骑楼，即建筑物一楼的临街部分建成行人走廊，以便遮阳挡雨，走廊上方为二楼的楼层，犹如“骑”在行人走廊之上。1911 年辛亥革命后，广州成立军政府，旋即颁布《广东省城警察厅现行取缔建筑章程及施行细则》，规定：“凡堤岸及各马路建造屋铺，均应在自置私地内，留宽八尺建造有脚骑楼，以利交通之用。”这是“骑楼”一词，首次见诸官方文献。1918 年 10 月，广州市政公所成立。政府对未来的城市马路和建筑作全面规划，颁布《临时取缔建筑章程》和《建筑骑楼简章》，对骑楼的楼层高度、人行走廊的宽度等，都做详细的规定，并成立建筑审美委员会，专门对涉及市容美感的建筑物设计方案进行审定。

大规模的城市改造，一直持续到抗日战争爆发前夕。随着永汉路（今北京路）、大南路、文明路、泰康路、太平南路（今人民南路）、惠爱路（今中山四路）以及长堤等马路的开辟与拓宽，广州建起的骑楼，加起来长达 40 千米，遍布广州老城区，成为民居的主流样式之一。其中，北京街骑楼街区涵盖附近的中山四路、中山五路、德政路、文明路、泰康路、万福路、大南路，为广州最大片的骑楼街区。

骑楼建筑由楼顶、楼身、楼底三部分组成。山花、楼身多是中式清水砖材料，外立面饰以各种繁复而充满动感的浮雕，有卷草图案、瓜果图案、传统吉祥图案、抽象几何图案。楼身的外墙装饰，或做成中国传统牌坊形状，或挑出拱形雨篷，或飘出一个小阳台。窗子之间以壁柱相隔，柱头位置常饰以中国传统的如意纹，甚至出现古典的须弥座，可谓中西合璧，匠心独运，线条装饰十分丰富，层次分明。在中段与顶部女儿墙之间，常用檐篷相隔，上下的浮雕装饰，互相呼应。

联合书店（中华书局广州分局旧址）就是典型的立体式现代风格。设计师范文照秉持“首先科学化而后美化”的现代主义设计原则，在书店建筑外墙采用清水红砖墙面，造型简洁，首层沿街为骑楼，高 6 米多。杨锡宗设计的北京路科技书店（商务印书馆广州分馆旧址），强烈的垂直线条和拉长的拱形窗，表现出鲜明的哥特式风格，顶部设女儿墙及山花，首层柱廊五开间，跨建在人行道上，高约 7 米，现外墙为水洗石米，大理石脚，天台第四层上加建半层，旧址大楼现保存完好。

北京街辖内的骑楼在近几十年的城市发展中，已陆续被拆除不少，尤其是北京路西侧的骑楼，大部分已消失。其中，中山五路骑楼被全部拆除，中山四路骑楼在南越王宫博物馆南侧尚存一段，文明路南侧尚存部分。严格地说，北京街已称不上是完整的“骑

20 世纪 30 年代惠爱路骑楼

20 世纪 30 年代永汉北路骑楼

楼街”，而且其功能也与传统的骑楼发生本质变化，上宅下店、后宅前店的模式，在寸金尺土的北京路，已不复存在，骑楼几乎全部变成商场或办公场地。现在保存较好，且具有较高艺术价值的骑楼，仅存中山五路以北、省财政厅前面一段。

2016 年，广州市人民政府公布《北京路历史文化街区保护规划》，将北京路（省财政厅—文明路段）、北京路（广卫路—中山五路段）、北京路（西湖路—大南路段）、广卫路（北京路—广大路段）、中山五路（北京路—广大路段）、文明路、大南路、西湖路（北京路—大佛寺北广场段），列为受保护的一类骑楼街；中山四路为受保护的二类骑楼街。

中山四路骑楼（2015 年摄）

此外，越秀区政府利用中山四路骑楼街的特色，在不改变其外立面景观的情况下，打造成“广府非遗展示之窗”，对广绣、广彩等 8 个项目进行常态展示。

北京街不可移动文物信息一览表

表 1

名称	年代	保护级别	地址	公布时间
秦代造船遗址	秦代	国家级	禺山社区中山四路 316 号	1996 年 11 月
南越国宫署遗址	西汉	国家级	禺山社区中山四路 316 号	1996 年 11 月
南越国木构水闸遗址	西汉	国家级	龙藏社区西湖路光明广场负一层	2006 年 5 月
广州中山纪念堂	1931 年	国家级	莲花井社区东风中路 259 号	2001 年 6 月
药洲遗址	南汉	省级	流水井社区教育路 80 号	1989 年 6 月
大佛寺大殿	清康熙三年（1664）	省级	龙藏社区惠福东路惠新中街 21 号	2008 年 12 月
广东财政厅旧址	1919 年	省级	财厅前社区北京路 376 号	2002 年 7 月
“三·二九”起义指挥部旧址	1958 年	省级	都府社区越华路小东营 5 号	1962 年 7 月
千年古道遗址	唐至民国	市级	禺山社区北京路商业步行街广州百货大厦—联合书店前	2008 年 12 月
拱北楼遗址	南汉	市级	禺山社区北京路商业步行街广州百货大厦前	2008 年 12 月
拜庭许大夫家庙	道光年间（1821—1850）	市级	高第社区许地（自编）41 号后座	2002 年 8 月
都城隍庙	明清	市级	长胜里社区中山四路忠佑大街 48 号	1993 年 8 月
庐江书院	嘉庆十三年（1808）	市级	流水井社区西湖路流水井 29 号之一	1993 年 8 月
叶剑英商议讨逆旧址	1921 年	市级	流水井社区西湖路小马站 15 号	2002 年 7 月
濂溪书院	清代	市级	流水井社区西湖路小马站 19 号	2015 年 8 月
市府合署大楼旧址	1934 年	市级	莲花井社区府前路 1 号	1989 年 12 月
解放军进城式检阅台旧址	1949 年	市级	莲花井社区府前路广州市人民政府大门前月台	1989 年 12 月
新青年杂志社旧址	1921 年	市登记保护	财厅前社区昌兴街 26、28 号	2002 年 9 月
国民政府旧址	1925 年	市登记保护	广卫社区越华路 118 号	2002 年 9 月
中共广州市委机关旧址	民国	市登记保护	广卫社区广大路广大二巷 4 号四楼	2015 年 8 月
许广平故居遗址	清代	市内部控制文物保护单位	高第社区北京街许地社区高第街许地 33、34、35 号	1993 年 11 月
青云书院	康熙四十年（1671）	区级	盐运西社区惠福东路 389 号	2010 年 8 月
中华书局广州分局旧址	1912 年	区级	禺山社区北京路 314 号	2010 年 8 月

续表 1

名称	年代	保护级别	地址	公布时间
商务印书馆广州分馆旧址	1912 年	区级	财厅前社区北京路 336 号	2010 年 8 月
李占记钟表铺	民国	区登记保护	禺山社区中山四路 348、344 号	2012 年 11 月
东江纵队交通站旧址	1942 年	区登记保护	禺山社区中山四路谈家巷 2 号之一及中山四路 342 号	2012 年 11 月
廖承志举办新闻界招待会旧址	1938 年	区登记保护	仙湖社区北京路 229 号	2012 年 11 月
许应鑅故居	清代	区登记保护	高第社区高第街许地 26、36 号	2012 年 11 月
许卓故居	民国时期	区登记保护	高第社区北京路高第街许地 3 号	2012 年 11 月
许应骙故居	清代	区登记保护	高第社区北京路高第街许地 9、10、12 号	2012 年 11 月
许祥光故居	清代	区登记保护	高第社区北京路高第街许地 6 号之三	2012 年 11 月
许地门楼	清代	区登记保护	高第社区北京路高第街许地 19 号	2012 年 11 月
第一公园旧址	1920 年	区登记保护	莲花井社区吉祥路	2012 年 11 月
太平馆	光绪十一年（1885）	区登记保护	财厅前社区北京路 342 ~ 346 号	2012 年 11 月
赤社旧址	1930 年	区登记保护	财厅前社区广大路 8、10 号	2012 年 11 月
“府学双泉”古井	清代	区登记保护	禺山社区中山四路学源里 63 ~ 69 号	2014 年 3 月

北京街传统风貌建筑一览表

表 2

名称	年代	遗产类型	地址
北京路 226 号骑楼	民国	典型风格建筑或构筑物	白沙居社区北京路 226 号
禺山路 1 ~ 23 号（单号）建筑	民国	典型风格建筑或构筑物	白沙居社区禺山路 1 ~ 23 号（单号）
北京路 233、235 号民居	民国	传统民居	清源巷社区北京路 233、235 号
北京路 231 号民居	民国	传统民居	清源巷社区北京路 231 号
大南路 187、189 号民居	民国	传统民居	清源巷社区大南路 187、189 号
大南路 179 号民居	民国	传统民居	清源巷社区大南路 179 号
司徒右巷巷门	民国	典型风格建筑或构筑物	清源巷社区司徒右巷
惠福东路 578 ~ 586 号（双号）骑楼	民国	典型风格建筑或构筑物	清源巷社区惠福东路 578 ~ 586（双号）
广大二巷 25 号民居	民国	传统民居	华宁里社区广大二巷 25 号

续表 2

名称	年代	遗产类型	地址
北京路 352、354 号骑楼	民国	传统民居	昌兴社区北京路 352、354 号
大南路 155 ~ 165 号（单号）民居	民国	传统民居	清源巷社区大南路 155 ~ 165 号（单号）
昌兴街 7 号	民国	传统民居	昌兴社区昌兴街 7 号
昌兴街 15 号	民国	传统民居	昌兴社区昌兴街 15 号
昌兴街 40 号	民国	传统民居	昌兴社区昌兴街 40 号
昌兴街 49 号	民国	传统民居	昌兴社区昌兴街 49 号
祥合坊 2 ~ 4 号	民国	传统民居	昌兴社区昌兴街祥合坊 2 ~ 4 号
北京路 220 ~ 224 号（双号）	民国	传统民居	昌兴社区北京路 220 ~ 224 号（双号）
北京路 196 ~ 198 号（双号）	民国	传统民居	昌兴社区北京路 196 ~ 198 号（双号）
惠福东路 549 号	民国	传统民居	清源巷社区惠福东路 549 号
禺山路 2 号、市场新街 1 ~ 5 号（单号）	民国	传统民居	白沙居社区禺山路 2 号、市场新街 1 ~ 5 号（单号）
惠新西街 2 号	民国	传统民居	清源巷社区惠福东路惠新西街 2 号
陈李济药厂旧址	民国	典型风格建筑或构筑物	昌兴社区北京路 194 号银座广场
永汉电影院	民国	典型风格建筑或构筑物	白沙居社区北京路 186 号
北京路 370 号骑楼	民国	传统民居	昌兴社区北京路 370 号
北京路 253 号民居	民国	传统民居	龙藏社区北京路 253 号
惠新东街 2 号民居	民国	传统民居	龙藏社区惠新东街 2 号
惠新东街 4 ~ 22 号（双号）民居	民国	传统民居	龙藏社区惠新东街 4 ~ 22 号（双号）
惠福东路 513 ~ 515 号民居	民国	传统民居	清源巷社区惠福东路 513 ~ 515 号
惠福东路 517 ~ 527 号（单号）民居	民国	传统民居	清源巷社区惠福东路 517 ~ 527 号（单号）
广卫路 11、11-1、13 号骑楼	民国	传统民居	华宁里社区广卫路 11、11-1、13 号
广大路 37 号民居	民国	传统民居	华宁里社区广大路 37 号
广大二巷 8 号民居	民国	传统民居	华宁里社区广大二巷 8 号前座、后座
广大二巷 10 号民居	民国	传统民居	华宁里社区广大二巷 10 号
广大二巷 12、14 号民居	民国	传统民居	华宁里社区广大二巷 12、14 号
广大路 16 号民居	民国	传统民居	昌兴社区广大路 16 号
广大路 14-2、14-1、14 号民居	民国	传统民居	昌兴社区广大路 14-2、14-1、14 号
壬癸坊一巷 1、46 号民居	民国	传统民居	昌兴社区壬癸坊一巷 1 号、46 号
壬癸一巷 9 号民居	民国	传统民居	昌兴社区壬癸一巷 9 号
壬癸坊 8、10 号民居	民国	传统民居	昌兴社区壬癸坊 8、10 号
昌兴街 22、24 号民居	民国	传统民居	昌兴社区昌兴街 22 号
景贤坊 2、4、6 号民居	民国	传统民居	昌兴社区景贤坊 2、4、6 号
昌兴街 42 号民居	民国	传统民居	昌兴社区昌兴街 42 号
北京路 355、357 号民居	民国	传统民居	昌兴社区北京路 355、357 号
北京路 349、351、353 号民居	民国	传统民居	昌兴社区北京路 349、351、353 号

续表 2

名称	年代	遗产类型	地址
北京路 347 号骑楼	民国	传统民居	昌兴社区北京路 347 号
北京路 343、345 号骑楼	民国	传统民居	昌兴社区北京路 343、345 号
北京路 335 ~ 341 号（单号）骑楼	民国	传统民居	昌兴社区北京路 335 ~ 341 号（单号）
北京路 321 ~ 333 号（单号）骑楼	民国	传统民居	昌兴社区北京路 321 ~ 333 号（单号）
北京路 338、340 号民居	民国	传统民居	昌兴社区北京路 338、340 号
北京路 348、350 号骑楼	民国	传统民居	昌兴社区北京路 348、350 号
北京路 356 ~ 366 号（双号）骑楼	民国	传统民居	昌兴社区北京路 352 ~ 366 号（双号）
北京路 368 号骑楼	民国	传统民居	昌兴社区北京路 368 号
北京路 372 号骑楼	民国	传统民居	昌兴社区北京路 372 号

人民公园前花坛（2017年摄）

街巷风貌

北京街是“广府文化源地，千年商都核心”，集聚众多主题突出、特色鲜明的历史文化街区。北京街的街巷格局方正，多为南北走向和东西走向。街巷各有特色，有千年古道——北京路，近代百货业发源地——中山五路，广州文化教育核心区——西湖路、教育路，装饰材料一条街——大南路，风味美食街——惠福东路，全国第一条个体户专业街——高第街等，构成北京街“一街藏古今，一步一精彩”的格局。

北京路

北京路在北京街中心地带，南北走向，北接广卫路，南至天字码头，全长1250多米，其中北京街管辖段由广东省财政厅大楼至西横路，长890多米，其间与中山四路、中山五路、西湖路、惠福东路、文明路、大南路、高第街相交。

路名由来 北京路作为广州城市中轴线，几次变更路名。清代，中山五路至西湖路一段名双门大街（又名布政司前街，明代称承宣街），西湖路口为拱北楼，北京路也因而有“双门底”的俗称；从拱北楼至正南门一段名雄镇直街；正南门连接泰康路口的永清门一段名南门直街；永清门至珠江边名永清大街；中山五路至广东财政厅大楼一段尚未开通。辛亥革命后，清廷倾覆，民国肇创，永清门改为永汉门，永清大街改为永汉街，寓意“汉族光复”。1936年，国民党元老胡汉民逝世。广州主政者陈济棠为纪念胡汉民，改永汉路为汉民路。20世纪50年代初，复名永汉路。1966年8月，中山大学哲学系一年级学生发出倡议，呼吁将永汉路改名为北京路。是年8月25日，永汉路正式改名为北京路，沿用至21世纪。

官署集聚 北京路一直占据于政治中心的位置，是广州官署建筑集中的路段。元代的广东行中书省设在北京路东侧。明、清两代的布政使司署建在今北京路与中山五路的丁字路口。明代，北京路自北向南分布有番禺县、番禺学、府学、盐课司等官衙及官办机构。北京路南端是天字码头，建于清雍正七年（1729），是官方专用码头，南来北往的官员经水路抵达广州，都从该码头上下船，由双门底进入广州城。1918年10月，承担“市政府”功能的广州市政公所，进驻育贤坊禺山关帝庙办公，开展大规模的城市改造运动。是年，永汉街发生火灾，烧毁建筑无数。灾后重建，拱北楼、正南门、永汉门等城楼被拆除，北起广东财政厅、南至天字码头的街道开辟成大马路，命名为永汉路（分永汉北路、永汉南路）。1921年，广州首次铺设太平门至广东财政厅前和大西门至永汉南路两条电车专线路轨。

书院与书店　北京路是广州历史上有名的文化街。历代先贤在北京路留下过许多足迹，百粤人文蔚起，风俗丕更，与此息息相关。明代著名学者黄佐、陈献章（世称陈白沙）等都曾在此讲学。其中，白沙居小巷（今北京路东侧），据传是因为陈献章曾在此居住过（一说只在此讲学，未曾居住），后人建白沙祠和真儒坊以纪念，因此得名。

白沙居（2017 年摄）

清代粤秀书院设在北京路。清康熙四十九年（1710），两广总督赵宏灿与新任广东巡抚满丕、原巡抚范时崇商量，决定共同捐资，利用双门底旧盐课司署作院址，创办粤秀书院。书院前的旷地，是考课甲乙观录、启馆时官员列队、诸生迎送的场所，左右有两座隔栅，左额题“成德”，右额题“达材”。嘉庆二十五年（1820）重修，书院东西宽约 30 米，南北长约 125 米，由中、东、西三部分建筑组成，中路为四进院舍，前为大门，两座大堂，三座讲堂，后座为御书楼。大门悬挂满丕题写的门联：“化洽唐虞之盛，宣五教以抚十州，敬敷自远；道承邹鲁之传，奉诸儒而登一席，矜式为先”。

大门与大堂之间为一庭园，植满梧桐、柳树。庭中有一木坊，额书“撷秀育英庭”。过庭入为大堂，檐匾额书“敦诗说礼”，左、右楹帖为：“诵六经圣人之书，因文见道；萃五岭俊才之选，主善为师”。后柱堂匾书“通经致用”，柱联为：“读古人书，当思其中有我；应天下之事，选须此内无他”。书院西斋有五贤祠，祀周敦颐、程颢、程颐、朱熹、张载五子，以张九龄、崔与之、李昴英、陈献章、湛若水、方献夫、霍韬、黄佐、海瑞、庞嵩、何维柏等人配祀。讲堂前两翼为排舍，堂阶正中横匾题“明体达用”，左、右楹联为:“读书志在圣贤，为官心存报国”。

粤秀书院历任山长可以稽考姓名的有 39 人，大都是一些儒士，如梁无技、梁学源、杭世骏、宋湘等。

清代前中期，北京路是书籍、文房用品、古董、金石、刻印一条街。清代中期，今北京路一带著名的书店有璧鱼堂、汲古堂、藏修堂、翰墨园、森宝阁、九经阁、儒雅堂、登云阁等。

洋务运动之后，西学东渐，西方书籍受到知识分子欢迎，越来越多的书店经营起图书翻译。最初，一批江浙人来到双门底，租下铺位，创办点石斋、蜚英馆、同文书局、纬文书局等书店。时务书局、时敏书局、开明书局等专销从上海运来的新书，思想风气开始转变。

一些书店不仅宣传维新思想，还直接参与革命。圣教书楼是孙中山组织革命的秘密据点。光绪二十一年（1895），卫理公会的华人信徒罗开泰、长老会的黄文卿和播道会的吴硕卿等人共同创立耶稣教救世会，教会设于双门底，圣教书楼即为教会所办，专售《圣经》及时务新书。兴中会在广州策划第一次起义时，便以圣教书楼作为收藏炸弹的地方。

一些书店不仅卖书，也销售一些新颖的科学仪器。光绪三十三年（1907），广东兴宁人李任重，自行研制出能够放大 500 ~ 1000 倍的性能优越的显微镜。经广东提学司署审验后，认为当时日本所制的显微镜，尚不能自制凸灵镜（即凸透镜），要从西方进口，而李任重能自制凸透镜，并投入生产，遂对他予以奖励，准其推广。李任重成立大光社，在双门底上街点石斋挂出“中国大光社显微镜出世”的广告牌，由点石斋代售显微镜。宣统二年（1910），南京举办南洋劝业会，李任重研制的显微镜被评为优良产品，荣获金牌奖。李任重获“中国新显微镜制造家”称号。

民国时期，北京路分布着商务印书馆、中华书局、世界书局、大东书局等书店，很快成为广州文化重要的风向标。与成行成市的书店一街之隔，马路对面则是一家家文具店、自来水笔店。

1938 年 10 月日本侵略军侵占广州后，将北京路视为推行日本文化的前沿，在省财政厅前开设崛内、成武堂、三通三家书店。崛内是一家综合性书店，以日侨和学生为读

北京路商业步行街（2017 年摄）

者对象；成武堂主要销售通俗读物和期刊，大部分供应日本侵略军的官兵阅读；三通则以出版和翻译中文书籍为主，兼售日本书刊。日本侵略军还在商务印书馆（今北京路科技书店）楼上设两间电台播音室，用日语、汉语（普通话和广州话两种）广播，直至日本投降后，电台才停止广播。

抗日战争胜利后，整个社会尚未从战乱中复苏，文化事业百废待兴。省财政厅前的书店改为销售美国出版的各种画报和通俗期刊，而且大部分是过时的旧期刊，成捆地按废纸论斤进货，再逐本出售以图利。

中华人民共和国成立至 20 世纪 80 年代，北京路依然是书店和文化用品一条街，分布着广州市最大的新华书店、儿童书店、外文书店、工具书店、科技书店、古籍书店、文一文化用品公司、三多轩文房用品商店等新老名店。

商旅畅旺　北京路是广州最繁华的商业中心之一，在清代已是繁华的商业街区。清人何渐鸿有《羊城竹枝词》咏："茶商盐贾及洋商，别户分门各一行。更有双门底夜市，彻宵灯火似苏杭。"[①]

1921 年，市政公所改为市政厅，从育贤坊关帝庙迁往南堤。关帝庙则由政府出

① 雷梦水、潘超、孙忠铨、钟山编：《中华竹枝词》第 4 卷，3002 页，北京古籍出版社，1997 年。

资，改建为市营禺山市场，建两栋平房，内设猪肉、羊肉、牛肉、鲜鱼、蔬菜、豆腐、咸杂、鲜蛋、鸡鸭、水盆、生果 11 类 129 个摊位，收容散居街市的商贩并租赁给他们经营。是年 8 月 1 日建成开业，是民国时期广州市唯一的“官办菜市场”。至抗日战争爆发前，禺山市场是广州市 6 个肉菜市场之一（其他 5 个是南益、观莲、东华、溶光、漱珠）。

20 世纪 30 年代，广州中轴线西移至中山纪念堂—市政府合署办公大楼—中央公园—维新路（今广州起义路）一线，北京路拥有更大的商业发展空间，涎香茶楼、南如茶楼、吉祥茶楼、永乐茶楼、太平馆西餐厅、哥伦布西餐厅等食肆越开越多。娱乐业也十分兴旺，中央、香江、永汉、南关、天星、国民等电影院和大新公司支店天台游艺场等娱乐场所，每晚都有表演。

“文化大革命”以前，北京路已是名店荟萃，三多轩文房用品商店、文一文化用品公司、美华百货、北秀理发店、新华书店、北京路五金交电商场、南粤糖烟酒食品商店、永跃眼镜店、亨得利钟表商店、健民药店，都是广州人所熟悉的名店。直至 20 世纪 90 年代，这些老字号大部分仍在北京路经营。服务市民 60 多年的健民药店，至 2016 年仍稳居于北京路入口的龙头位置，并没有因为各种时尚潮流品牌店的涌入而被湮没，反而更加兴旺。健民药店成立于 1952 年 3 月，原址在省财政厅前，1958 年迁到北京路 328 号，在原老威药房的旧址上扩大经营，是二十世纪五六十年代中南地区规模最大的国营医药零售商店之一。

改革开放以后，北京路的商业发展揭开全新一页。1980 年，中南地区最大的集体所有制百货零售商场——太白商场开业。1985 年，30 层高的超大型百货商店——广州百货大厦开始兴建。大批时装店、皮具店、鞋店、精品店抢滩北京路，挂起各种名牌连锁专卖店的招牌。

由于北京路与主干道中山路相交，车水马龙，人车抢道问题日益严重。为解决这个问题，1980 年，在北京路与中山路交会处兴建人行天桥，桥为十字形，钢结构，钢筋混凝土桥面，净高 5 米，跨度 33.4 米，桥四端设上落楼梯。这座天桥为疏导北京路和中山路的交通发挥过重要作用，但至 90 年代后期，已无法满足交通需要。1997 年，北京路改为双休日准步行街（公交车仍通行）。1998 年，改为周末和节假日步行街。2001 年 12 月 1 日起，改为全天候步行街。2002 年，新大新公司前的中山五路扩宽，北京路与中山路交会处的天桥被拆除。2003 年 12 月 20 日，北京路北段（省财政厅至中山五路）实行分时段步行。北京路改成步行街后，平日的客流量至少有三四十万人次，周末达五六十万人次。2005 年元旦，北京路的客流量突破百万人次。

2004 年，北京路步行街设立香港零关税商品专卖区。2005 年年初，以经营日、韩等时尚潮流商品的大型商场潮楼在北京路开业，实现购物、饮食、玩乐一体化。是年年底，名盛广场开业，最初名为金润·铂宫。

2006 年，北京路与法国香榭丽舍大道正式签约为友好街区。是年，越秀区正式出台《北京路国际商贸旅游区发展规划（2006—2011）》，将北京路步行街定位为“具有‘现代都市特色、岭南建筑风格、浓厚文化氛围、窗口示范作用’特色，以广州百货大厦和新大新百货公司为龙头，以名牌专业店为主体，以广百商业广场的建设为契机，发展成为以经营高档商品为主，配套功能完善的商旅互动的零售主导型综合性步行商业街”。

2013 年 12 月，广州老字号一条街在北京路北段启市，汇聚广州酒家、宝生园、皇上皇、生茂泰、清心堂、锦泉眼镜、仁信和原来就在该地段经营的太平馆、新大新、科技书店、古籍书店等 16 家广州人熟悉的老字号。

中山四路·府学西街

路名由来 中山四路在北京街东部，东西走向，以文德路为界，西段属北京街管辖，长 200 多米，其间与府学西街相交。清代，中山四路名为惠爱大街，属于城内街道。民国时拆城筑路之后，改称惠爱东路。1948 年，改称中山四路。清末民国初，中山四路最繁盛的商业街，主要集中在文德路至北京路一段。

北宋庆历年间（1041—1048），朝廷下诏兴学，广州郡守奉诏，将番市（今光塔路附近）一座孔庙改建为州官学。绍圣三年（1096），章楶任广州知府，再次将州学迁到番山之下，即今广州市工人文化宫处。明清时期，原来的州学改称府学。经过若

20 世纪 30 年代的惠爱东路骑楼街

干代人的经营，广州府学规模宏大，有“岭南第一儒林”之称。在广州府学两侧有府学东街与府学西街，东街在民国初年辟为文德路；而西街至 2016 年尚存，北接中山四路，南接文明路。

老字号店　20 世纪 30 年代，政府着力整治都城隍庙一带周边环境，仓边街扩建为马路，并陆续建起骑楼，街道面貌焕然一新。惠爱东路的商业受惠于环境的改良，迅速升级换代，发展成为一条繁华的商业街，两侧排列着上百家商业店铺，其中有 20 多家书店、20 多家药房、20 多家酒烟糖副食品店、10 多家米行、11 家旅馆、9 家缝纫店、6 家当铺。

直至 80 年代，中山四路西段北侧的一乐也理发店、雄志儿童摄影店、李占记钟表店、稻香村糖烟酒商店等，南侧的致美斋、东江饭店、大学鞋店、江南土特产商店、沧洲栈腊味店等，依然人气旺，销售量大。90 年代兴建地铁 1 号线时，中山四路的骑楼建筑大部分被拆除，这些商店或关闭，或迁走。在原来南侧骑楼街处，兴建万方字画批发商都和广百黄金珠宝大厦，后者建筑风格与南越王宫博物馆相似，互相呼应。

名楼食府　仓边路一带曾经是贫民生活区，因此，围绕着都城隍庙四周的商铺，带有鲜明的平民化色彩，分布着众多的水果档、云吞面档、饼食店和卖鱼生粥、汤圆、河粉的流动小贩。从朝至晚，充斥着“香滑芝麻糊，清甜绿豆沙，松化番薯糖，正气莲子茶”“晚市石榴买番个，大塘石榴靓夹香，胭脂石榴又够平”的叫卖声，还有云吞面档“笃得、笃得”的敲竹板声，麦芽糖档“得得当，得得当”的敲铁板声，终日喧嚣来往，络绎不绝。

清乾隆年间（1736—1795），广州老字号酒楼福来居在此开业，以上门包办筵席为主，行内称“到会”；若是把菜式做好送上门的，行内称“会送”。这种包办馆不设堂面。福来居以酥鲫鱼、手撕鸡、红烧鱼头闻名，后来因敌不过茶楼的经营模式，改为茶楼。忠佑大街的寰乐园茶楼，也是老广州人熟悉的食府。都城隍庙对面的云来阁茶楼，在广州很有名，据《赏奇画报》在光绪三十三年（1907）报道，当时已有穿西装、剪短发的时髦人士，到云来阁饮茶。原儿童公园门口（今南越王宫博物馆西门）的天真园斋菜馆，为素食人士所喜爱。广东民间流行储蓄性质的“观音会”，由入会者凑钱，一年期满，作贺诞经费。每逢观音诞会期，善男信女均斋戒沐浴。庙会结束后，会友分发祭品，之后再一起到天真园等斋菜馆聚餐庆祝。1946 年，忠佑大街上开办宁昌饭店，后迁到中山四路原云来阁茶楼的位置，后改名为东江饭店。

2011 年首届广府庙会时，府学西街开设美食区，汇集上海蟹黄灌汤小笼包、老北京鲜梨汤、台湾蚵仔煎、朝鲜打糕等美食。2012 年广府庙会，继续在府学西街设美食区，以广府美食为主，红烧乳鸽、白云凤爪、顺德炸牛奶、手打陈皮牛肉丸、怀旧汤丸、艇仔粥、喳喳桂花糕等，令市民大快朵颐。其后历届广府庙会，美食区主要设在惠福东路美食花街，但在府学西街仍设美食区和手信区。

娱乐名店 都城隍庙附近有广州最早的电影院之一。清光绪年间（1875—1908），电影第一次由法国人带到广州，在石室教堂内的丕崇书院放映，当时并无专门的电影院，而第一次出现“映画院”（电影院）之名，就是中山四路的镜花台。1934 年，都城隍庙外开办了一家东乐大戏院，剧场内有座位上千个，主要演出粤剧，罗品超、文觉非、红线女等粤剧名伶都在此处登台演出过。1966 年，改名为红旗剧场。20 世纪 80 年代，粤剧演出日淡，戏院歇业，改为服装、日用品大卖场。90 年代兴建地铁 1 号线时，戏院被拆除。

中山五路（2017 年摄）

中山五路·昌兴街

中山五路（原名惠爱中路）在北京街中部，东西走向，东接中山四路，西连中山六路，属北京街管辖段长 560 多米，是 20 世纪 20 年代拆城筑路后发展起来的马路。由于得天独厚的地理位置，沿街商铺鳞次栉比，茶楼、饭店、百货店、洋服店、车衣铺、洗衣铺、电影院挤满中山五路，堪称黄金铺路。

百货荟萃　今中山五路是中国近代百货业的发源地之一。1912 年，澳洲归侨蔡兴、蔡昌兄弟在香港开办大新百货公司。1916 年，蔡氏兄弟购下惠爱街的一块地，兴建大厦，开设大新公司支店，这是广州第一家现代百货公司，比上海最老牌的先施公司开业还要早一年。大新公司支店即为后来的中山五路百货商店，今新大新百货公司。

中山五路是广州新潮事物的荟萃地。民国时期，在许多年轻人心目中，新文化运动是时髦、前卫的代名词，“拥护西装”“打倒长衫马褂”“眼镜精神不死”“皮包万岁”口号风行一时。中山五路上的书店、文具店、西服店、西餐厅、照相馆、眼镜店、百货公司，这些带有强烈现代文明色彩的商业店铺，使得永汉路、惠爱中路成为军政界、文化界人士和学生最喜欢光顾的地方。其中，较为出名的有精益眼镜店，民国时期，孙中山等人都曾前往配镜。

娱乐名店　今中山五路是现代娱乐业的必争之地。民国时期，市内许多高层建筑的天台，都兴建游艺场，表演粤剧、魔术，放映电影，也兼演京剧、歌舞。1921 年，四邑人邓炳奎在惠爱路开办琴行，经营提琴、吉他，自制自销；其弟在中央公园（今人民公园）前开办上海琴行，以卖带修，吸引了不少演艺界人士。城内大新公司的天台游艺场，由于空间宽敞，可以容纳上千名观众，既演大戏，也放映电影，因此有很多人捧场。民国时期，风气比较保守，对男女同台的表演，社会颇多争议，认为有伤风化，因此出现全女班。在公司天台演出的，都是全女班。城内大新天台班的老板是沈大姑。天台班不设班牌，统称“大新公司班”，戏行人称“沈大姑班”，主要演员为谭兰卿、宋竹卿、大口何 3 人，都是沈大姑以重金聘请的台柱。广州最早的电影院之一设在今中山五路。清末民国初，广大路口附近通灵台电影院开业。1926 年，明星戏院（后改名为明星映画院、新星电影院）开业。20 世纪 30 年代初，有声电影进入广州。1932 年正月初一，新华影画院（由美国华侨商人朱荫桥、朱家藩等人合资开办，后改名新华电影院）开业，放映的第一部电影是香港的有声电影《桃花乱放》。新华电影院放映的电影内容新颖，富有时代气息，而且多为国产电影，深受观众欢迎，经常出现满座的盛况。1957 年 11 月，新华电影院改建为广州第一家、全国第二家立体声宽银幕电影院。改革开放后，新华电影院先后办起桌球室、电子游戏室、咖啡厅、音乐厅等，并自筹资金 20 万元开办怡雅厅舞厅，率先举办老人专场舞会。1994 年，因兴建地铁需要，新华、新星电影院均被拆除。

今中山五路也是民国时期照相馆的集中之地。1912 年，由佛山人黄耀云、刘骨泉在惠爱中路创办艳芳照相馆。艳芳照相馆开业不久，又有星洲兄弟（1917 年）、宝光（1923 年）等照相馆在附近开业，当时不少人都把惠爱路叫作“影相街”。

小吃名店　中山五路汇聚许多食肆。惠如楼创办于清光绪元年（1875），是广州著名的茶楼之一。山泉茶室创办于 1916 年，是广州最早的茶室之一。另外，还有智利餐馆、冠东茶楼、越香村菜馆支店、同德楼山东菜馆、结缘斋菜馆和美珍居茶楼等食肆，以及各种各样的粥品店、冰室、咖啡厅、小食店、小饭店、小餐馆、小菜馆。1938 年，广州沦陷后，饮食业受到沉重打击，一片萧条。美珍居茶楼在战争期间停业。战后，王国炮、陈其美、陈伟光合资，购得美珍居和相邻的玉堂春两店，扩建为可接待 400 多人的新陶芳酒楼。由时任广州市市长的独腿将军陈策题词开业。为招徕食客，新陶芳酒楼首创在门口张贴海报推介名厨的宣传方法，吸引众多食客前来捧场。号称点心界“四大天王”之一的禤东凌，担任过新陶芳的点心师。坊间有句流行熟语：“无钱木排头，有钱新陶芳。”木排头是码头苦力聚集之地，食肆做的都是贩夫走卒生意，而新陶芳的顾客大多是军政界人士和新闻界人士。1949 年，酒楼资金被陈其作、陈伟光席卷逃至香港，新陶芳被迫歇业。1953 年，北区政府接收新陶芳，改为广州酒店业第一家国营企业——北区消费合作社第一食堂。1955 年，改名为越秀饭店。“文化大革命”期间，先后改名为穗味轩、红雨饭店。“文化大革命”后，复名越秀饭店。1987 年，越秀区人民政府投资 400 万元，对越秀饭店进行全面装修，恢复“新陶芳酒楼”字号。1994 年，因兴建地铁而停业。

昌兴街古今 位于中山五路旁的昌兴街，是蔡氏兄弟兴建城内大新公司后，利用大楼旁的空地开辟的一条内街。以蔡氏兄弟的名字命名，故名昌兴街，后来发展成为著名的洋服街。20 世纪 50 年代公私合营时，昌兴街的北京洋服店与国泰、国华、金城、大中国、德昌、自良等服装店合并，组成北京服装店，1967 年迁至中山五路。

民国时期，新青年杂志社曾迁至昌兴街，一度成为中共领导的马克思列宁主义宣传中心之一。2002 年 9 月，新青年杂志社旧址被列为广州市登记文物保护单位。在昌兴街，还开设过世界语师资全日制速成班（昌兴街 7 号）、博爱通信社（昌兴街 15 号）、广州社会医院（昌兴街 24 号）、中流出版社（昌兴街 26 号）、安徽革命同志会（昌兴街 40 号）、近代著名文学社团——创造社出版部广州分部（昌兴街 42 号）、香港受匡出版部广州门市部和广州最早的聋哑人学校——私立启聪聋哑学校等。

中山五路（北京路至广大路段）作为广州的一类骑楼街，已纳入保护范围。昌兴街仍保持着“一街五坊”的形态，即以昌兴街为主，联结着壬癸坊、四喜坊、景贤坊、祥发坊和祥合坊，也属于一类传统街巷，被纳入保护范围。

20 世纪 90 年代，由于兴建地铁 1 号线，原来汇聚于中山五路两侧的众多老字号，大部分搬迁到别处经营。由于经营环境的剧变，一些老字号消失，但有更多的“新字号”诞生，至2016年，中山五路仍是广州最热闹的商业街之一。广大路东侧有2005年开业的五月花广场，人民公园地下有2006年开业的动漫星城，动漫星城上有2016年开业的捷登都会，均是广州可圈可点的新商城。

广卫路·吉祥路

广卫路 广卫路在北京街中部，东西走向，东起北京路，西至吉祥路，其间与广大路、广仁路相交，全长300多米。广卫路的名字源远流长，可以追溯至明代。朱元璋平定天下后，在每个通都大邑都设立卫所戍守，广州左卫在今吉祥路与广卫路交界处。而“广”字的来源，则是因清末民国初广府中学堂曾设在广中路附近，后来失火烧毁。20世纪20年代末，政府扩建马路，将遗址所在地命名为广中路，以纪念广府中学堂。这一带的马路都冠上“广”字，如广卫路、广大路、广仁路。

清末民国初，广卫路一带食肆林立。从高级食府到街边小食店，无所不有。高级食府以贵联升酒家为代表，擅长做108款的满汉全席，招牌菜有香糟鲈球、鸡腰窝炸等。清末民国初文人胡子晋《广州竹枝词》写道：“由来好食广州称，菜式家家别样矜。鱼翅干烧银六十，人人休说贵联升。”① 另一家高级食府是广仁路的聚丰园，以常州灌汤包出名，醉虾、醉蟹等也是饮誉羊城的名菜。另外，各种中低档食店分布在广卫路、吉祥路一带，以广卫路的九记最为著名。店内经常客满，无座位的人只好蹲在路边吃鸡，所以又有“路边鸡”的名号。

广大路紧挨着惠爱中路（今中山五路），民国初年，惠爱中路的西服店成行成市，

① 雷梦水、潘超、孙忠铨、钟山编：《中华竹枝词》第4卷，2898页，北京古籍出版社，1997年。

广卫路（2017 年摄）

而作为配套的洗衣店，则多设在广大路。大光、中央、紫罗兰、广大、益民、神经六、振华新等多家洗染店号，使其成为远近闻名的“洗衣街”。

1921 年，广州一批画家胡根天、冯钢百、陈丘山、容有玑、徐守义、梅雨天、任真汉等人组织赤社美术研究会，这是广东第一个西洋画社团。“赤”字代表光明、热烈、诚心、温和之意，也是南方的象征。赤社的会址在今广大路 8 号和 10 号。

中共在广州早期的市委机关，也曾设在广大路广大二巷的一栋四层砖木楼房里。1926 年，由中共广东区委宣传部直接领导的国光书店的经理黄国梁秘密租赁四楼。中共广东区委书记陈延年及穆青、任卓宣、赖学文等人，曾在此楼居住和工作过。1927 年 4 月 22 日，中共广州市委成立，第一个市委机关便设在这里。现为广州市登记保护文物单位。

广卫路、广大路曾经是繁华的商业街道，中华人民共和国成立后，经过一系列的工商业社会主义改造和商业网点调整，广卫路的功能逐渐转变，不再是主要的商业街。今广卫路是广州老城区重要的公共交通枢纽之一，有十几条公交车线路的总站设于此，对疏导北京路、中山五路商业区人流起着重要作用。沿路楼宇大部分是企事业机关的写字楼、中小型旅店和小商店。广东省教育研究院、广州市地税纳税人服务中心等机构设在广卫路。广州计量检测技术研究院、广州市建筑集团有限公司设在广仁路。

吉祥路 吉祥路属北京街管辖的路段，南北走向，北起东风中路，南至中山五路，全长600多米，其间与越华路、府前路、广卫路相交。在开辟为马路前，分为3段，北段为莲塘街，中段为洛城街，南段为卫边街（意即在左右卫的旁边）。左右卫驻防制度在清雍正年间（1723—1735）被裁撤，但保留下卫边街的名字。

卫边街有邝家祠，是明末抗清志士邝露殉难之地。邝露，字湛若，南海（今佛山市南海区）人，南明隆武帝时，官拜中书舍人，专掌诏诰呈奏之事。清初，尚可喜、耿仲明两王入粤，围攻广州长达10个月。当时，邝露因公务到广州，陷于城中不能出。城破后，清军大肆屠城。邝露在邝家祠海雪堂绝食而亡。后来人们在邝家祠旁建舍人坊，以纪念这位以身殉道的气节之士。朝廷又加以追谥，并在祠中祭祀。光绪十八年（1892），万木草堂曾一度迁到邝家祠，但因学生太多，邝家祠容纳不下，再迁往广府学宫。民国时，邝家祠成为织布厂，生产的“爱国布”，畅销广东和南洋各地。

卫边街有广州第一家戏院。道光二十年（1840）前后，有一个姓史的江南人，向官府申请在卫边街开设庆春园戏院获准，庆春园名为戏院，但实际上是一家园林式茶园，兼演大戏。戏院门口悬挂礼部侍郎李文田所题楹联：“东山丝竹，南海衣冠”。戏台前摆放桌凳，男左女右。台上锦标绣帐，管弦音韵，生旦唱情，台下卖茶、烟、点心、果品，不收门票，只计茶资。由于惠爱街有众多官衙，官员们都喜欢到卫边街的戏园听戏。庆春园的成功，带动怡园、锦园、庆丰园、听春园等戏院相继出现。广卫路、吉祥路一带戏院林立，歌台舞榭，丝竹管弦，笙歌四时不绝。咸丰七年（1857），英法联军侵占广州，各戏园均毁于兵燹。

今吉祥路承担着东风路与中山路两条东西干道之间的纽带作用。广东省中小企业局、广东省民营经济发展服务局、广东省经济和信息化委员会、广东省国防科技工业办公室、广东省交通战备与信息动员办公室、广州市文化新闻出版局、广州市版权局、广州市地税局、广州市环境监测中心站、国家环境总局广州机动车排污监控中心、广州市环境科学学会等机构设于吉祥路。

西湖路·教育路

西湖路为东西走向，东与北京路相接，西与广州起义路相连，全长460多米，其间与大马站、小马站、流水井、教育路、惠新西街相交。教育路为南北走向，北接中山五路，南接惠福东路，全长480多米，构成十字形的通衢大道。南汉时，西湖路、教育路处于西湖水域，湖上有岛，为今之药洲（九曜园）。南宋后，西湖逐渐淤积成陆。至清代，西湖路、教育路已是繁华街市。清代中期，仙湖、九曜、西湖等街巷已经存在。

明清以降，西湖路、教育路是广州文化、教育的核心区。明、清两代的提督学政署均设在今西湖路九曜坊北侧，负责督察全省儒学事务，主持府试。

教育路（2017年摄）

刻书名坊 西湖路一带是广州乃至岭南著名的刻书坊聚集地。在各种流传刻本中，凡以“羊城”“广州”“广东”“粤东”等为牌记者，多在广州刻印，而广州的刻书坊，则多汇聚于西湖路、龙藏街、书坊街。早在明代，西湖路已有书院和书坊刻印书籍，分官刻与私刻两种。西湖路的崇正书院，作为官刻书籍的佼佼者，曾刻印《汉书》120 卷、《后汉书》120 卷、《通典》200 卷、《周易程传》10 卷、《春秋胡传》30 卷等，在儒林名价甚高。至清代，图书刻印业蓬勃发展。自清雍正年间（1723—1735），西湖街、书坊街一带逐渐形成一个颇具规模的图书和文具市场，既有自行编印书籍出售，又有承接刻印书籍和代销书籍。其中，西湖街的留香堂，自同治年间（1862—1874）至民国初年，刻印图书甚多，传世较广的有同治十一年（1872）刻郑梦玉等修《南海县志》26 卷、宣统三年（1911）刻郑荣等修《南海县志》26 卷，还有多种县志、族谱、家谱等，对地方文化的保存起到了重要作用；西湖街的富文斋，嘉庆年间（1796—1820）开业，所印图书行销全国。现今一些图书馆藏书中，仍可见不少富文斋的古籍刻本，如嘉庆十八年（1813）刻黄培芳辑《浮山小志》，嘉庆二十年（1815）刻宋湘《史传事略》，道光年间（1821—1850）刻洪颐煊《读书丛录》24 卷以及咸丰至光绪年间刻邓翔《知不足斋诗草》10 卷、陈澧《番禺陈氏东塾丛书》4 种 30 卷；龙藏街的萃文堂，咸丰至宣统年间刻书众多，名气甚大，流传于坊间的有咸丰十年（1860）刻李长荣等辑《庚申修禊集》、同治五年（1866）刻熊景星《吉羊溪馆诗钞》3 卷、同治九年（1870）刻李商隐《李义山诗集》3 卷和同治十二年（1873）刻邹伯奇绘《皇舆全图》等。

著名书院 龙藏街上有两家较有名的书院。龙藏街东侧的羊城书院属府级规模。清康熙二十二年（1683），官府在龙藏街创办岭南义学和穗城书院。嘉庆八年（1803），康基田出任广东布政使。他在广州大办书院，将岭南义学改为羊石书院，将南海义学改为西湖书院，又修葺穗城书院，招收生徒，择师讲授。嘉庆二十五年（1820），广州知府罗含章将穗城、珠江两家书院并入羊石书院，更名为羊城书院（穗城书院为羊城书院外馆）。嘉庆十三年（1808）开始，黄培芳主讲广州羊石书院，后担任羊城书院山长。羊城书院历任山长有黄培芳、谢兰生等人，培养出罗文俊、朱次琦等杰出人才。龙藏街西侧的西湖书院是由南海义学改成，属县级规模，规制不及羊城书院完备，但却不乏名儒坐镇，其中最著名的是曾钊。曾钊，字敏修，又字勉士，广东南海人。道光五年（1825）拔贡生，任合浦县教谕，调任钦州学正。他早年在西湖书院肄业，后又执掌西湖书院，可以说一生都在岭南从事教育。其治学博大精深，考据细针密缕，儒林无出其右，被尊为岭南治汉学第一人。西湖书院历任山长有曾钊、梁融、陈序球等人。

眼镜街 晚清时，眼镜开始流行，成为许多读书人片刻不能离开的读书工具，书坊街开办有兆隆、天星、和星等多家眼镜店铺，成为一条“眼镜街”。

学界宿舍 民国时期，西湖路汇聚许多学界宿舍。各县子弟到省城读书，因学校宿舍不足，校外的学生宿舍（时称“学旅”）便应运而生。这种宿舍只提供木床桌椅、茶壶茶杯等，其余一切寝具，均须自备。膳宿费每日约 6 角，每月 16 ~ 20 元不等。西湖路的汉兴胜记，朝观街的粤安，华宁里的均安、泰生、华宁等，均属这类学界宿舍。

教育机构 民国时期的广州教育委员会设在今教育路，1921 年成立的广州市教育局，也设于此。西湖路曾先后开办过两广初级师范简易科馆、南海中学堂、南海初级师范简易科馆、市立师范附属小学、风人新社职业补习学校、风人新社（美术馆）、新广州文具行、香港文化供应社（书刊发行机构）、市立第一职业学校、市立女子缝刺学习所、英文日报社、新亚印书馆等。广州市立中小学校教职员联合会、广州市职业学校学生自治会、市立第廿四小学校、中医夜学馆等教育机构和组织，均设于教育路。广东省第一师范讲习所也设在九曜坊，凡在广州执教而未达标准的塾师必须报名入读，晚上上课，期限一年。1924 年，名医陈伯坛曾在书坊街创办伯坛中医学校，培养中医人才。

文体场所 抗日战争前，广东全省体育协进会（后称广东省体育委员会）设在教育路的广州教育会内。1931 年，广州教育会与广州体育会合作，在教育路兴建球场，安装电灯，晚上也可以举行球赛，这是广州最早的灯光球场之一。1937 年，九曜坊侧建起一座剧院，名为大华戏院（后来又叫大华影院），即今南方剧院。剧院占地面积 3131 平方米，建筑面积 2843 平方米，舞台设备一流，后院为药洲九曜园，曲廊水榭，怪石嶙峋，翠竹古榕，环境幽雅，为观众和游客提供休息遣兴的场所。至 2016 年，南方剧院一直是粤剧重要的演出场地。1932 年扩建马路时，观莲街向南延伸，拆除部分民居，直通到惠福路，命名为教育路。书坊街一分为二，惠福路以北段并入教育路，南段仍称书坊街，并延长到大南路。教育路没有直通到惠福路，而是保留一段书坊街，其中一个原因是书坊街 7 号曾为兴中会分支机构的旧址。会址一直保留到 1983 年，后因兴建宿舍楼而拆除。

从 1956 年开始，每年春节前都会在西湖路—教育路举办迎春花市，仅“文化大革命”期间中断 5 年。

至 2016 年，西湖路上汇聚有光明广场（摩登百货）、骏亿品牌中心（骏亿外贸城）、

南方剧院（2017 年摄）

广百文化广场、百丽商贸中心（滔搏运动城）等大型商厦，沿街商店、旅行社鳞次栉比，一片繁盛景象。

惠福东路 · 惠福西路

惠福东路在北京街南部，东西走向，东接北京路，西接惠福西路，中间与教育路、广州起义路相交。惠福西路东接惠福东路，西至人民中路，其东段（从广州起义路至解放中路）属北京街管辖，全长 600 多米。

路名由来 南宋时期，今惠福东路、禺山路一带已形成繁华的街市。清代，惠福东路名寺前街，自今北京路至龙藏街止，得名于大佛寺。清代的盐运使司署、南海捕厅署等官衙，均设在寺前街。盐运使司署内有碧玲珑馆，翠竹如海，加之大佛寺的梵音钟磬不时传来，更添幽静。一代名儒陈澧（学海堂学长、菊坡精舍山长）、李光廷（学海堂

惠福美食花街（2017 年摄）

学长）和广西名流王拯（桐城派古文岭西五大家之一）等，曾在碧玲珑馆中聚会，畅叙幽情，在广州儒林史上留下一段隽永佳话。

1919 年扩筑马路，因附近有惠福巷，故命名为惠福路。1952 年，改名惠福东路。惠福西路在清代分几段，互不相通，东段为早亨坊，自今广州起义路至解放中路止。民国时扩筑为马路，向东与惠福路相接。按市政规划，惠福路是一条绿化路，沿路边植树。因此，惠福路没有兴建骑楼，而是种植许多的高山榕（又称大叶榕）。惠福路是广州建成的第一条绿化马路，在获得经验之后，陆续在其他马路推广。

庙会美食 2013 年，第三届广府庙会把惠福东路作为庙会美食区。天南地北、琳琅满目的美食给游客留下深刻印象。2014 年，广府庙会美食区继续设在惠福东路，广州当地著名餐饮企业太平馆、东江集团、王府井酒楼、张记清补羊肉城、佰福荟餐饮、侨美食家等纷纷进场，还有深受广州人喜爱的小吃名点，也齐齐亮相。

惠福东路借助广府庙会打响美食区的招牌，汇聚摩打食堂、点都德（聚福楼）、富临食府、四季尚食、银记肠粉店、颖丰泰国菜馆、大禾寿司、滋味坊、永盈茶餐厅等美食店。平时也有很多人专程到该地品尝美食，而不限于广府庙会期间。

大南路 · 仙湖街

路名由来 大南路东接北京路，西接广州起义路，全长290多米，是20世纪20年代拆除城墙后，在城墙基上开拓的一条东西走向的骑楼街。因路东端与北京路交会处原为大南门，取名为大南路，迄今保存较为完整。仙湖街，又称仙湖里，原是城内沿城墙修筑的一条街道，与大南路平行。南汉时，仙湖街紧挨仙湖（西湖），因此得名。明代文献中已有仙湖街街名的记载。

仙湖街历史 清康熙、雍正年间（1662—1735），在仙湖街修建3座纪念祠，一为濂溪祠，祀周敦颐；一为白沙祠，祀陈献章；一为朱文公祠，祀朱熹。此外，还有兄弟进士坊和进士坊各一座，以表彰明成化二十三年（1487）同中进士的番禺人涂瑾、涂瑞兄弟。

仙湖街一带常遭水浸。雍正十二年（1734）五月大雨，仙湖街、清源巷、书坊街同遭水灾。乾隆二年（1737）七月又大雨，以上3处街巷再次遭受水灾，街道、房屋一片汪洋，水深3尺。

仙湖街有惠福巷，传说是金花娘娘的出生地。附近原有一座灵应祠，祀金花娘娘，相传妇女求子，诚感咸应。后因岁久圮毁。成化五年（1469），广东巡抚都御史陈濂在灵应祠旧址兴建金华夫人庙（金花庙），香火复盛，前往祈嗣的妇女络绎不绝。这座庙在明、清两代多次被官府拆毁，其中最有名的是明代魏校、翁方纲拆庙。后屡毁屡建，最后迁到珠江南岸石鳌村（鳌洲）。

民国拆城墙修筑大南路后，历史悠久的仙湖街成为一条隐藏于大南路后的内街，为居民住宅区。

大南路古今 清代以前，广州的回民大多聚居在光塔街，后来官衙从城外搬入城内，占用了一些回民的地方，因南胜里原有一座清真寺（俗称南胜寺），便在该地开辟一个新的回民聚居点。直至民国初年，大南路仍是广州回民 4 个最主要的聚居点之一。1925 年，穆斯林在南胜寺创立广东回教慎终会（后更名为广东回族同益会）。会员以老人为主，入会时交纳基金 1 元，以后按月交会费 4 角，交足 100 个月即为满额，去世后可由家人领回丧葬费 60 元。会员入会后，只要交够两个月会费，一旦死亡，即可由家人领得丧葬费 50 元。很多信众都踊跃入会，最多时达千人。1946 年，中国回教协会广州支会建立，会址设在南胜寺，并在寺内开办收容穆斯林儿童的慈幼院。中华人民共和国成立后，南胜寺从 1958 年起停止宗教活动，房子租给广州市民族电器厂。原寺院建筑陆续拆除改建，仅余大殿一座。至 20 世纪 90 年代中期，大殿也被拆除，南胜寺全部建筑不复存在。

大南路有一座华光庙。华光大帝，又称灵官马元帅、三眼灵光、华光天王、马天君等，是道教护法四帅之一，俗称火神。相传，华光大帝姓马，名灵耀，因生有 3 只眼，民间称“马王爷三只眼”。粤剧界有拜华光大帝为祖师爷的习俗，因当时戏棚都是用竹木搭成，又以红船作交通工具，易招火灾，所以粤剧伶人奉火神华光大帝为祖师爷，以祈福消灾。农历九月二十八是华光大帝的神诞，各处的华光庙都会举行拜祭庆祝活动。

大南路开辟后，很快成为闹市。1926 年 10 月，中华全国总工会和省港罢工委员会合设的教育宣传委员会在大南路开办工人宣传学校第三所，推动工人运动。

为解决平民、疍民（水上居民）的居住问题，1929 年，广州市政厅颁发《建筑平民宿舍原则》，规定建筑经费由地方公款拨出，如不足可募集补充，可利用庙宇及其他无用的建筑物拆卸后作建筑材料，在城内空地或城外附廓的空地上建设“平民住所”“平民宫”“劳工住宅”等。选址要靠近贫民谋生地，为有工作但无住所的人提供栖息地；可酌情收最低的租金。1931 年 8 月，广州市第一所“平民宫”在大南路落成，内设廉价食堂、夜校、阅书报室、沐浴室、疗养室、游戏场等，并设有一些简易床位，供贫苦劳工留宿。除床位要收取一定的租金外，宫内其他设施包括水、电等均免费。

大南路面对平民百姓的各种小商业，也随之兴旺起来。有卖油炸鬼（又称油条）、芋头糕的二厘馆，卖“郭什”（牛羊肉）的店铺，卖茶叶、羊咩包（羊肉包）、酥烧卖、饼干、馒头等回民食品的小店铺，还有回民牛栏。

华光庙旁有一家回民经营的宽记牛栏（后改为有记），其宰牛方法与汉人不同，有一定的宗教仪式，并由阿訇主持。回民通常只到回民开的牛肉档买牛肉。因此，大南路的回民牛栏便成为专供回民购买牛肉的批发市场，城内很多回民开的牛肉档，如禺山市场的刘波记、傅万合、马林记、周七记，惠福路市场的马沛记、杨七记、智栈，惠爱西路的马哈记，大南路的三合牛肉点档，都到大南路取货。

20 世纪 30 年代，南海平洲（今佛山市南海区桂城街道）人梁远湛（少川）在永汉路开设第一家宝生园蜂蜜店，专售自养自产的纯正蜂蜜，总店设在大南路。广州著名理发店——白宫理发店也在大南路开业。1938 年，广州沦陷后，大南路人气渐散。抗日战争结束后，由华侨冯达臣集股创办的一新美发厅，将原设在昌兴街的一支店迁到大南路，新店规模颇大，楼高 3 层，一楼男界，二楼女界，三楼为接待厅，仅洗剪吹的师傅就有 30 人，最兴旺时，每天门外排队等候的顾客一直排到马路的转弯处。1959 年，因失火被毁，在政府帮助下重建。80 年代初，一新美发厅增设美容护肤业务，开办市内第一家由理发店自办的理发技艺培训班。1993 年，一新美发厅迁往北京路，改名新一新美发厅。1995 年，又迁回大南路原址，恢复一新原名，是广州理发行业的老字号。

自 80 年代起，大南路东段逐步发展成一条装饰材料专业街，以经营装饰材料系列（不锈钢型材、铝合金型材、地砖、柚木地板、新型石膏板材、夹板、木线、墙纸、化学粘胶等）、装修配套皿具、金属配件、装饰玻璃、灯饰、洁具、布艺等为主，也有经营广告设计、灯箱、雕塑工艺等。广州建筑材料供销公司是大南路装饰市场的龙头大

大南路装饰材料专业街（2017 年摄）

户，设有经营建筑材料、地毯、人造板材、出口木制器等3家分公司，还有经营建材的商行、装饰工程部和灯饰材料部，对提升整条专业街的档次、打响市场品牌起到标杆导向的作用。1995年，位于大南路的越秀区少年宫，将前座临街首层1000平方米场地，改为30间装饰材料店铺。全盛时，大南路的店铺达300多间，以灯饰、装饰材料和窗帘等为主，有“灯饰一条街”“窗帘一条街”之称。后逐步以经营灯饰为主，泰古灯饰城、万晟摩灯城、威利斯灯饰总汇等，都是著名的大型灯饰商场。

大南路西段发展为鲜花专业市场，几十家花店从大南路一直排到广州起义路，销售各类鲜花。同时，还经营各类园艺、根雕艺术、盆景、精品、工艺品、仿真花、花肥、工具设备等，汇集花卉园艺精品，面向全国批发零售，有“鲜花一条街”之称。行走在大南路上，花团锦簇，五彩缤纷，满街芬芳。

大南路不仅是一条商业街，也是广府文化重要的传承基地。1964年，大南路小学正式建校。“文化大革命”期间，曾改名为延安一路小学，后与延安二小、惠新西街小学合并。1979年，复名大南路小学。大南路小学先后被评为越秀区一级学校、广州市绿色学校、广州市义务教育阶段第二批特色学校、省排球传统项目学校和跆拳道传统项目学校，其最大特色为长期开展生动活泼的“粤彩教育”。

大南路小学是广州市首批粤剧进校园15所试点基地学校之一，学校为学生提供各

大南路鲜花市场（2017年摄）

式“粤色课程”，包括剪纸、粤剧、太虚拳、粤语讲古、传统游戏等。学校鼓励孩子们走出校园，参与广府庙会活动，通过摆摊位和与市民一起玩怀旧游戏，展示广府文化遗产——通草画，向市民宣传其为“广州的明信片”。大南路小学是广州市第一所进入广府庙会开设专柜并进行非物质文化遗产公益宣传的学校。

2016 年 5 月，大南路小学举行“粤彩学堂粤缤纷”广府文化成果展示现场会，“广府戏服制作”“粤语讲古”“广州剪纸”“广彩”“咸水歌”“康梁教育”“少儿粤剧曲艺”7 个工作室进驻“粤彩学堂”。学校把通草画、粤剧、剪纸、粤语讲古、童谣、竹枝词等具有岭南文化色彩的活动，作为“粤色课程”的主打项目，让孩子们自主选择课程，每周定期开展学习。

越华路 · 正南路

路名由来 越华路在北京街北侧，东西走向，西连吉祥路，东接仓边路，其间与正南路、广仁路相交，全长 570 多米。在清代分为两段，东段从今仓边路至正南路为司后街，意即在广东布政司后面。因路东有一座东岳庙，附近居民自别为一约，故从仓边路至小东营段，也称东岳街（曾称东岳首约），清代按察司经历署、将军标右营守备署、盐运使司经历司署、运经厅、理事同知署（旗民府）等官署，均设于司后街（今广中路）。西段从正南路至吉祥路，因两广总督署设于此处，称制台前街。1920 年扩筑马路时，因司后街附近有越华书院故址，故改名为越华路。

正南路南北走向，南接越华路，北连东风中路。原名正南街，是明代广州的中轴线所在地。1920 年，扩建为正南路。正南路中段东侧为都府街，因附近一带曾为唐代岭南道署、宋代清海军大都督府、元代广东道宣慰使司都元帅府所在地而得名，清代在此建将军标后营游击署、崇正社学、三娘庙。正南路南段东侧为锦荣街，街内曾建有福宁庵、永胜庵。

越华书院　越华书院创办于清乾隆二十五年（1760），由盐运使范时纪和广东盐商共同出资，在司后街买下一座旧园林，兴建规模宏大的越华书院，专门供盐商子弟读书。越华书院坐北向南，四进式，大门临街，门匾“越华书院”由两广总督杨应琚题写，二座为大堂，三座为讲堂，后座为先贤祠，两旁为学舍。书院西侧为“红云明镜”亭，启馆时供官员歇息，后面是庭园，有司禄楼，下供文昌帝君神位，上为书楼。南侧为芭蕉园、监院居室。西侧为山长居室，门临荷花池，池畔有“风来水面”亭，卉木环绕，堆红积翠，环境幽雅。越华书院授业以立品敦行为重，读书作文须以程、朱为依归，论八股制艺，则以先正为标准。清代，越华书院与粤秀书院、羊城书院并称为广东三大书院。直至鸦片战争后，广东成为海防前线，广州商业一落千丈。由商人捐资、接收商人子弟的越华书院也随之式微，其地位逐渐被学海堂、菊坡精舍、应元书院等取代。历任山长有冯成修、冯敏昌等人。

清末推行新政，实行教育改革，书院停办，广州知府龚心湛在越华书院原址筹办广州府立中学堂，光绪二十九年（1903）开始招生。是年，取录正生80名、备取生40名。后改为广东省立第二中学。1926年，学校准备迁往阳江，在收拾行装时，因失火，全校被烧成废墟。后来，越华书院的一部分遗址在开辟广中路时被占用，一部分用于开办越华路小学。1946年，在广中路又创办广中路小学。

进驻机构　清宣统三年（1911）公历4月爆发的“三二九”起义指挥部设在越华路小东营。1927年12月7日，中共广东省委军事委员会在司后街一家戏院秘密召开工农兵代表会议。民国时期，广东省政府大院在今越华路，即今广东省民政厅大院内。中华人民共和国成立后，广东省政府一度在今省民政厅大院内办公，与广州市政府相邻，广州警备区也曾设于此。其后机构几经调整，先后进驻大院的，还有广东省化学工业厅、省轻工业厅、省民政厅、省高级检察院、省机械工业厅（部分）、省煤炭厅、省重工业厅和省经贸委员会等。

商务大楼　越华路是一条保存较为完整的骑楼街，因大部分骑楼是中华人民共和国成立时至20世纪70年代间建造，外观较为单一规整。此外，越华路上还有两栋高档商务大楼。

1997年，广州大厦在越华路落成，大厦高36层，建筑面积达6万平方米，越华路传统空间尺度改变。广州大厦的用地原是中共广州市委第一招待所（榕园）。1981年9月至1991年，广州市人大常委会和广州市政协机关在此办公。广州大厦是国内首家四星级公务酒店，也是广州地区首家通过 ISO 9000 与 ISO 14000 两项国际认证的酒店。广州大厦南北两面都设大门，北门出越华路，南门通北京路。

2007 年 9 月，在越华路与正南路交会处，45 层的珠江国际大厦破土动工，2009 年正式落成。这座极具现代风格的大厦，定位为越秀区的“总部经济发展基地”。大厦高 175.1 米，建筑面积 9.8 万平方米，1 ~ 7 层为商铺，8 ~ 45 层为写字楼。多家中外著名企业及行业龙头企业进驻。2014 年，珠江国际大厦成为亿元纳税额大厦。

越秀区人民政府、北京街道办事处设于越华路，与东风中路的广东省人民政府、府前路的广州市人民政府，形成一个省、市、区、街四级行政中心紧密相连的独特格局，在全国是很少见的。

珠江国际大厦（2017 年摄）

仓边路·旧仓巷

仓边路位于北京街东侧，南北走向，南连中山四路，北接东风中路，全长500多米，其间与豪贤路、越华路相交。

街巷历史 秦代任嚣建城，就建在今仓边路。任嚣建城时，今仓边路是一条大溪。溪水自白云山而下，上游叫菖蒲涧，下塘以南称为文溪。文溪沿今小北路、仓边路流淌，碧波绕城，溪水水面宽达十丈（宋制，约为今31米），可以行船，所以宋代的盐仓建在水边，方便漕运，今旧仓巷即得名于此。

南宋已有仓边街名，《新会乡土志》载："谭族始祖乾，河南汴梁人。宋建炎初，为广州判官，因居广州城仓边街，再迁新会天河仓边村。"[①] 南宋以后，广州经济繁荣，人口增加，百姓不断在文溪边乱搭乱建以栖身，文溪逐渐淤塞。至明代，文溪在今小北花圈附近改道，并入东濠涌。文溪湮灭后，下游逐渐成为街市。

仓边街西侧为旧仓巷。旧仓巷横跨于昔日禺山之上，在巷内仍保留聚星里、登云里、梯云里、步云里、凌霄里等地名。清乾隆四年（1739）状元庄有恭，历任江、浙、鄂、闽四省巡抚，两江总督，刑部尚书和协办大学士等职，其故居"状元第"曾在旧仓巷凌霄里内，民国初年仍在，今已不存。

清代，仓边街建有安平仓（粮仓）。宣统二年（1910）实行司法改革，在安平仓处设置广州地方审判厅和广州地方检察厅（广州最早的检察机关），后合并为法院。法院设有羁押所，拘押人犯，以致坊间常误以为仓边路的"仓"是指监仓，其实是指宋代的盐仓。

民国时，小北门外的农民进城卖菜，都是走小北门直街（今小北路）和仓边街，

① 黄佛颐撰，钟文点校：《广州城坊志》，34页，暨南大学出版社，1994年。

银山大厦（2017 年摄）

仓边路（2017 年摄）

使得这一带非常热闹。仓边街是贫民区，聚居着众多小商小贩和穷学生。负菜挑瓜者，摩肩接踵，终日扰攘喧嚣。由于街道狭窄，加之沟渠淤塞，秽气熏天，没下雨时路滑泥泞，雨后则渠溢水泛，人们形容仓边街“无风三尺土，有雨一街泥”。

1920 年，仓边街拓宽为马路，政府对仓边街（从中山四路至豪贤路口）地价补偿，每华井（13.988 平方米）140 元，与当时西关商业旺地的地价补偿差距甚大，太平街（今人民南路）每华井 600 元，第八甫每华井 500 元。仓边路沿街商铺多为豆腐、豆干及豆腐花作坊，木屐店等小商铺。抗日战争结束后，仓边路开设图强妇产科职业学校，为学生实习需要，校方特设专科门诊，在这里看病或生产的妇女多来自穷人家庭。图强妇产科职业学校撤销后，其地兴建广东省卫生厅宿舍。

高层建筑 进入 20 世纪后，仓边路兴建起越来越多的高层建筑。1987 年，在省卫生厅宿舍处兴建中外合作的三星级涉外酒店——富豪酒店。楼高14层，设有豪华客房近百间，有可容纳800余人的大型粤菜餐厅、西餐厅、宴会厅和贵宾房。由于当时仓边路、中山四路的高级酒店并不多，富豪酒店的落成，被视为仓边路升级改造的标志。

1996年，在仓边路与越华路交会处兴建银山大厦，由两栋25层的住宅楼组成，占地4030平方米，建筑面积4万平方米。在兴建银山大厦的过程中，发掘出唐、宋城墙遗址。

1999年，在仓边路与东风中路交会处兴建38层高的健力宝大厦，健力宝集团总部搬迁到广州。2008年，健力宝集团把大厦出售给时代地产集团。2009年11月27日，更名为时代地产中心。2009年5月21日，时代地产中心获越秀区政府授予的“总部经济发展基地”牌匾。世界500强的UPS（美国联合包裹速递服务公司）、富士施乐等一批跨国企业总部，华泰兴石油、美康万特药业、中原地产、时代地产等国内知名企业总部陆续进驻大厦。

其他机构 广州市中级人民法院、广州公证处行政管理中心、南方公证处办证中心、广州市越秀区法律援助中心、广州市刑事科学研究所、广州正光明律师所、广东启兴律师事务所、广州宏安信律师事务所、广州酒类行业协会等机构设于仓边路。

豪贤路·榨粉街

路名由来 豪贤路，原名豪贤街，在北京街东北部，东西走向，东接越秀北路，西接仓边路，其间与德政北路相交，全长820米。德政北路以西路段属北京街管辖。宋代，越秀北路是广州的东城墙，芳草街边一条溪流由南而北，豪贤街边一条溪流由西而东，两条溪流在芳草街口汇合，经铜关流入东濠涌。豪贤街又名濠沿街（也称濠弦街），均取临近东濠涌之意。

古迹 南明兵部职方司主事黎遂球出生于豪贤街。清军南下时，黎遂球领兵抗清，在赣州力战而死。黎遂球读书的晴眉阁、莲须阁，位于豪贤街东段。

清乾隆三十八年（1773）五月，广州连续暴雨十几天，白云山洪水暴发，沿文溪古道倾泻而下，喷薄如雷。东濠涌未能及时排泄，全城被淹，豪贤街一带水深达两三米，民众扶老携幼，仓皇登上城墙避灾，大水 4 天才退，官廨民房倒塌大半。道光十三年（1833）夏，广州连日大雨。是年七月十六，白云山、越秀山和黄花岗的 16 条坑水同时暴涨，汇聚到下塘，再次从文溪古道一泻而下。小北门无法打开，洪水溢出东濠涌后灌入城中，豪贤街、天官里、雅荷塘一带全部被淹。至清末，晴眉阁、莲须阁等均已湮没，无迹可寻。黎遂球殉难后，人们在榨粉街建黎忠愍祠，以纪念这位英雄。祠今已不存。

榨粉街与豪贤路相通，南北走向。在榨粉街西侧（榨粉街与仓边路之间）原有一座开越大夫祠，纪念开越大夫陆贾。汉高祖十一年（前 196），刘邦派陆贾到南海招安赵佗，最初赵佗不肯相见，陆贾就在岸边住下，耐心等待。赵佗最终被他的诚意与毅力打动，不仅接见他，还接受汉朝赐予的南越王印，称臣奉汉。此事一直为广州人所传诵。乾隆时该祠仍在，今已不存。

清代早期，将军标右营游击署设于榨粉街内，乾隆三十三年（1768），游击署改为守备处，仍设于此。后期在街内设南海、番禺两县监狱，专门关押各府、州、县解省命盗、遣军、流罪的犯人。

榨粉街内原有龙溪书室、仲季书院等宗祠书院，在 20 世纪 90 年代房屋改造中被拆除，今已不存。晚清著名学者、藏书家、教育家梁鼎芬故居葵霜阁，也在榨粉街内。

农贸市场　豪贤街在 20 世纪 30 年代扩筑为马路，改称豪贤路。中华人民共和国成立后，逐步发展为一条新的骑楼街，以居民住宅为主，沿街商铺也大多是为街坊服务的小商店。西段马路有万安里、仁生里、敬福巷、豪园等小巷，居民以广州当地人为主，也有部分外地租客。

1976 年，国内经济困难，市场萎缩，副食品只能凭票限量供应，连鸡蛋也成为市民饭桌上的奢侈品。1978 年年初，广州市为了让市民春节时吃上鸡蛋，特别划拨外汇，向湖南省购买用于出口的鸡蛋，市民得以在春节时凭票每人购买 3 个鸡蛋。1979 年，豪贤路率先开设露天的农贸市场，在马路中间搭建摊档，允许私人入场经营，售卖活鱼、肉类、禽类和农副产品。虽然占用豪贤路西段，但对解决广州市民“菜篮子”问题、搞活市场、稳定人心发挥过积极的作用。

至 80 年代末，占道经营的模式已逐渐不适应城市发展需要。1989 年，由市政府、区政府、区工商分局共同投资 650 多万元，在豪贤路建成广州市首个入室经营的农贸市场。市场经营场地面积 2400 平方米，设置档位 280 个，其中固定档 220 个，临档 60 个，从业人员超过 800 人。

1994 年，豪贤路农贸市场率先在广州市推行“净菜”上市。以实现规范化管理、创建文明市场为目标，农贸市场建立一系列日常管理规章制度。市场先后获得全国文明集贸市场、创建国家卫生城市先进单位、文明服务示范单位等荣誉称号，连续 8 年共 4 次被评为广东省和广州市文明集贸市场。1998 年年底，越秀区工商分局投入 300 万元改造市场，加装自动扶梯、环保空调、自动肉菜报价牌等设备，市场面貌焕然一新。

商务街区 按照《广州市越秀区商业发展规划（2004—2010）》，东起东风中路德政北路口，西至东风西路荔湾路口，规划为“东风路商务区”。而豪贤路作为一条与东风中路并行的“商务区后街”，以房地产大厦落成为标志，其功能定位为商务区提供配套服务的街巷。

豪贤肉菜市场（2017 年摄）

东风中路

路名由来 东风中路位于北京街北部，东西走向，其中连新路至吉祥路、仓边路至德政北路段，属北京街管辖，两段路长约500米。清代，今中山纪念堂前的一段路叫德宣街，1920年扩筑马路后称德宣西路。直至20世纪50年代初，德宣西路仅到小北路为止。今广州市正骨医院前的一段路叫天官里，民国时称德宣东路，1968年改称东风三路。

街巷景观 从仓边路北端，由天官里斜上东北方，直通东城墙（今越秀北路）路段，为明清时东西走向的干道。明代大儒湛若水在天官里创办天关精舍。湛若水，广东增城人，号甘泉，世称甘泉先生，是明代心学宗师陈献章的得意门生。他主办和捐助的书院遍布江、浙、湘、粤等地，达40多家，门生弟子3900多人，不乏朝野推崇的端人正士。直至清道光年间（1821—1850），儒林名士张维屏、黄培芳、谭莹、陈澧等人，定期在天关精舍聚会。路西原为天官里小学（今广州市正骨医院及对开马路，后改名为北区第五小学），小学旁边为棉远丰织布厂。德宣西路向东延伸至越秀北路段时，天官里一分为三，西边残存一段（由仓边路至德宣路），仍称天官里；中段辟为德宣路；东边一段在德宣路与法政路之间，称天官后街。1959年，天官里小学撤销，学生分流到丹桂里小学和天香街小学。

"文化大革命"时，德宣西路改称东风二路，天官里改称人民里，天官后街改称人民后街。20世纪90年代，东风中路拓宽，马路两边兴建高楼大厦，人民里与人民后街遂被湮没。今时代地产中心大厦即在原天官里处。

今东风中路中山纪念堂段，直至明末清初仍是荒地，布满大小池塘。乾隆二年（1737），广东巡抚王䜣认为该地太过荒凉，易藏狐鼠，于是割60余亩地入官，由后楼房以北至越秀山下（即今中山纪念堂、东风中路一段、广州市人大常委会大楼、东风中路小区至市政府后院），辟为抚标教场，作为军队训练之地。又建后楼房街等 9 条街巷，任由民众建屋居住。清代后期，改为督练公所。民国初年，桂系军阀统治广州时，曾为督军署。1921 年，孙中山在广州就任非常大总统，总统府也设于此。

1931 年，中山纪念堂落成。广州市政府把中山纪念堂—市政府合署大楼—中央公园—维新路—海珠桥规划为广州城市中轴线，东风中路西段在中轴线范围之内。1990 年，在中山纪念堂南面（原后楼房街）建成广州市人大常委会大楼，主楼 8 层，建筑面积 1.07 万平方米，建筑风格与中山纪念堂、市政府大楼保持协调，立面雄伟庄重，红柱黄墙，酱红琉璃瓦小檐屋面。

东风路商务区　1992 年，广州市开始对东风路全线进行改造。2004 年 11 月制定的《广州市越秀区商业发展规划（2004—2010）》，将东风路规划为“东风路商务区”。2009 年，为迎接第 16 届亚洲运动会在广州举行，政府再次投资 5 亿元，对东风路进行升级整治，目标是把东风路打造成“广州第一路”，其中东风中路的定位再次确定为行政办公路段。

2006 年，东风路商务区地标性建筑——粤财大厦破土动工。大厦高 170.5 米，地下 4 层，地上 42 层，总建筑面积约 9.6 万平方米。作为广东粤财投资控股有限公司的总部，

东风中路（2017 年摄）

广东粤财资产管理有限公司、广东省融资再担保有限公司、广东粤财创业投资有限公司等企业，及广东省住房和城乡建设厅等机构，进驻办公。

2010 年 9 月，总用地面积约 3845 平方米、总建筑面积 4 万平方米的高级写字楼——华以泰国际大厦，在粤财大厦对面落成。华以泰国际大厦被越秀区政府授予“总部经济发展基地”称号。

广州起义路

路名由来　广州起义路位于北京街西部，南北走向，北连中山五路，南至海珠广场，其中惠福东路至高第街一段，长约 300 米，属北京街管辖，与大南路、高第街相交。1919 年开辟马路时，为纪念辛亥革命成功推翻清朝统治，咸与维新，命名为维新路。1948 年，改称中正路。1950 年，复称维新路。1966 年，更名为广州起义路，以纪念广州起义。

示范马路　20 世纪 30 年代，广州市政府规划城市中轴线时，维新路作为中轴线的主要马路，按示范马路的标准建设。路面宽阔，两旁不建骑楼，而是种植树木，与惠福路构成十字形绿化带。在开辟马路时，因为要避开千顷书院和青云书院，本着“求通不求直”的原则，在惠福东路口绕一个弯；至玉带濠附近，为与海珠桥相接，又绕一个弯。因此，该条中轴线是弯曲的。

旗帜彩印专营　广州起义路是一条赫赫有名的“旗帜彩印专业街”。在连门接户的旗帜店、礼品店、精品店、奖品店内，商品琳琅满目，挂满各

20 世纪 80 年代的旗帜彩印专业街——广州起义路

式各样的旗帜，有万国旗、司标旗、广告宣传旗、信号旗、园艺旗、队旗、锦旗、手摇旗、桌旗、汽车旗，有条幅、横额、绶带、台布、餐巾、印衫和广告用品，还有各类奖杯、奖牌、铭牌、牌匾等。

在广州起义路与大南路交会处，多为鲜花店，是大南路鲜花专业街的延伸。与高第街交会处，则多为服饰店，是高第街服饰市场的延伸。

高第街

高第街位于北京街南部，东西走向，东接北京路，西接广州起义路，全长 551 米，是一条全国闻名的商业老街，弥漫着浓厚的人文色彩与商业氛围。高第街北侧的许地社区、敬业苑、珠玑里，属北京街管辖。街内有许多名人遗迹，可供凭吊。唐代丞相张九龄的第十八代孙张子颐，宋代由曲江（今韶关市曲江区）迁到高第街居住；明代监察御史、有“广东包公”之称的周新，也在高第街居住过。

杂货市场 清代至民国时期的高第街，以经营鞋帽布匹和“苏杭杂货”著称，一度被称为“苏杭街”，但也有不少售卖广东土布、莨纱绸和加工唐装、丝绵衣的商铺。在广州的服装市场，曾流行以蚕丝棉为芯、绸缎为表的丝绵衣，高第街的唐装店是丝绵衣的生产销售中心之一，经营方式是来料加工、量体裁衣，从裁、缝到制纽扣，都由一个人独立完成。

清末民国初，西装盛行，在市场上与唐装平分秋色。街内有很多洋服店。光绪十八年（1892），潘礼、潘伯良二人从日本学习裁缝回来，在高第街开设元发洋服店，由于手工技艺一流，深得顾客欢心，“洋服状元”的外号在坊间传开。另有九同章棉布商店，始创于光绪三十一年（1905），最初是日资商店。1928 年，由华侨梁志生与同乡归侨梁仁轩、梁镇南等人合资买下。1930 年，由惠爱街迁入高第街，出售丝绸布匹，加工西服，出租男女结婚礼服、婚丧用的喜帐和祭帐。时光流转，九同章一直坚守在高第街内。

高第街内名店林立，除九同章外，还有三多轩笺扇庄、梁苏记洋遮、梁新记牙刷等。1911 年，梁新记的创始人梁日新、梁日盛兄弟，带着几把自制的牙刷，从佛山到广州闯江湖。一开始，他们挑着货郎担，走街串巷卖牙刷，后来在大新路开办第一家店铺，之后又转战上海，再返回广州，在高第街开店。店面宽敞，以经营牙刷为主，兼营百货，后在全国开办了 15 家分店。

抗日战争时期，广州商业一片萧条，高第街布业也陷于低谷。棉布批发几乎完全停止，曾是南方棉布批发中心的杨巷，也只剩下十几户布商，惨淡经营，而高第街的布商尚有 50 户在坚持，但生意十分艰难。

20 世纪 50 年代实行公私合营，由于商业网点大调整，高第街内的商铺纷纷关停并转。1961 年，“广州第一家族”许氏家族的祖业沦为危房，部分建筑被拆除，卸下来的陶塑脊饰被安放在荔湾区陈家祠的中进西路建筑上。后来，许地又被一栋 9 层高的楼吞掉三分之一的地盘，余下的老建筑亟待维修保护。

红色史迹 1921 年，新文化运动旗手、时任广东省教育委员会委员长的陈独秀，在高第街南面素波巷创办广东省立宣讲员养成所（简称宣讲员养成所）。同年，陈独秀与谭平山、谭植棠等人，在素波巷成立共产主义小组。1922 年，广东社会主义青年团在素波巷召开第一次团员全体讨论会。中共广东第一支部经常在宣讲员养成所内举行活动。今广州市第十中学内有一栋小红楼，便是宣讲员养成所及中共广东第一支部成立的旧址。

工业品市场 改革开放后，街道组织一些待业青年在街内摆摊，解决就业问题。他们是“文化大革命”结束后，广州市第一代个体户。1980 年 10 月，全国第一条个体户专业街——高第街工业品市场鸣锣开张，东至北京路，西至广州起义路，全长 600 米，占地面积 3600 平方米。用竹架、铁架在街内搭起简易的摊档，在 7 米宽的街中心设 329 个背靠背的车仔档（流动摊档）。场内还有 12 条横街，内设竖档位，全场共设档位 716 个，主要经营布匹、服装、鞋帽、百货等。街内还先后设有百货公司购销部、大华商店、艺丰服装店、羊城鞋帽店、市文体坛用品商店批发部、宇光交电商店、侨丽音响、永成服装床上用品厂批发贸易中心、广州宫灯工艺厂展销部、广东省塑料皮革工业联营中心营业部、人民制革厂、广州皮鞋厂联营展销部等商业机构。

高第街工业品市场第一代车仔档的档主大部分是街内居民，经营自制及区、街企业、厂家生产的中低档时装、鞋帽、小百货。高第街的名字迅速响遍大江南北，吸引了

20 世纪 80 年代的高第街工业品市场

全国 20 多个省市的客商，成为改革开放初期港式服装、广式服装零售、来料加工、代销的大本营。“没到高第街就等于没到过广州”是 20 世纪 80 年代人们对高第街的夸张评价。

1984 年上演的讲述广州个体户的电影《雅马哈鱼档》，其中的角色海仔，就是高第街个体户的代表，他通过自食其力而发家致富。

1986 年前后是高第街的全盛时期，高第街成为全国性货物交流集散地，平均年营业额 3000 万元，缴纳税款 300 万元。1988 年起，高第街工业品市场推进优质服务、文明经营。

21 世纪初，个体户车仔档式的经营模式逐渐式微，加上高租金的压力，不少原档主都把档口出租给外地人经营。

2011 年 12 月，由中央电视台和广州电视台联合摄制的 8 集电视剧《高第街》在中央电视台播出。这部电视剧以高第街为背景，以几位青年人不同的成长历程，表现改革开放 30 年来对整个社会和每一位普通人所产生的影响。

高第街商会　2014 年，为推进高第街及周边区域的“住改仓”（以营利为目的，将住宅房屋作为仓储使用）整治，整合高第街内各项资源，在政府与高第街商户之间，搭建一个能及时有效地进行沟通的交流平台，正式成立高第街商会，选举产生高第街热心商户李汉标为第一届会长。

高第街（2016 年摄）

2015 年 3 月，广东影视娱乐频道推出大型南派短剧《高第街》，从高第街老街坊的视角，展现 20 世纪 80 年代的广州生活，以短小精悍、生动活泼的故事，记录时代情怀，彰显广东精神。

连新路

连新路在北京街西部，南北走向，东风中路至中山五路段属北京街管辖，长约 660 米，其间与府前路相交。宋代，连新路是六脉渠其中一脉，渠水沿今莲花井、雨帽街、桂香街、贤藏街、马鞍北街一线，南流入濠。

发展概况　雨帽街相传是明代时雨帽集市，故而得名。今人民公园南面曾是广东都指挥使司的官衙，所以雨帽街又称都司后街。明代，雨帽街建有李忠简公祠，祀南宋吏部侍郎李昴英（卒谥“忠简”）。李昴英，字俊明，号文溪，番禺（今广州）人。南宋嘉定十五年（1222），乡试中举。宝庆二年（1226），参加临安（今浙江杭州）春试，中第三名，成为广东历史上第一位探花。李昴英为官刚正不阿，官场上几起几落，每次罢官及致仕后，都住在文溪边。辞官后，捐资在文溪上修筑三座石桥，其中文溪桥在今仓边路与中山四路交会处。李忠简公祠便是纪念这位被南宋皇帝称赞为“南人无党”的名儒，官府每年春、秋致祭。清初，平南王尚可喜在今人民公园兴建王府，李忠简公祠因被圈入王府范围而遭拆除。

清光绪二十九年（1903），广州开通电话，在雨帽街设立电话总局。

道路修筑 20世纪20年代，为配合第一公园（今人民公园）的兴建，修筑连新路。1927年，政府利用雨帽街邓家祠兴办工人子女学校（先后改称贫民子女学校、第一劳工小学、广州市立贫民子女学校），学生都是来自贫民家庭，衣服、书簿概由政府发给，旨在帮助贫民子弟扫除文盲，学习知识，在社会中立足谋生。

中华人民共和国成立后，新华社广东分社、中国图片社广东分社、广州市司法局、广东省中小企业公共服务平台、广东省节能监察中心、中共越秀区委老干部局、广州市科技和信息化局、广州市科技创新委员会、广州市人力资源和社会保障局、广州市道路工程研究中心、广州市城市管理投诉服务中心等机构，先后设于连新路。

2001年，占地1万平方米，建筑面积6万平方米，时称“市中心唯一八层一梯两户带电梯跃式洋房”的恒鑫御园落成，是连新路上最大的商业住宅楼盘。

府前路

路名由来 府前路位于北京街西北部，东西走向，东接吉祥路，西接连新路，全长347米（辟路之初为203米），宽11米。隋代，府前路一带为衙门官邸，元代为主管监察的广东道肃政廉访司署，明代为主管广东军务的都指挥使司署，明末清初先后为南明绍武政权皇宫、平南王王府，此后近300年一直是清代广东巡抚衙门所在地。1931年，在中央公园（原第一公园，今人民公园）北部建广州市政府署（今市府大楼），同时修建府前路，作为中央公园的北界。因在广州市政府署前，故名，是今广州市人民政府驻地。

解放军入城 1949 年 10 月 14 日，解放军进入广州，广州市政府署改为广州市人民政府大楼。同年 11 月 11 日，解放军入城仪式在此举行，参加受检阅的部队有第十五兵团，还有粤赣湘边纵队和广州各界群众 20 多万人。受检阅部队以军乐队及戴红花的战马为前导，从连新路进入府前路，接受检阅，然后经过吉祥路，与在市内的群众汇合后，再从惠爱路（今中山四路、中山五路）、永汉路（今北京路）至丰宁路（今人民中路），进行声势浩大的游行。广州解放初期，国民党在广州留下大批特务，街上时常有人放冷枪。晚上经过府前路时，需要凭证件或口令才能通过。后随着治安的稳定，逐渐取消该项规定。

“城市客厅” 1999 年，人民公园围墙拆除，府前路与人民公园、市政府大院重新连成一体，消除与市民的距离，成为真正的“城市客厅”。2010 年，在人民公园南广场建成广州原点，进一步说明府前路一带为广州市历史文化和行政、商业、交通的汇聚点。

千年商都

北京街是千年商都核心，街内拥有众多历经数百年商业和手工业竞争后留下的老字号，有创建于明代的陈李济药厂，创办于清代的致美斋酱园、三多轩、太平馆等，创办于民国时期的李占记、艳芳照相馆、宝生园等。街内的新华书店、健民药店、新华电影院、惠如楼、宁昌饭店等知名店铺，有的已经湮没，有的还继续经营。此外，新商城林立，国内外著名品牌的连锁店举不胜举。作为广州最繁华的商业集散地，北京街是广州商业一张靓丽的名片。

老字号

陈李济药厂　陈李济药厂创建于明万历二十八年（1600），创办人是今广东省佛山市南海区九江镇人陈体全和西樵镇人李升佐。陈李济与北京同仁堂、杭州胡余庆堂三足鼎立，是当之无愧的南药代表。

陈体全的母亲体弱多病，因无钱医治，他便自己钻研医书，搜罗古方，到西樵山采药，亲尝百草，也到广州卖药，精通各种药理。李升佐在广州大南门已未牌坊脚开设医馆，悬壶济世。某年岁晚（即年末），李升佐在船上捡到一袋银圆，他不顾天寒地冻，一整天站在码头上等待失主。遗落银圆的人正是陈体全，他带着卖货的钱准备回乡度岁，因一时疏忽而丢失了钱。当他回到码头寻找时，被李升佐的诚实所感动，便提出从失而复得的银圆中取出一半，投资到李升佐的药店，一起实现行医济世的愿望。两人志同道合，一见如故，立约“本钱各出，利益均沾，同心济世，长发其祥”，共同创办陈李济药店。药店仍设在大南门已未牌坊脚，即今天的北京路陈李济旧厂址。

清末民国初的陈李济药厂

陈李济开张后，陈体全负责在前店坐堂问诊。李升佐在后厂研制药丸，他广泛收集古代的各种验方、成方，研究炮制方法。

每逢大比之年，各地考生云集广州，因应考紧张，需要安神、提神之药，陈李济看中这个宣传产品的好机会，便派人到考生住宿处，推销药品，甚至采取半卖半送，或一人一丸的赠送方式，将陈李济养心宁神丸送给考生，还附送印有宣传资料的纸扇。趁举子赴京参加会试的机会，把大批产品送到京师；考试完毕，又让这些考生带一些成药回家乡。如果有考生登科及第，便乘机大做广告：某某人正是服用陈李济养心宁神丸后，精神爽利，笔走龙蛇，得以蟾宫折桂。

相传，清同治皇帝患风寒，腹痛吐泻，服用陈李济的追风苏合丸后，霍然而愈，因此敕赐“杏和堂”三字，以示表彰。民国初年，政府颁布商标法，陈李记注册“杏和堂”商标，沿用至 2016 年。“陈李济”的店名，是由先后担任同治、光绪两代帝师的翁同龢题写。

陈李济并不只是为达官贵人服务，对贫苦大众也一样用心诊治，有时甚至分文不收，赠医施药，夏天还在店外设茶缸，向过路的挑夫、车夫免费提供茶水。清末民国初，鉴于双门底街道狭窄，商铺密集，容易发生火灾，而官方的消防设备严重不足，陈李济便出资成立义务消防队，购置三辆消防车，备有手压水枪、火钩、水桶、绳索、斧头、梯子等，并有专门的救急药箱。消防队的旗子为黑底白字，绣“陈李济”三字。这一善举深受街坊好评。由于陈李济的医术高明，对病人宅心仁厚，无论朝野，口碑极佳，几百年来，从一家只有几名工人的前店后厂的小药铺，成为杏林中的佼佼者，在佛山、香港、上海等地都开有支店。咸丰六年（1856），在十三行开设批发所，专营陈李济药品出口和洋药进口业务。随着出洋谋生的华侨越来越多，陈李济的产品在东南亚地区逐渐广为人知。

民国时期，陈李济几次陷入经营危机，但最后都安然渡过。中华人民共和国成立后，厂主陈叔平、陈汝昭将大部分资金抽往香港，挖走大批熟练工人，甚至连镇厂之宝的 1 吨旧陈皮也全部运往香港，把香港的分厂变成总厂，广州的药厂濒临停业。1956 年，广州市医药工业公司以陈李济药厂为主，将神农、伟民、冯致昌、何弘仁、万春园、燮和堂、橘香斋和甘泉药社、大生合记（加工蜂蜡的个体户）合并组成广州陈李济联合药厂。

1993 年，陈李济获国家首批“中华老字号”称号。1998 年，陈李济进行历史上的首次搬迁，由经营了 398 年的北京路旧址迁至广州大道南新址。2008 年，陈李济中药文

陈李济（2017 年摄）

化被列入第二批国家级非物质文化遗产名录。2011 年，“陈李济”商标被国家工商总局认定为“中国驰名商标”。为更好地承担起中药文化传承和教育的社会责任，陈李济在北京路旧址设立陈李济健康养生研究院及岭南中医药文化体验馆，全力构建妇科、男科和止痛用药三大产品系列，实现具有陈李济特色的中药现代化。

采芝林　采芝林创办于清嘉庆年间（1796—1820），由广东南海河清堡黎氏同族 4 人合股创办，轮流坐庄担任药铺执行司理。店铺设在广州市府合署大楼西侧清风桥畔（今吉祥路与中山五路交会处），前店后作坊。药铺以中药配剂为主，兼营中成药、参茸补品，并为顾客提供煎药服务。由于采芝林的八宝清火通明眼丸、止咳枇杷膏疗效甚佳，加之药铺经常为贫民施医赠药，声名鹊起。

1933 年，采芝林由黎氏第五代子孙黎子铭任经理，执掌店务，其前店后作坊的经营模式不变，仍以中药配剂为主，同时增加许多参茸、麝香、熊胆、珍珠、牛黄、燕窝、

采芝林（2017 年摄）

羚羊角、犀角等珍稀药材，成为广州著名的药铺之一，黎子铭也被选为广州杂药配剂同业公会理监事。

1938 年，广州沦陷，日商乘虚而入，直接投资办药厂、药店，冲击广州中药材行业，采芝林处境困难。抗日战争胜利后，采芝林借助老店的名声越做越大。

1955 年，广州成立国营广州市药材公司，采芝林隶属其下。1956 年，广州中药材行业实行公私合营，采芝林药店被指定为广州地区四家中药配剂重点店之一，改变前店后作坊的经营方式，中药店和制造厂分离，不再自制成药。

改革开放后，广州市药材公司不断发展。1995 年，“采芝林”被国内贸易部授予“中华老字号”称号。1996 年，广州市药材公司以 96 家零售企业为基础，实行直营连锁经营，成立以百年老字号“采芝林”为商号的广州采芝林药业连锁店。

2008 年 1 月 1 日，广州市药材公司更名为广州采芝林药业有限公司。采芝林发展为一家集批发、零售和生产为一体的大型药品流通企业，成为国内领先的中药材经营企业，广东省 500 强企业之一，拥有以广东省为中心，辐射全国的中药材购销网络、商业调拨网络、零售连锁网络、医疗单位网络、电商网络等，并实现中药材从原料采购到加工的一体化运作，产业链日趋完善。旗下 9 家分公司分布于全国各地。2006 年，采芝林再次被商务部授予“中华老字号”称号，是广东首批获此称号的药品零售企业。2009 年 10 月，传统中医药文化（采芝林传统中药文化）被列入广东省非物质文化遗产项目名录。

长春洞潘高寿 潘高寿前身为长春洞潘高寿药铺，清光绪十六年（1890），由广东开平人潘白世、潘应世兄弟在广州高第街创办。他们有感于民众普遍有“长春不老，延年益寿”的美好愿望，又有悟于潘氏族人多以高寿辞世，故以“长春洞潘高寿”为店号；此外，因为“潘”字与“攀”字的官话谐音，以此取名，既点出药铺的归属，又寄予“长春洞里攀高寿”之意。药铺前店后仓，前店制作熟药配剂和药材零售，第二进为仓库。当时，药铺主要制作和出售膏、丹、丸、散等传统中成药，其中卫生丸、理中丸、保肾丸、白凤丸、宁神丸、镇惊散、协祥丹等最负盛名，治疗妇科、儿科疾患有奇效，不仅畅销广东各地，还被华侨带到秘鲁、泰国、新加坡等国家，备受欢迎。经过 20 多年的发展，到民国初年，长春洞潘高寿已根基稳定，业务蒸蒸日上。

20 世纪 20 年代，潘百世、潘应世相继去世，药铺由潘百世的第四子潘郁生（又名潘四俶）主持。1927 年，广州起义爆发，药铺毁于战火。此后，潘郁生在广州十三行豆栏上街重新开设药铺，继续经营膏、丹、丸、散，研制出止痛退热的百应丹，成为药铺著名产品之一。

1935 年，潘郁生意识到仅靠制售传统膏、丹、丸、散的经营方式难以长久，便决定创制新药。由于广州气候炎热多雨，且天气乍暖乍寒，人们容易患伤风咳嗽，于是他结合自己多年的实践经验，遍查历代药书，访问名医、道士、游医，研制出治疗咳嗽、健肺强体的“川贝枇杷饮”，后定名为“川贝枇杷露”，之后成为家喻户晓的止咳药，也是潘高寿镇厂之宝。

1938 年，广州沦陷，长春洞潘高寿药铺遭到日本侵略军轰炸，几乎被夷为平地。潘郁生父子离开广州，前往香港、韶关，以“潘高寿”品牌继续生产和销售川贝枇杷露。

1945 年抗日战争胜利后，潘郁生父子重回广州，在杉木栏路重建潘高寿药行，取代长春洞，放弃经营传统的膏、丹、丸、散，以生产和经营川贝枇杷露为主。

中华人民共和国成立之初，潘高寿药行仍是作坊式生产。1956 年，实行公私合营，组建公私合营潘高寿联合制药厂，药厂以生产合营前原有的各种止咳糖浆为主，将潘高寿川贝枇杷露作为主体产品，保持原“潘高寿”的传统特色。1959 年，潘高寿联合制药厂创制出重要产品“铁破汤”，对肺结核有一定疗效。1961 年，川贝枇杷露获广州市“一等名牌产品”称号，“红中牌”白萝仙止咳露和“崇业牌”小儿止咳糖浆获“二等名牌产品”称号。“文化大革命”期间，潘高寿联合制药厂易名为广州中药七厂，并一度命名为“中药七连”。

改革开放后，恢复潘高寿联合制药厂名。

1995年，国内贸易部授予潘高寿“中华老字号”称号。2006年，商务部授予潘高寿“中华老字号”称号。2007年，潘高寿凉茶保密处方和专业术语被列入第一批国家级非物质文化遗产名录。2008年，潘高寿传统中药文化被列入第二批国家级非物质文化遗产名录。

致美斋酱园　致美斋酱园创办于清乾隆年间（1736—1795），创始人刘守庵是八旗子弟。另有一说，致美斋酱园创办于明代，至清代刘守庵时规模扩大。

乾隆年间是广州饮食业的黄金时期，许多著名食府问世，带动酱料业也兴旺起来。刘守庵凭借八旗子弟身份，方便购买粮、豆、盐等原料，创办酱园，按照“用水致纯，选粮致精，工艺致正，酱品致香，待客致诚，味道致美”的经营宗旨，命名为致美斋酱园。刘守庵创办致美斋时，位于惠爱大街（今中山四路）的铺位是向刘家的世交、高第街金氏租借，而工场则设在刘守庵位于光塔街道的寓所。

致美斋店门口有一对石磨，长年缓缓转动，一边出麻油，一边出麻酱，从店内飘出酱油和猪脚姜醋的香味，充盈于整条街。“未到其门，先闻其香”，成为致美斋的活招牌。致美斋最著名的产品有小磨麻油、添丁甜醋、天顶头抽等，麻油一定要选用饱满纯正的靓芝麻；添丁甜醋一定要选用立秋前的嫩姜作姜胆；天顶头抽一定要达到味鲜、色浓、体凝、醇香的标准。全部产品的选料和制作过程一丝不苟，始终如一。

清代，大部分酱园合股经营，而致美斋是独资经营。其他酱园除零售外，茶楼食肆是非常重要的顾客，而致美斋则几乎靠门店销售。致美斋也销售一些其他酱园的产品，但由于其自身的牌子响亮，口碑甚好，能够进入致美斋销售的其他品牌产品，都会提价。20世纪40年代，致美斋销售冠香园的小磨麻油，比在其他店销售的价钱贵50%；调昌园的甜醋一上致美斋的柜台，也马上提价10%。

1915年，致美斋第九代传人刘养年接替其兄刘子登掌管酱园。他借府学东街扩筑为文德路之机，装修门店，铺设地面，扩建工场，使致美斋焕然一新，生意越做越旺。拥有三场一店：文德路口的门店和门店后工场、西门口工场、光塔街工场，与北京六必居、扬州三和、长沙九如斋齐名，并称为中国四大酱园。

1945年抗日战争胜利后，门店业主金氏后人要收回惠爱大街的产业，甚至要与刘家对簿公堂。当时，致美斋提出以惠爱西路的致美斋分栈与金家交换。最终，这场官司以庭外和解告终。自此，中山四路的致美斋酱园产权正式归刘家所有。

中华人民共和国成立后，实行公私合营，致美斋的工场分别并入东区和北区的加工厂，中山四路门店变成食品杂货公司的一个门市部。1958 年，广州市整合致美斋等数十个调味品生产工场，在广州市三元里沙涌北建厂生产，取名为越秀区酱料加工厂，后改名为广州市副食品公司属下的广州调味食品四厂。“文化大革命”初期，“致美斋”的名字被认为属于“四旧”，改名为“永为民”。1972 年，恢复“致美斋”店名。1983 年，改名为“广州市致美斋食品厂”。1992 年，与香港维荣有限公司合资生产，更名为广州致美斋食品有限公司。后成为岭南集团旗下企业。致美斋老店一直在原址经营，深受市民喜爱，享誉广东、香港、澳门，远及东南亚地区。

粤菜素有“一菜一味、百菜百味”的美誉，食物的“五味”有咸、甜、酸、辣、苦，粤菜非常讲究味道，所谓“民以食为天，食以味为先”，致美斋擅长“五味”的运用与调配。著名产品有小磨麻油、添丁甜醋、蚝油、柱侯酱、海鲜酱、盐焗鸡配料、大红浙醋、米醋、鲍鱼汁、烧烤汁、卤水汁、蒜蓉辣椒酱、番茄汁等调味品，五花八门，却多是广州人厨房中不可或缺之物。

改革开放后，重整旗鼓的致美斋仍以酱油为拳头产品。致美斋酱油选用优质原料，经过原料处理、原料蒸煮、种曲培养、制曲、发酵、出油、调配煮制、沉淀过滤、二次灭菌、检验等工序而成。在整个生产过程中，始终贯穿着严格的检验，从原材料到半成品、成品检验，毫不马虎，确保产品质量和食品安全符合国家标准。被誉为镇店之宝的天顶头抽，具有浓郁的酱香和特殊鲜味，晒制周期长达 270 多个晴天，是国内屈指可数的优质酱油，深得用户喜爱。

致美斋（2017 年摄）

为弘扬中国酱文化，致美斋在中山四路老店和三元里生产基地，均设有酱文化展室，陈列清代致美斋调味品生产器具、售卖散装酱油的酱缸、致美斋《铺规》、致美斋账本（复制品，原件于2011年捐献给国家档案馆）、清代书法家苏若湖书写的“致美斋”招牌，并配有图文并茂的酱油生产工艺介绍，也有20世纪致美斋生产的部分产品包装以及名人字画等。以实物和图片相结合的方式，让参观者感受中国酱文化，了解致美斋历史。

1996年，致美斋被国内贸易部授予“中华老字号”称号。2000年12月，致美斋获得“广州老字号”称号。2011年，致美斋广式调味品制作技艺被广州市认定为市级非物质文化遗产。2012年，被广东省认定为省级非物质文化遗产。致美斋是中国驰名商标，也是广东省和广州市著名商标。

三多轩笺扇庄　三多轩笺扇庄创建于清道光五年（1825），创始人黄其佩。

道光五年，黄其佩在高第街租下三多轩熟药店的后座，开办染色纸作坊。熟药店店名中的“三多”，意为“福多、寿多、子多”。几年后，熟药店老板告老还乡，想把全间铺面连同家具、货物、铺底登记权全部转让给黄其佩，开价250两白银，并答应如果现银不足，可以等做生意赚钱后再付。黄其佩将店铺买下后，继续沿用“三多轩”的名号，但改为以经营色纸、色笺、文房四宝为主，并引用宋代欧阳修的“文有三多：看多、做多、商量多”来注解店名。

店铺传到黄其佩的儿子黄润培手上时，名气越来越大，并逐步改为一家经营色纸、宣纸、色笺、雅扇等文具的笺扇庄，并聘请手艺一流的装裱师傅，为顾客装裱字画。门口高悬着一副“鹤顶格”楹联：“三声玉版高声价，多品云笺助品题”。门枋上还有一副十七言长联：“三峡泻词，长留左伯声名，洛阳价重千金贵；多文鸿赋，绘出南都景色，大地春光万象新”。

有一年，三多轩的掌柜（黄润培儿子的契爷，即干爹）见生意兴旺，动起歪念头，把店中的老师傅、资深店友全部拉走，自己开办一家相同的笺扇庄，与三多轩抢生意。黄润培因店中人手不足，只好让15岁的儿子黄金海辍学，回店帮忙。

黄金海对染纸技术和经营店铺非常感兴趣，埋头跟着父亲学习。他为了解行情，寻找货源，足迹踏遍苏、杭、沪、宁、京各地。还坚持每天临池习字，因此书艺大进，深得宋元书法精髓，有时还会为顾客书写寿屏和对联，兼作文人花鸟画，书法作品曾送到日本展出。1923年，岭南画人黄般若、潘致中、赵浩公、卢振寰、姚粟若、卢子枢、黄君璧、何冠五、李瑶屏等人，组织成立以复兴传统国画为宗旨的“癸亥合作画社”。1926 年，改组为“国画研究会”，会员几乎囊括岭南地区著名的画人。黄金海也是会员之一，经常与众名家切磋画艺。而这些名家的作品，也成为三多轩稳定且高质量的“货源”。

黄金海按照自己的经营理念，将三多轩做得风生水起，名扬大江南北。三多轩的宣纸、笺扇、笔墨，都是从产地和工厂直接进货，经过精挑细选，实价不二，很受欢迎，甚至连日本和东南亚地区的国家也来购买或邮购。三多轩还根据顾客的需要，特制各种性能不同的宣纸和金笺。其装裱也是赫赫有名，店内有 5 名装裱名师常年坐镇，用料上乘，工艺一流，行内无人可及。因此，三多轩拥有大批长期忠实的顾客。其宣纸销量仅次于北京荣宝斋、上海朵云轩，是全国第三大笺扇庄。曾任国民政府行政院院长的谭延闿特意为其题写“三多轩笺扇”，从南京寄到广州。

三多轩（2017 年摄）

抗日战争期间，三多轩生意清淡，濒于停业，香港分店也因受到空袭被毁，直至抗日战争结束后，才慢慢恢复，但已不复战前的鼎盛。中华人民共和国成立后，黄金海应广州市市长朱光之邀，把三多轩珍藏的坪州吉灯（坪州传统纸扎灯饰）送到市政府展挂；把一批珍贵字画送到广州博物馆展出；把一幅嘉庆、道光年间顺德书画名家苏引寿的真迹，赠给广东省博物馆收藏。“文化大革命”中，三多轩收藏的字画、古董、古籍大部分被毁坏，唯有赠给广东省博物馆的苏引寿的真迹得以幸存。

1956 年，三多轩实行公私合营。1958 年，店铺迁到北京路。1980 年，更名为三多轩文房用品商店，营业面积约 70 平方米，经营湖笔、宣纸、端砚、徽墨、印泥、双林绫绢、青田章石、苏杭扇面和油画、水粉、水彩颜料，兼营字画装裱、章石篆刻等。1998 年，三多轩从北京路迁到文德北路继续经营。

2000 年，三多轩转制为私营广州三多轩文化艺术发展有限公司，投入巨资，建成 3600 平方米的艺术画廊以及 2000 多平方米的多功能拍卖厅、现代化办公区。公司开展多元化经营，成为与时代同步、适应新时代发展的文化艺术品展览中心。新生的三多轩除原有的字画销售以外，还新增画册出版及艺术品展览中心、艺术网站、艺术品拍卖中心等展销平台等。同年 12 月，三多轩被列入广州市第一批“老字号”。

新以泰体育用品店 新以泰创建于清咸丰十年（1860），是番禺人钟锦泉创办的一家文化用品店。最初名为新以泰文房四宝店，设在惠爱八约（今中山四路榨粉街口西侧），经营毛笔、玉扣纸、印泥、墨砚、簿册、账册、信笺、信封、镇纸、笔筒、通书、冥镪一类商品。其规模不大，与一般商店无异，前店后场，设有毛笔制作工场和印刷工场，以自产自销为主。

新以泰精打细算，充分利用材料，因此商品以质优价廉、商誉卓著取胜。每购进一批纸，都按厚薄进行分拣，厚纸在门市零售，薄纸用来印刷，切下来的纸头、纸尾用来做冥镪，最后剩下的碎纸卖给建筑工地做“纸筋灰”，作“批荡”（即抹灰）用。每批纸几乎都没有一点浪费，所以能够节省成本，降低价格。新以泰出售的学生作业簿，可以按学校要求的规格印制，并在封面印上不同学校的校名，因此很受学校欢迎。附近八桂、禺山、岭侨、开越等中学及中山大学附属中学的作业簿，都交由新以泰印制。中山大学中山医学院、图强医院和许多船务行也都是新以泰的老主顾，所有票据、表格统由其制作。

抗日战争胜利后，新以泰由钟锦泉的孙辈钟华主持管理。1946 年，钟华表叔胡金昌认为，“新以泰”的粤语读音与英文“Sunlit”相近，英文译为“阳光普照的”，新以泰应该与更有阳光活力的体育事业相关联，建议他经营体育用品。这个建议得到钟华的采纳，胡金昌大笔一挥，为其题写“新以泰”，并制成蓝底红字新招牌。

1949 年，新以泰全店营业面积只有 25 平方米，工场 180 平方米，店员 25 人。经营商品仍然以文具为主，但增加了一些小件的体育用品，如毽子、跳绳、乒乓球、羽毛球、网球、足球、篮球、象棋、军棋、围棋以及玻璃弹珠等。自 1952 年起，新以泰全部店铺改为经营体育用品，主要供大、中、小学学生购买使用，如铅球、铁饼、单杠、双杠、篮球架、杠铃、哑铃、标枪、跳箱、乒乓球、羽毛球、球台、球网、运动衣裤等，注册商标为“红箭牌”。同时可以按用户要求生产特殊规格的产品，如制作各种胶球（即胶制篮球，下同）时，可粘或印上学校名称、班级名称、编号，方便学校保管。新以泰提出“实斧实凿，不折不扣，不以虚伪号召，全心全意为人民服务”的经营宗旨，其产品在 20 世纪 50 年代已成为广州市各大、中、小学校采购体育用品的首选。

二十世纪四五十年代，市场上比较畅销的篮球是上海“永字牌”和广州“健身牌”的胶球，都是采用胶胆皮面缝线。1950 年，钟华听说美国“麦坚利牌”篮球在香港出售，这种篮球不用缝线，性能好，便想要到香港买一个，但因价钱贵，他就天天去商店里研究这种篮球的结构，直到彻底摸清为止。回到广州，钟华与工人一起研制，用数月时间，成功制造出中国第一个无金属充气装置、不用缝线的胶胆皮面篮球。投入生产后，价格仅为进口的五分之一。经过试用，质量符合比赛标准，因而备受体育界欢迎，一直沿用至 2016 年。

50 年代初，苏联体操代表团与中国技巧运动员在中山纪念堂表演，钟华前往观看，把苏联代表团的全套体操运动器械拍成照片，陈列在新以泰店内，吸引不少体育工作者前来参观，要求订造。钟华随即组织仿制，供各体育团体和学校使用，促进广州市体操运动广泛开展。

钟华还与商店旁边的开越中学（在今广州广播电视大学址）协商，把商店后的加工场与学校操场之间的围墙拆掉，由新以泰免费提供篮球架、篮球、单双杠等设备，并配套跳高、跳远沙池等，用来举办体育比赛。这样既扩大商店的影响力，也为市民提供一个参与体育活动的场地，一举两得。钟华甚至在自己家里放置乒乓球台，让乒乓球爱好者上门练习。他还经常邀请一些体育工作者到他家聚会，了解运动员对器材、服装的各种要求。

1956 年，新以泰实行公私合营，后成为国营企业。1959 年，在省财政厅前又开办一个门市部。“文化大革命”初期，该店一度改名为广州体育用品商店，至 1972 年才恢复原名。80 年代，新以泰将保龄球首先引进到广东各地，并研制出中国第一套联合健身器。1987 年，新以泰在中山四路原址建起高达 12 层的营业大楼，面积近 3000 平方米，改名为新以泰体育用品公司。是年，第六届全国运动会在广州召开，新以泰是全市唯一被指定为为大会服务的公司，并为全运会赶制手球球门、乒乓球赛场挡板等一批器材。

2000 年 12 月，新以泰被列入广州市第一批“老字号”。新以泰体育用品公司有 3 个零售兼批发的商场，分别是鞋服商场、综合商场及器械商场。主要经营国产及国外各类体育用品、文娱用品、专业运动服装、专业运动鞋、健身器材、大型运动器械、体育运动设备和各类球场设计安装，并新增桑拿、蒸汽设备，桌球系列，弓箭用品等。

宝生园 宝生园创办于1924年，创始人梁远湛，又名少川。

1924年，南海平洲人梁远湛在家乡创办宝生园养蜂场，这是广东历史上第一家养蜂场。梁远湛毕业于广州艺术专科学校，后在广州培正中学当美术老师。但他对养蜂情有独钟，授课之余，广泛阅读有关书籍，钻研养蜂技术。他的父亲经营一间花木盆景店，梁远湛就把自己采制的蜂蜜拿到父亲的店中卖。经过一段时间的实践摸索，他决定自己开店创业。20世纪30年代，梁远湛在永汉路（今北京路）开办第一家宝生园蜂蜜店，专售自制的纯正蜂蜜。后来店铺越开越多，总店设在大南路。

梁远湛为宣传宝生园，特意拍下一张照片：把一箱蜜蜂全引到自己脸上，密密麻麻地聚成垂至胸前的“络腮大胡子”，可以与当时有名的“美髯公”于右任的大胡子相媲美。梁远湛把照片悬挂在店内，造成轰动效应，人们争相观看，口口相传，“蜂胡须”成为宝生园的活招牌。

1935年11月，梁远湛在宝生园大南路总店举办养蜂展览会，为期10天，陈列养蜂工具、图解、参考书等。这成为广州城中的一件盛事，每天都有八九千名市民涌到大南路参观。宝生园蜂蜜成为广州家喻户晓的品牌。广州市首任市长孙科为嘉奖宝生园参与慈善事业的义举，亲笔题写“宝生园养蜂场”。

1956年，宝生园实行公私合营，改名为广州蜂蜜店。1988年，商店由新组建的广州市土产茶叶公司蜂产品购销部经营管理，恢复原来的招牌，更名为宝生园蜂产品总汇，并同时注册“宝生园”“宝”“EDEN”3个商标。1993年10月，宝生园被国内贸易部认定为“中华老字号”，是90年代中国营业面积最大、年营业额最高的蜂产品专营商店。1999年，组建广州市宝生园有限公司，拥有一个检测中心、一间蜂产品研究所、一家蜂产品加工厂和一家生茂泰茶叶加工厂。

至2016年，宝生园依然是一家集养蜂、加工、生产、销售、科研于一体的“广州老字号”和“中华老字号”双料老字号国有企业，旗下拥有“宝生园”和“生茂泰”两个“中华老字号”，享誉广东、香港、澳门，乃至东南亚地区。生茂泰原是一家创办于清同治元年（1862）的药茶行，位于桨栏路，其中最著名的产品有生茂泰甘和茶、午时茶等。1931年，生茂泰老板有意出让茶行，由茶行老店员孔宪勋买下继续经营。其后，茶行归到宝生园旗下。宝生园所出售的蜂蜜，全部经过精细的灭菌、除杂、加工工序，产品的品质以纯正、洁净、不易发酵见称。

2000年12月，宝生园被评为“广州老字号”。至2016年，已在全国建立近千家蜂

20 世纪 30 年代的宝生园

宝生园（2017 年摄）

产品专卖店。宝生园获得“中华老字号品牌企业 100 强单位”“广东省著名商标”“全国蜂产品行业龙头企业”等称号。

大学鞋店 大学鞋店创店于 1934 年，创办人李钜观，前身是亚履鞋店。

1934 年，在高第街华强鞋店当学徒的李钜观，拿出多年积蓄在万福路开办亚履鞋店，销售自己做的鞋。李钜观做的鞋质量上乘，以制鞋用料优质、坚固耐用而扬名，实行明码实价，而且是“不二价”，故有“铁价鞋”之称。1941 年，李钜观把鞋店搬到惠爱东路（今中山四路），一分为二，变成天工和友昌隆两间店。在此期间，他设计的学生鞋和教官鞋，市场反应热烈，深受军、政、学界的喜爱。1943 年年初，李钜观又把这两间店合二为一，易名为大学鞋店，沿用至 2016 年。他在橱窗摆放一双拆开鞋底、显示内在材料的样鞋，两旁悬挂着醒目的对联：“大学之作，实斧实凿；大学之价，实银实码”。

“大学鞋店”名字的由来，有以下两种说法。一说李钜观怀有爱国心，目睹旧中国的贫穷落后，寄希望于青年一代，希望他们能发奋学好文化知识，帮助祖国发展，因此取名为“大学”。一说是为宣传大学鞋店的鞋质量最好、级别最高，而人们普遍认为大学是最高学府，可衍生出大学鞋店是所有鞋店中最高级的鞋店的意思。

大学鞋业（2017 年摄）

1956 年，大学鞋店转为公私合营企业，迁到地处北京街繁华地段的中山四路 361 ~ 369 号。主要经营运动鞋、布胶鞋、绒面鞋、拖鞋、凉鞋及其相应辅料，如鞋带、鞋跟、鞋油、鞋膏、鞋刷、鞋垫、袜子等，经营方式以零售为主，兼营批发和机团服务。附设工场，为特殊脚型量脚订造，仅这一项服务，就令大学鞋店在消费者中口碑载道。1986 年 9 月，鞋店全面装修，升格为大学鞋业公司，售卖的鞋以中档为主，兼营高、低档。

20 世纪 90 年代，公司进行经营放开、价格放开、用工放开、分配放开的“四放开”改革，利用“字号老，声誉好”的优势，先后发展 7 家分店，形成具有品种系列齐全、价格系列结构合理、有一定规模经营的知名鞋类专营企业。后因兴建地铁 1 号线，大学鞋业搬迁至北京南路。1993 年，大学鞋店获国内贸易部授予的“中华老字号”称号。2001 年，被授予“广州老字号”称号。

李占记钟表店 李占记钟表店创办于 1912 年，创始人李兰馨。

19 世纪末，李兰馨在香港上环的李应记钟表店学艺。他手艺一流，磨、补、驳、焊、接、锉、镶、种、包，样样精通，甚得师傅和老板的喜欢。出师后在店内为顾客维修钟表，技术上精益求精，为使所有顾客都记住他，便在工作台上摆放一个“李占记”的牌子，还自印名片，发给每一位请他修表的客人。1912 年，李兰馨自立门户，在香港文咸东街 9 号首创李占记钟表行。李占记最特别之处，在于它不仅销售世界各款名表，而且聘请多位手艺精湛的师傅，开设专门为世界名牌钟表抹油、修理和翻新的业务，并以修表闻名。由于起点高、技术好，各个品牌的世界名表，李占记皆来者不拒，都能修

李占记钟表店（2017 年摄）

好，因此很快吸引一批高端的顾客。

1915 年和 1925 年，李兰馨先后在十八甫路 90 号、惠爱东路（今中山四路）344 号开设分店，在澳门新马路也开有分店，号称“省港澳李占记”，真正把“名师精修，名牌钟表”的旗号打遍广东、香港、澳门。

李占记的一间贵宾室悬挂着一副对联：“占得利权天下观，记得时刻寸分量”。李兰馨深知民间疾苦，穷人看病困难，所以在店中准备大量痢疾散，凡上门来的街坊或四乡村民，即使只是参观，不修钟表，也赠送一包。药包上印有李占记的宣传语，既帮助到穷人，也宣传店铺，一举两得。在广告宣传上，除赠送药包外，李占记还曾在店门外安排两人扮演关羽和张飞，吸引市民围观，并通过关、张的形象，表达对质量“公正严明，铁面无私”的经营原则。

李兰馨有一套严格的规矩，每位技师每日限修表 3 个，以保证质量；但也不能少于 3 个，以保证最佳的成本效益。他对每一位技师的专长了如指掌，谁擅长修哪种钟表，一清二楚，按各人的特长分配任务，领完任务后还要登记姓名，实行质量追踪。李兰馨亲自担任质量检查员，一旦发现瑕疵，必须返修，决不放过。所有钟表修好后，要经过 7 天试走期，确认精准无误，然后郑重其事地贴上“李占记修”的字条，才能交到顾客手里。

1949 年，李兰馨举家返回香港定居。“文化大革命”期间，广州李占记一度改名为广州钟表店，但仍是广州市唯一一家钟表特级修理店。1985 年，恢复原名，成为广州市钟表眼镜公司管理的分支机构，设瑞士雷达表维修站，同时经营各类钟表、金银首饰、玉器珠宝。1987 年，增设天霸表经销维修点。

1993 年，李占记被国内贸易部认定为“中华老字号”。2000 年，被认定为广州市第一批“老字号”。2004 年，广州百货企业集团有限公司对李占记进行重组，更名为广州市李占记钟表有限公司。

艳芳照相馆 艳芳照相馆创办于 1912 年，原址在今中山五路新民路口处。

清同治元年（1862）前后，今北京街已有张老秋的宜昌照相馆、温棣南的缤纶照相馆

（分店在卫边街，即今吉祥路）、梁海初的芙蓉镜照相馆（在双门底，即今北京路）相继开业，黎镛、兆南昌、容芳等多家照相馆也接踵而起。当时还没有干胶片，只能使用湿胶片与蛋纸（画纸）。相机是由箱体、镜头、调焦用的磨砂玻璃、三脚木架等组成的木制大型镜箱。用玻璃棚采光，曝光时间很长，即使有干胶片之后，拍一张照片曝光时间往往长达两三分钟，为防止客人晃动，在拍照时甚至要用铁叉从后面架住客人的颈脖。

1912 年，广东三水人黄跃云、刘昌泉合资，在惠爱中路（今中山五路）开办一家省港艳芳照相馆。两人先在香港中环开办一家照相馆，然后移师广州，故号称“省港”。在众多照相馆中，艳芳照相馆以出色的人物肖像和集体相，声名日响，20 世纪 20 年代，驰名广东、香港、澳门。1947 年，艳芳照相馆摄影师潘联锐成为英国皇家摄影学会会员，令艳芳照相馆名声大噪。

艳芳照相馆的照相器材比较先进，又有一流的摄影师，无论是党政机关，还是社会团体，凡举办大型活动，大多会请艳芳照相馆的摄影师到场拍照。因此，艳芳照相馆拍摄了大量有历史价值的纪实照片。

20 年代，《广州民国日报》特邀艳芳照相馆的摄影师为其拍摄重要的新闻照片，供其使用。1923 年 8 月 11 日，艳芳照相馆摄影师在永丰舰（后改名中山舰）上为孙中山、宋庆龄与官兵合照留念，为中国近代史上著名的照片。是月，中国自己制造的第一架军用飞机“乐士文一号”在大沙头机场试飞。试飞成功后，孙中山题写“航空救国”四字以示鼓励，还与宋庆龄并肩站在飞机前，艳芳照相馆摄影师拍下这幅珍贵的历史照片。1927 年，中国共产党发动广州起义，艳芳照相馆摄影师刘校才在原市公安局院内拍下广州苏维埃政府成立大会的照片。同年，鲁迅和许广平以及蒋经国均到过艳芳照相馆拍照；国民政府副

20 世纪 90 年代初的艳芳照相馆

主席李济深也曾到艳芳照相馆拍照，并书写“其如视诸斯乎”的条幅。

50 年代公私合营时，星洲店并入艳芳照相馆，艳芳照相馆成为广州首屈一指的大型综合性照相服务企业。艳芳照相馆铺面宽敞，楼底有六七米高，柜台后是一个取光的天井，直通楼顶，阳光可直洒下来。天井有水池、假石山小景，极为雅致。照相室在二楼，有客厅、大型的玻璃影楼和工场。很多广州家庭都在艳芳照相馆留下过温馨的全家福；学生十年寒窗毕业，也会邀上几位好友去艳芳照相馆拍一张合照留念。许多市民觉得，照全家福要到艳芳照相馆，才够隆重和正式。艳芳照相馆也曾为毛泽东、邓小平、叶剑英、杨尚昆、江泽民等国家领导人到广东考察时拍照，并为历届广东省、广州市人大、政协等大型会议、大型活动拍摄团体照。

改革开放初期，艳芳照相馆在摄影行业仍然占有重要地位。1979 年，对越自卫反击战庆功大会在广西南宁召开，广州军区专门派直升机接送艳芳照相馆的摄影师到场，为参加大会的代表们拍合影。1979 年，艳芳照相馆以补偿贸易方式，引进全套彩色照相自动冲印设备，实现彩色冲印机械化、自动化，后又增设彩色冲印一小时起件服务。除艺术人像、证件照、婚纱照、个人全身配景和家庭合影等传统项目外，还开辟广告、展览图片、舞台剧照、工艺摄影、体育摄影等项目。1985 年起，在首层增设商场，经营照相器材的零售和批发业务。

1994 年，艳芳与雄志、美景、江南西等摄影店组成艳芳摄影连锁店。同年，国内贸易部授予艳芳照相馆“中华老字号”称号。同年，因兴建地铁 1 号线，照相馆迁往朝天路新址经营。之后风光不再，但仍存可称为文物的大型摄像机。2000 年 12 月，被评为“广州老字号”。

太平馆西餐馆 太平馆创立于清光绪十一年（1885），创办人徐老高，是广州第一家中国人开的西餐馆。

咸丰年间（1851—1861），旗昌洋行有一位叫徐老高的“侍仔”（侍应），偷师学成做牛排的绝活。离开洋行后，挑着担子，在太平沙一带卖自制的牛排。他手艺一流，煎出的牛排肉嫩多汁，浓香满街，生意越做越旺后，便邀请自家兄弟合伙，在大南门外太平更楼下开办一家番菜（西餐）太平馆。

太平馆开张后，不仅牛排出名，还创出猪排、烧乳鸽、葡国鸡等名菜。生意兴隆，不断扩大门面。到民国初年，拆城筑路，永汉街扩筑为永汉路，太平馆也由平房改为混凝土柱的三层木楼，并雇用一批职工。

民国以后，徐老高和他的几位兄弟相继去世，各房分家，有些分得物业，有些分得钱财。太平馆由徐老高的儿子徐焕和徐枝泉继承。徐家有一个约定，“太平馆”店号由接管的一房人专用，别房如有重新经营者，均不得沿用“太平馆”的名字。徐焕、徐枝泉兄弟把太平馆经营得风生水起。没过几年，其他几房人的产业已基本坐吃山空。之后，他们在永汉北路开设第二家太平馆，囿于原来不得沿用太平馆名号的约定，起名为“太平新馆”。1924 年，因卷入商团事件倒闭。

1926 年，徐焕、徐枝泉以 6000 元港币将永汉北路广东财政厅前的国民餐店收购，开办老太平馆支店，即今天的太平馆，出品的烧乳鸽、葡国鸡，色香味俱佳，吸引众多回头客“食过返寻味”。

1925 年 8 月 8 日周恩来和邓颖超新婚时，由张申府出资，在太平沙太平馆宴请黄埔军校校友。1926 年，国民革命军在东校场举行北伐誓师大会，有茶点供应，每人一份茶点，共 1 万份左右，均由太平沙太平馆提供。1929 年，中山纪念堂落成，政府的欢庆宴会定席 1200 多份，也是由太平馆承办。蒋介石、张发奎、李济深、陈济棠、李汉魂、陈策、汪精卫、林森等军政大员，都曾是太平馆的座上客。

1936 年，太平馆分别在香港湾仔、上环开设分店。1938 年，广州沦陷前夕，太平馆宣告歇业，其第三代掌门人徐汘初举家逃往香港避难，太平馆很多厨师、工人也跟着

民国初年的太平馆外景

他离开。1944 年，为寻求生路，徐汗初又在广州第十甫路开办一家分店。直至抗日战争结束后，永汉路的两家太平馆才恢复营业。1949 年，太平馆老店再度歇业，只剩下北京路省财政厅前的太平馆继续经营。

1959 年，周恩来总理与陈毅副总理出访归来，途经广州，再次到太平馆，建议扩建太平馆。1963 年，太平馆扩建，座位从原来的 200 个增至 500 个。“文化大革命”期间，太平馆拆掉西式装饰，将全部西餐刀叉餐具卖掉，店名改为东风饭店，业务改营中餐。1973 年，为接待中国出口商品交易会来宾，恢复太平馆的店名和西餐供应。1994 年，与香港兴发公司合作，进行全面装修，相邻的美利权冰室成为太平馆一部分，并聘请香港西餐名厨麦权波主理厨政。

2000 年，太平馆被列入广州市第一批“百年老字号”西餐饮食单位。2002 年，民营企业广州东江饮食集团斥资数百万元从太平馆原东家手中购得经营权，接手经营。改造后的太平馆重新营业后，一度生意兴隆，一、二层做西餐厅、酒吧和酒廊；三、四层则经营中餐，晚上为音乐酒城夜总会。后由于租金飞涨，太平馆一度停业，直至 2005 年重新开业。2007 年，由鸿星海鲜饮食集团接手经营太平馆，生意大有起色。2016 年，在太平馆老店对面开设分店，两店不但继承传统的六大名菜（红烧乳鸽、芝士焗蟹盖、葡国鸡、烟焓鱼、德国咸猪手、特色咸牛脷），还新创西餐菜式。

太平馆（2017 年摄）

知名店

新华书店 新华书店北京路店位于北京路 336 号，前身是从新华书店华南总分店分出来的广州分店。

自清末民国初开始，北京路已是书坊、书局林立，从广东财政厅前到西湖路口，书店多达三四十家，是著名的“书店一条街”。

1949 年，香港新民主出版社承担起在广州创办新华书店的任务，出版社在《华商报》刊登招聘启事，一时应者纷至。11 月 7 日，广州新华书店正式营业。广州新华书店的办公地点设在新民路 48 号，有 4 个门市部。永汉北路的正中书局是门市之一，永汉北路的怀远书局及印刷厂为新华书店的书库和宿舍。

1950 年 3 月 8 日，广州新华书店协助市政府接管永汉北路 170 号的世界书局。7 月，根据中央人民政府出版总署《关于统一全国新华书店的决定》，广州新华书店改名为“新华书店华南总分店”，店址在原世界书店（曾为外文书店，在今北京路 316 号）处。业务扩大后，书店在《南方日报》公开招聘，先后 3 批。至 1951 年年底，书店工作人员有 400 多人。

1954 年，中国图书进出口总公司广州分公司和国际书店广州分店并入新华书店，门市部增至 8 个。1958 年，又建成 71 家街道书店、1 家邮购书店和 1 个水上流动服务站。1962 年，新华书店进行调整压缩，保留 20 个门市部，另增设 1 家郊区书店。

在北京路上，书店林立，有新华书店、儿童书店、外文书店、工具书店、科技书店、古籍书店等，各从其类，各有所专。“文化大革命”结束后，人们的求知欲空前高涨，新华书店迎来黄金时期。北京路上的新华书店，几乎每天都是人山人海，排队购书的人经常从店内排到马路上。新华书店以发行图书、音像制品为主，经营范围包括图书刊物、音像制品、电子出版物、国旗、文教文娱体育用品、文房四宝、儿童智力

新华书店（2017 年摄）

玩具等。

北京路改为步行街后，由于经营环境的变化，儿童书店、外文书店等相继搬迁或歇业，但又有新的书店进驻。现在北京路上还有新华书店、教材书店、科技书店（以上属新华书店经营）、联合书店、大洋书城等多家书店。

惠如茶楼　惠如茶楼创办于清光绪元年（1875），取“惠人惠己，如亲如故”之意，创办人陈慧如。茶楼位于惠爱街中段（今中山五路），曾经是今北京街范围内的著名茶楼之一。

广州人有饮早茶的习惯。清代，在今北京街范围内，就有寰乐园、涎香、南如、吉祥、永乐等多家茶楼。每天早晨，茶客们带着鸟笼上茶楼，水滚茶靓，一盅两件，边饮茶边逗鸟，是许多悠闲人士的消遣方式；生意人也在茶楼内聊聊生意经，打听一下行情。饮茶成为一种生活方式，“饮咗茶未啊？”（饮茶了没有啊）也成为广州人见面问候的习惯语。

茶楼越开越多，竞争愈来愈激烈，在“以大取胜”的心理驱使下，茶楼规模越做越大，从早期一层平房的茶居，变成两三层的高楼。首层通常用来卖饼饵、茶果等廉价食品，楼上开设雅座，所谓“有钱楼上楼，冇钱地下踎”。人们把去茶楼饮茶，叫作“上高楼”。

光绪元年，以经营小食店起家的陈惠如在惠爱街创办惠如茶楼，开业时遇同治皇帝驾崩，国丧期间，店铺招牌不能用红色，只好改用黑底金字，并一直沿用。惠如楼位于闹市，楼高四层，是清末广州的大茶楼。

惠如楼以经营正宗粤菜著名，点心精美，脯鱼干蒸烧卖、笋尖鲜虾饺、榄仁萨骑马等在茶客中备受好评，其饼食也久负盛名，如嫁女饼（莲蓉酥、爽糖酥等）、老婆饼（冬蓉酥）、年宵（煎堆、蛋散等）、中秋月饼等。最为茶客称道的是，惠如楼不仅茶靓水滚，而且还可以“问位点茶”，即使同一桌的茶客，也可以根据各自不同的口味分壶冲茶，让所有茶客都满意。清末时在广州独此一家。

为吸引食客，惠如楼还首创“唱女伶”，聘请当红女艺人到茶楼唱曲。名噪一时的红伶徐柳仙、张月儿、小明星、半日安都在惠如楼上唱过。抗日战争结束后，请伶人到茶楼唱曲的风气渐渐式微，改为音乐茶座。

后来，惠如楼被茶楼王谭新义收购。谭新义很喜欢“惠如楼”这个名字，之后创办或收购的茶楼，也多带有“如”字，带动起广州茶楼业“九鱼齐出”（“鱼”与“如”谐音，实际上不止“九鱼”，茶楼业鼎盛时期，广州有十三“鱼”：惠如、西如、东如、南如、五如、三如、九如、太如、宝如、多如、天如、瑞如、福如），而且做一家，旺一家，在广州市民中建立起良好的口碑。

1987 年 4 月，惠如楼重新装修时，从仓库杂物间偶然发现一副对联的上联：“惠己惠人素持公道”，下联已散佚。惠如楼在《粤港信息报》上刊登启事，称：“惠己惠人素持公道”不但是惠如楼的优良传统，也契合当下提倡的道德精神，故公开登报征对下联，将憾事变美事、善事。惠如楼邀请广州著名作家陈残云、陈芦荻、黄施民、韦丘、陈雨田等人，从全国各地乃至海外寄来的四百多条应征下联中，选中“如亲如故长暖客

惠如楼老照片

情”，由书法家陈雨田重写整副对联，挂于大门口两旁。

在 1987 年和 1988 年两届广州（国际）美食节中，惠如楼的百花鲜竹盒、惠如一品素、如意香汁鸡、荷香蒸乳鸽等品种获奖。20 世纪 90 年代，惠如楼转型为酒楼。1995 年，因地铁 1 号线建设需要，惠如楼搬迁至广花路，1997 年停业。

南如茶楼 南如茶楼始创于清光绪十七年（1891），位于双门底（今北京路），与惠如楼名气相当，为广州茶楼王谭新义创办。初建时为三层砖木结构楼房，20 世纪 30 年代初改建为钢筋混凝土、砖木混合结构三层楼房。

30 年代，广州茶楼业发展至鼎盛，为吸引更多顾客，南如茶楼邀请粤港曲坛明星前来表演，著名女伶有小剑飞、新丽霞、娟儿、少文、霓裳女、惠卿、静霞、佩霞、碧苏等。其中，最有名的一次是“星月争辉”——邀请红遍香港的张月儿与崛起于广州的小明星到曲坛演唱，各唱 15 天。两位红伶的粉丝纷纷涌向南如茶楼听曲，据说由于到场的人太多，影响楼层安全而提早结束。

日本侵略军侵占广州时，汉民路发生火灾，波及南如茶楼，茶楼只能在 1 楼勉强营业。抗日战争胜利后，南如茶楼营业好转。

广州解放后，整栋楼房重新加固，几经改建后，成为 5 层楼房，失去民国时期的建筑风格。南如茶楼也因为经营不善而停业。二十世纪六七十年代，回民饭店入主南如茶楼。回民饭店迁出后，由江苏馆经营淮扬风味菜馆。

1988 年 8 月，南如茶楼改造装修，成为面貌全新的聚宝海鲜酒家，拥有 4 层楼共 600 多个座位。

宁昌饭店 宁昌饭店创办于 1946 年，由刁景鄂投资，兴宁（隶属广东省梅州市）人经营，位于惠爱路东段（今中山四路）忠佑大街都城隍庙前。兴宁多客家人，“宁昌”让人产生“兴宁昌盛”的联想，很受客家人的喜爱。宁昌饭店由客家人经营，以客家菜为主，东江盐焗鸡、梅菜扣肉、东江爽口牛肉丸、八宝窝全鸭、七彩杂锦煲、东江扁米酥、东江酿豆腐等东江名菜，都是宁昌的招牌菜式。

盐焗鸡是东江传统名菜，相传清朝的盐商经常大摆筵席宴客，筵席或祭祀过后剩余的鸡难以保存，厨师们就想出一个办法，把熟鸡埋入盐中密封腌咸，吃时再用水冲去表面盐分，于是盐焗鸡便应运而生。由于盐在当时比较贵重，所以广州的厨师便改为用玉扣纸或草纸包着鸡，埋在炒热的粗盐里，慢慢焗（焖）至熟透。这样做出的盐焗鸡，味香回甘，但由于焗的时间太久，以致鸡肉失水，肉质变老。宁昌饭店的盐焗鸡初名“手撕盐焗鸡”，顺着鸡肉的纹路撕成条状，此种方法可保持鸡肉嫩滑的口感。

手撕盐焗鸡能够在众多粤菜中成名，在于选料极严，制作精良。在选料上，东江盐焗鸡须精选广东本土培育的三黄鸡或胡须鸡鸡项（即仔鸡，未下过蛋的鸡），因为这种鸡精心喂养，最适宜于慢火烹制。20 世纪 50 年代，宁昌饭店名厨丘佛生所做的盐焗鸡，独树一帜，远近驰名。

50 年代公私合营后，宁昌饭店改名“东江饭店”，迁址到忠佑大街对面的中山四路南侧，与致美斋相邻。手撕盐焗鸡也随店名的更改，正式定名为“东江盐焗鸡”。1962 年，东江饭店作为特色店开始接待外宾，东江盐焗鸡与八宝窝全鸭被誉为“东江双绝”。八宝窝全鸭是用糯米、香菇、莲子、虾米、鱿鱼、肉粒、咸蛋黄等原料作馅，填入鸭腔内，经过氽、煲、蒸等巧制而成，以上汤佐食，浓郁芳香，软滑可口。

90 年代，因兴建地铁 1 号线，东江饭店停业。

新商城

广州百货大厦　广州百货大厦（简称广百大厦）位于北京路与西湖路交会处，前身为创办于 1948 年的美华百货商店。“文化大革命”后改名为“西湖商场”。

1990 年年底，广百大厦完成 10 层的土建和装修后，便开始营业。最初的营业面积为 1.5 万平方米，由广州西湖商业公司管理，设日用百货、食品、钟表工艺、男女服饰、床上用品、鞋类皮革、文化用品、交电、家具等 11 个商场，经营商品 8.3 万种。1991 年 2 月 8 日，广百大厦正式开业。1992 年，名列全国百家重点大型零售企业第 21 位。1996 年，广百企业集团有限公司成立，是广东省、广州市重点发展的国有大型商业集团。2002 年 4 月，广百股份有限公司成立，是广百集团旗下的子公司。

2002 年，广百新翼大厦落成新张，与原来的广百大厦连成一体，层层相通，构建为现代大型百货公司，集购物、饮食于一体，经营面积扩大至 6.63 万平方米。北京路的广百大厦是广百股份有限公司的旗舰店。1 ～ 9 层由广百股份有限公司统一布局、统一策划、统一管理，建有全市百货公司中规模最大的高科技家电会展中心、运动城、珠宝城、名鞋之都、“现代街市”形式的大型超市、高档食府、国内第一个空中停车场等设施，连续 10 多年获得广州市单间零售大店销售第一称号。

据 2005 年度第十四届中国市场商品销售统计结果，广百股份有限公司跻身全国大型零售企业（单店）销售额排行榜十强之列，成为广东省唯一获此殊荣的零售企业。据中国连锁经营协会统计，广百股份有限公司是广州市唯一进入 2005 年中国连锁百强企业的零售企业。2009 年，广百股份有限公司进入中国服务业企业 500 强和广东企业 100 强之列。

2007 年 3 月，广百股份有限公司被广东省经贸委再次认定为广东省重点培育流通龙头企业。同年，在深圳证券交易所上市。有商业网点 26 个，经营面积近 60 万平方米；物流业拥有华南地区规模最大，全国首家通过国内、国际质量双认证的广州市广百物流有限公司，物流基地面积 80 万平方米；展贸业拥有广州眼镜城、星之光电器城等多家有影响力的专业市场，经营和在建面积近 100 万平方米。

广百股份有限公司还搭建功能完备的网上商城——广百荟，依靠上市公司雄厚的实力，由广百股份有限公司电子商务分公司独立运营。吸引各大知名品牌进驻，囊括男装、女装、鞋品、箱包、精品饰物、护肤化妆品、家电、电脑数码、家居用品、儿童用品十大类商品。广百荟以“时尚服饰百货一站式购物”为定位，对年轻一代消费者有很

广州百货大厦（2017 年摄）

大吸引力。2011 年，广百网上商城被商务部评定为电子商务示范企业。

2012 年，广百集团位列中国零售百强企业第 24 位、广东省商业企业第 3 位，进入 2012 年中国服务业企业 500 强，是广州本土零售企业中门店数量最多、销售总额最大、连锁发展势头最好的国有连锁零售服务企业之一。

光明广场　光明广场位于西湖路 63 号，2004 年落成。总占地面积 8000 多平方米，商业面积近 8 万平方米，分为地下 2 层、地上 9 层，与广州百货大厦隔路相对，是西湖路上首座大型购物商场。

光明广场原设计是一栋商住楼，较低的几层裙楼作商业用途，较高的两座塔楼作住宅用途。但在兴建过程中，挖掘出西汉时期的水闸遗址。经文物保护部门与开发商协商，改建为一座大型购物中心。在中庭开辟一个长年向顾客展示水闸遗址的场地，被称为全国首个设在商场内的历史文化遗址博物馆，不仅起到保护文物的作用，也大大提升光明广场的知名度。

光明广场定位时尚、潮流、个性、网络化，打造一个以潮流时尚为主题的商场，以娱乐、餐饮为主力商户。其中，负 2 层为停车场；负 1 层为南越国木构水闸遗址；1~5 层为摩登百货入驻，进驻的品牌主要吸引 20~35 岁年龄层的消费者，包括精品馆、名鞋馆、流行馆、绅士馆、家居馆，间有餐饮区、游戏区；6 层为电影院；7~9 层为餐饮区。

五月花商业广场　五月花商业广场位于中山五路与广大路交会处的西侧，于 2005

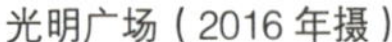
光明广场（2016 年摄）

五月花商业广场（2017 年摄）

年建成开业，由丽丰控股有限公司经营。总占地面积为 5782 平方米，总建筑面积地上约 3.5 万平方米，地下约 1.5 万平方米，地上 13 层，地下 4 层。其中，地下 3、4 层为拥有 136 个车位的停车场，地下 2 层至地上 4 层和 9、10 层为商场，5、8 层为酒楼，6 层是电影城，11 ~ 13 层为会议展览中心和办公楼。其定位是针对时尚、前卫、求新、对潮流有敏锐触觉的年轻人，提供集吃、喝、玩于一身的潮流时尚消费，标榜“一站式银座商场”的综合性多功能模式。

五月花商业广场占据北京路—中山五路黄金商业圈的核心位置，商业氛围浓厚，有 27 条公共汽车线路和地铁 1 号线经过，适合非驾车族的青少年前来消费。地铁 1 号线公园前站与五月花广场负 2 层直接相通，实现地铁与商场的无缝接驳，成为五月花商业广场最大亮点之一。商场充分利用这一优势，以“购物行街，从不用看天气变化的面色”作为宣传口号，打破传统经营模式，成为广州营业时间最晚的商场，让搭乘地铁晚末班车的乘客仍能到商场消费。

名盛广场—天河城百货 名盛广场位于北京路一街 238 号，2001 年动工，商场部分在 2003 年 5 月开张，整体建筑在 2004 年竣工。总建筑面积 14 万平方米，楼高 32 层，建筑高度 168 米，其中购物中心面积超过 7 万平方米，写字楼面积 4.3 万平方米，地下停车场面积 2.7 万平方米。负 5 ~ 负 2 层为车库，负 1 层、裙楼为商业用房，塔楼为办公层。在名盛广场前的北京路入口处建有 3000 多平方米的文化广场，8 层为露天平台花园，是北京路上面积最大的零售综合体（MALL）。

名盛广场—天河城百货（2017 年摄）

2004年3月，广州市政府正式批准北京路申建美食城规划，并同意将其落户名盛广场，命名为“广州国际美食博览中心”，面积达3万平方米，集饮食汇展中心、“食在广州”展览信息中心、饮食文化主题公园、世界美食走廊、餐饮培训中心五大功能于一体。2005年，名盛广场将除设置为美食博览中心楼层之外的其他楼层，定位为“国际性旅游购物乐园”。2006年，名盛广场定位调整为“广州首个国内成人卡通主题商场”。2007年，名盛广场引进天河城百货进场，负责全面招商经营，并更名为“天河城百货”。天河城百货进驻名盛广场后，摒弃原来小格子摊位式的经营模式，按照现代大型购物中心的格局，对商场环境进行全面改造和重新装修，1~6层经营时尚百货、家用电器、数码产品和游艺机中心，7~8层为中西餐美食世界，负1层和夹层经营各类精美小商品。

潮楼 潮楼位于北京路182号，是北京路南段规模最大的时尚潮流商场，俯瞰北京路、文明路和大南路相交的十字路口。

潮楼（2017年摄）

潮楼商场楼高 7 层，每层面积约 1300 平方米，总面积近 1 万平方米。1、2 层是新潮的服装店铺和特色餐饮，3 层为运动名牌展示销售场和品牌折扣店，4、5 层为潮流音乐产品的专卖场和 KTV，6、7 层主要经营餐饮。

潮楼的商品大部分是来自中国内地、中国香港，以及日本、韩国的时尚潮流精品、化妆品、食品等，包括日本东京潮流圣地“109”的先锋品牌和原产地在中国香港的零关税商品，也有被称作原创潮牌集合店的店铺，装修布置和商品定位都很前卫。潮楼还引进各式餐饮和娱乐项目（如 KTV）作为配套，每层都有适合年轻人口味的餐饮店。潮楼已在年轻一代的消费者中树立起年轻、时尚、潮流的品牌形象。

动漫星城　动漫星城位于人民公园南广场地下，2006 年开业，是北京路商圈唯一的地下商业物业、全国首个获得地下物业产权的主题式商场。动漫星城是全国首个动漫网游体验基地，为广州市乃至全国的动漫产业提供一个集产品展示、发布、宣传、体验、互动、娱乐、销售、购物于一体的动漫产业平台，被视为北京路商圈第一条地下商业街

动漫星城（2017 年摄）

的起始和龙头。地下空间的延伸与地面的商业景观相结合，是北京路商圈功能拓展的一个方向。

2006 年 8 月，动漫星城正式开业。为营造宣传声势，向全国动漫产业和动漫爱好者发出“集结号”。在商场开业前夕，动漫星城举办一场为期 4 天的广州（国际）动漫节暨 2006 动漫网游嘉年华活动。

动漫星城分为东、西两区，东区以经营时尚服饰、精品为主，西区以餐饮为主，夹层是动漫网游产业附属产品、授权产品展示销售区。动漫市场的培育需要一定时间，从动漫星城的商家业态分布情况看，仍然是以潮流服饰、鞋类、包类、精品、饰品、手机配件、餐饮、休闲为主。西区负 3 层以动漫周边产品商铺为主，有经营动漫书碟、动漫公仔、动漫游戏、动漫卡片、动漫海报、动漫挂件等店铺。还引入 5D 动感体验、塔罗世界、真人密室逃脱、3D 照相馆等适合年轻人的娱乐项目，此外还有书店、培训机构等。

动漫星城坚持“第一动漫主题商场”的初心，务求为动漫爱好者搭建一个舒适、优质的动漫体验平台。2015 年，动漫星城上演一场盛大的变装秀，在原东、西夹层两个动漫特区的基础上，新开辟西区负 2 层为新动漫特区，以全新的动漫主题专营店铺取代原有的服饰商铺，标志着动漫星城向全国最大动漫主题商场迈进一步。

旅游开发

北京街所在地域历史悠久，旅游资源丰富，其中北京路位于广州市传统中轴线上，历史上是广州最繁华的商业集散地，属于市级商业中心区，是商业网点（包括商业街和大型零售网点）人流最密集的地区之一。20 世纪 80 年代以来，各级政府致力于北京路及周边地区旅游开发，2016 年，以北京街为核心的北京路文化旅游区建成国家 AAAA 级旅游景区，成为广东省第一个开放式 AAAA 级旅游景区。

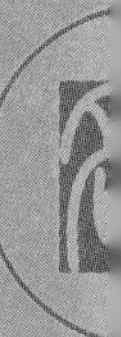

旅游规划

北京路文化核心区整体规划 改革开放以来，北京路及其周边区域的发展一直受到各级政府的高度重视，围绕北京路发展的各个领域，先后制定多个专项规划，包括城市设计、交通、景观、文物保护等诸多方面，各规划针对北京路实际情况提出建议，对北京路的提升起到积极作用。

2006年，越秀区编制《广州市越秀区商贸服务业第十一个五年专项规划》，其中“中轴叠加、两区带动、三带并举、六圈策应”的总体思想将北京路国际商贸旅游区作为“两区”的核心内容之一，明确提出将北京路商圈打造成为充满岭南文化气息和现代时尚特色，集辐射力和集聚力、文化旅游和商业休闲于一体的具有国际知名度的商贸旅游区。同年，越秀区成立由区经贸、规划、建设等职能部门及中山大学城市与区域研究中心、广州市商道咨询有限公司联合组成的规划项目组，全面启动北京路国际商贸旅游区发展规划的制定工作。从拓展原北京路步行区商圈出发，通过清晰产业定位，完善功

广府文化旅游嘉年华之“广府文化游”活动（2016年摄）

能配套，加强周边资源的整合与衔接，在保护传统特色商业街、发掘广州“千年商都”历史文化精髓的同时，把北京路国际商贸旅游区打造成为现代休闲产业和商贸业发达、岭南特色鲜明、现代交通便捷、服务设施完备、融岭南传统文化和都市时尚体验于一体、具有一定国际知名度的商贸旅游区。

2014年年初，中共广州市委、市政府批准规划建设北京路文化核心区，作为全市唯一一个以文化保护与发展为主要内容和特色的产业发展功能区。对此，越秀区组织编制《北京路文化核心区总体规划》和《北京路文化核心区起步区保护规划及控制性详细规划》，系统梳理北京路旅游资源及线路，分别对打造北京路千年文化轴、北京路历史文化街区保护和国家AAAA级旅游景区建设、北京路文化景观和业态优化提升进行设计。北京路文化核心区建设以“以人为本、规划先行、资源整合、功能优化”为切入点，充分挖掘利用“广府文化源地、千年商都核心”的文化资源和既有优势，实施“文化引领、功能置换、空间优化、产业升级、商旅融合”五大策略，将北京路文化核心区打造成为集文化保护与体验、文化创意、旅游休闲、商业商务、金融、居住、生态等功能为一体的广府文化博览区、转型升级示范区、城市更新先行区。

旅游线路设计及景区宣传 2014年以来，越秀区结合北京路文化核心区历史文化资源丰富的特点，规划设计S形旅游精品线路，并在地铁、公交等区域投入广告宣传，系统推介景区特色旅游径、文物径，形成旅游线路品牌。南越国宫署遗址、秦代造船遗址、南越国木构水闸遗址、广州中山纪念堂等全国重点文物保护单位，是北京路旅游景区的龙头，全面对外开放。大佛寺、药洲遗址、都城隍庙、千年古道和拱北楼遗址、庐江书院等省级、市级重点文物保护单位实施保护式修缮，免费对外开放。老字号一条街和惠福美食花街建设成为广州老字号展销区和美食品尝区。新浪旅游网2009年10月27日统计数据显示，北京路步行街人气指数和商业指数均位居全国十大步行街前列。2009年，被评为广东首批历史文化街区。

与此同时，越秀区高度重视北京路文化核心区景区形象宣传和推广。先后与《广州日报》、《南方日报》、《羊城晚报》、广东电视台、南方电视台、广州电视台等主流媒体合作，多角度、多层面地对景区的历史文化及创建活动进行报道，尤其是与中央电视台国际频道、广东电视台合作制作的北京路文化核心区宣传片，其中北京路、醒狮等岭南文化元素于2016年春节作为广东文化符号代表，被中宣部外宣办、国青办联合推上美国纽约时代广场纳斯达克大屏播放展示。此外，委托专业公司针对景区丰富的历史文化设计专属纪念品，形成景区旅游特色产品品牌。

2016 年，越秀区加大旅游开发力度，创新打造区域性旅游品牌，在越秀区信息网等网站上推介越秀区精品旅游线路 12 条，全部景点或部分景点位于北京街辖内的线路有 10 条。

越秀区精品旅游线路一览表

表 3

序号	线路名称	路线及沿线景点
1	广州古城经典一日游：读懂广州两千年	西汉南越王博物馆—**越秀公园（五羊石像、镇海楼、明代古城墙等）—大佛寺—北京路文化核心区（药洲遗址、千年古道及拱北楼遗址、广州老字号一条街、北京路商业步行街、惠福美食花街等）**
2	广州古城半日游：乐享千年商都	**大佛寺—千年古道及拱北楼遗址—都城隍庙—南越王宫博物馆—广州老字号一条街**
3	辛亥百年·越秀峥嵘岁月寻迹一日游	**中山纪念堂**—中山纪念碑（越秀公园）—**“三·二九”起义指挥部旧址**—广州起义烈士陵园（广东咨议局旧址、红花岗四烈士墓）—黄花岗七十二烈士墓
4	踏寻广府红色之旅：鲜活的中国近现代革命史	**“三·二九”起义指挥部旧址**—黄花岗七十二烈士墓—中共第三次全国代表大会会址—广州起义烈士陵园—毛泽东同志主办农民运动讲习所旧址—广州起义纪念馆—广州解放纪念像—珠江夜游
5	广州传统中轴线之旅：穿越时空隧道	五羊石像—镇海楼—**中山纪念堂—人民公园（广州城市原点）—广州起义纪念馆—北京路文化核心区**—海珠广场（广州解放纪念像）—广州民间金融街
6	广府微型博物馆游：透视城市传统的底色	陈树人纪念馆—东濠涌博物馆—东平典当博物馆—万木草堂—高剑父纪念馆
7	阅游广府宗教文化：建筑述说历史	**都城隍庙—大佛寺**—圣心大教堂—怀圣寺光塔—光孝寺—六榕寺—三元宫
8	寻迹广府文化源地：走进味道广府	五仙观—越秀公园（镇海楼、五羊石像、明城墙）—光孝寺—西汉南越王博物馆—**南越王宫博物馆—中山纪念堂—北京路文化旅游区**
9	体验广府风情：乐在大城小景，爱上生活民情	东山洋楼文化街区—六榕街旧南海县社区—**北京路文化旅游区**—广州民间金融街—珠江夜游
10	乐享广府千年商都：吃喝玩乐尽逍遥	环市东中央商务区—**北京路商业步行街**—文德路文化商业街—流行前线中华广场—海印电器总汇—状元坊—流花服装市场—万菱玩具精品广场
11	广府水城绿道游：重拾水城记忆	麓湖生态功能区—越秀公园—东濠涌水文化片区—二沙岛文化艺术风情区—海珠广场—珠江夜游
12	“越秀十美”广府特色游：诗一般的文化漫游	五羊仙踪（五仙观）—光孝菩提（光孝寺）—南越遗珍（西汉南越王博物馆）—越台秀色（越秀公园）—兰圃春深（兰圃）—**中山华堂（中山纪念堂）**—沙岛晴波（二沙岛）—**双门古道（北京路步行街）**—霓映长堤（沿江路、长堤）—河浦红楼（新河浦、恤孤院路一带）

说明：字体加粗景点位于北京街辖内

旅游建设

景区配套设施完善 2014年，北京路文化核心区按照“先急后缓、先易后难、以点带面、成熟一个、推进一个”的原则，推动核心区重点项目和重点工作。启动北京路国家AAAA级旅游景区创建工作，统筹活化北京路商圈0.36平方千米内的各类文化资源，整合北京路周边的精华景点，进行统一的优化升级改造，开展广府文化旅游嘉年华、广府庙会、南越国卫兵巡游、老字号购物节、迎春花市、二沙岛户外音乐季等文化宣传活动。

2014—2016年，北京路文化核心区对景区各项配套设施进行改造升级。

完善升级景区标识系统。丰富标识牌种类，新增景区专属停车标识牌13块和各类温馨提示牌100块。提高景区导览牌密度，在原有景区导览牌的基础上，在惠福东路、府学西路等地新增全景导览牌，整个景区有导览牌12块，为游客提供更便利的指引。

志愿者在北京路沙井盖上作画（2016年摄）

完善标识系统的智慧功能，在景区全景导览牌（10块）、景点介绍牌（48块）上增加二维码标识，游客通过手机等移动客户终端扫码就可获得更为详细的信息，如所处区域位置、交通导向、景点详细介绍等信息，提高标识系统的引导性和智能性。

优化升级景区交通。协调优化景区交通组织，计划对北京路与中山路交界十字路口进行综合改造，拆除旗杆、花坛等道路隔断，改造设置成横跨整个路口的整体斑马线，提高景区内部连通与区域整体性。策划建设文物径，聘请专业公司设计建设文物径，将景区内的景点有机连接，形成特色旅游参观线路，也为游客提供明晰的导游指引。

整改提升景区外立面。拆除破旧广告招牌，拆除违法、破旧及耗能的低端广告招牌71块，还原骑楼建筑原有的外立面。设置更换新型广告招牌，对20多处形式落后、费电耗能的广告招牌进行整改提升，更新为形式新颖又能体现景区历史文化特色的广告招牌。修复与整饰外立面，系统修复整饰景区内破损的公共建筑外立面，并规范设置电线、空调等外立面物体，保证景区外立面和谐统一。

整改提升旅游厕所。对景区厕所进行科学布点与改造，根据景区实际需求，共建设8座旅游厕所。提升厕所服务配置，设置残疾人扶手等特殊设施，安装循环通风系统，24小时免费提供洗手液、厕纸，强化厕所的文化氛围建设，安装与旅游相关的景区老照片。加强厕所管理服务，安排专职人员24小时值守，制定保洁标准与奖惩制度，按要求及时进行清洗和打扫，保证厕所整体清洁、舒适和便利。

景区产业转型升级　2014年以来，为配合北京路文化核心区建设，越秀区对景区内产业进行转型升级，使其能够更好地促进北京路及其周边地区旅游资源开发和发展。

改造老字号一条街。2014年，越秀区贯彻落实《中共广州市委、广州市人民政府关于培育世界文化名城的实施意见》以及市领导提出的有关建设老字号一条街指示精神，回应广大市民对复兴广州老字号的热切期待，提升老字号品牌影响力，增强老字号企业核心竞争力，传承和彰显广府文化，推进北京路文化核心区建设，越秀区在北京路北段建设广州老字号一条街。委托4家国内外知名设计公司开展北京路北段的综合策划设计，以期改善街区软硬环境，引进老字号和知名品牌企业，提升街区经营业态。

提升惠福美食花街。2014年以来，越秀区形成惠福美食花街初步整改方案，对合作经营者进行遴选，综合改造公共配套设施，进一步推广美食休闲元素，引进国内外知名餐饮品牌，建成美食文化特色商家聚集区。

创建品牌示范区。通过创建“广东省文化旅游知名品牌示范区”，推动景区品牌化发展，实现业态融合、转型、提升、创优。2016 年 9 月，北京路文化核心区获批筹建“广东省岭南历史文化旅游产业知名品牌创建示范区”，成为广州市首个获批筹建的省级知名品牌示范区的产业园区。

特色旅游

惠福美食花街 惠福美食花街位于北京街辖内惠福东路，具体范围包括禺山路、惠福东路、书坊街三部分。20 世纪 90 年代中期，惠福东路逐渐集聚一批食肆。2006 年，《广州市越秀区商贸服务业第十一个五年专项规划》中提出，将惠福东路规划成风味美食区。因与教育路、西湖路迎春花市毗邻，加之汇聚众多岭南传统美食和东南亚风味美食，故得名“惠福美食花街”。

2010 年，越秀区开展广州市餐饮亮点工程——惠福美食花街的建设改造工作。9 月底，建设改造工程全部完工，经过一番改造，华丽转身，变成风味食街。11 月 10 日，广州亚运美食文化节越秀区活动周暨惠福美食花街启动仪式在惠福美食花街举行，禺山路、惠福东路（北京路—教育路段）正式开通为全天候步行化管理的美食花街。作为广州首条美食步行街，惠福美食花街以展现百年花市的魅力风情为目标，极力营造绿树花丛中尽享岭南特色美食的餐饮氛围，最大限度地满足现代旅游购物美食者对生活品质的追求，形成以岭南美食为主、融合东南亚风味的美食一条街。

惠福美食花街的食肆以大众档次居多，禺山路主营传统小吃，引进“食在广州”名优特小吃食店，包括兰州拉面、煲仔饭、鱼蛋粉、大排档等，深受附近学生和工薪阶层欢迎。惠福东路段主营岭南传统特色美食和东南亚风味美食，有众多知名食肆。

广州老字号一条街 广州老字号一条街建设分两期，首期以北京路北段（省财政厅—中山五路口）为主；二期从北京路延伸至昌兴街、广卫路、广大路、中山四路。主要开展景观整饰、广告招牌整治、招商引资、全天候步行化管理研究、宣传画廊设计制作等工作。

2013 年 12 月 28 日，广州老字号一条街启市仪式暨第二届广州老字号、广州十大手信推广周活动在北京路北段举行，标志广州老字号一条街首期建成。首期有老字号企业 16 家，其中新引进广州酒家集团利口福食品有限公司、广州市宝生园股份有限公司、广州王老吉大健康产业有限公司、广州市生茂泰茶厂、广州皇上皇集团股份有限公司、广州市越秀区锦泉眼镜店、潮州市湘桥区碧丽嘉潮绣工艺坊、广州风行牛奶有限公司、广州市沧州肉食制品有限公司、广州市越秀区仁信甜品店、广州市清心堂生物科技有限公司 11 家企业。

2013 年以来，越秀区不断加大对广州老字号一条街的帮扶力度。2016 年，越秀区落实《关于进一步促进商贸服务业发展的实施办法》，对符合扶持奖励条件的广州市锦泉眼镜有限公司、广州市越秀区港隆元食品店等老字号企业予以资金扶持，扶持资金 25 万元。发动老字号企业参与第四届广州老字号一条街购物节、西湖花市、广府庙会、广府旅游文化嘉年华等活动。至是年底，广州老字号一条街入驻老字号企业 20 多家。

北京路文化旅游区文物径 文物径是指通过在原有道路上对景观环境、慢行系统、标识系统等进行统一的规划设计，在心理认知及视觉感官上突出文物径与其他路径的不同，为游人及市民提供一条方便、快捷了解历史文化的游览路径。

2014 年广府庙会期间的惠福美食花街

广州老字号一条街（北京路北段，2017 年摄）

北京路文化旅游区文物径是广州市历史城区首条文物径。文物径上镶嵌大小不一的铜件，路口设方形浮雕铜件，标明文物径路线图与北京路文化旅游区的范围；景点对应圆形浮雕铜件，上面刻有景点名称和简介；路引对应路引浮雕铜件，引导游客到下一个景点。2016 年年底，北京路文化旅游区文物径一期完工，设于北京路中段，为南北横线。以北京路与中山五路口为起点，经西湖路口、惠福东路口，沿径而走，经过千年古道遗址、广州市青年文化宫、越秀书院街、拱北楼遗址、白沙居、陈李济六大重要历史文化景点。按照规划，北京路文化旅游区文物径二期为东西横线，以北京路与中山五路为起点，沿中山四路延伸至万木草堂，长约 300 米，沿铜制浮雕可找到李占记、南越国宫署遗址、都城隍庙、致美斋等历史文化景点；北京路文化旅游区文物径三期以广州百货大厦为起点，向药洲遗址延伸。在北京路文化旅游区大约 0.36 平方千米的区域内，将按照 S 形旅游路线增设文物径，把北京路文化核心区更多的历史文化遗迹串联起来。

北京路文化旅游区文物径为市民和游客品读广州这座有着 2230 多年历史的文化名城提供新的方式，漫步在文物径上，可回望两千多年的悠久历史。

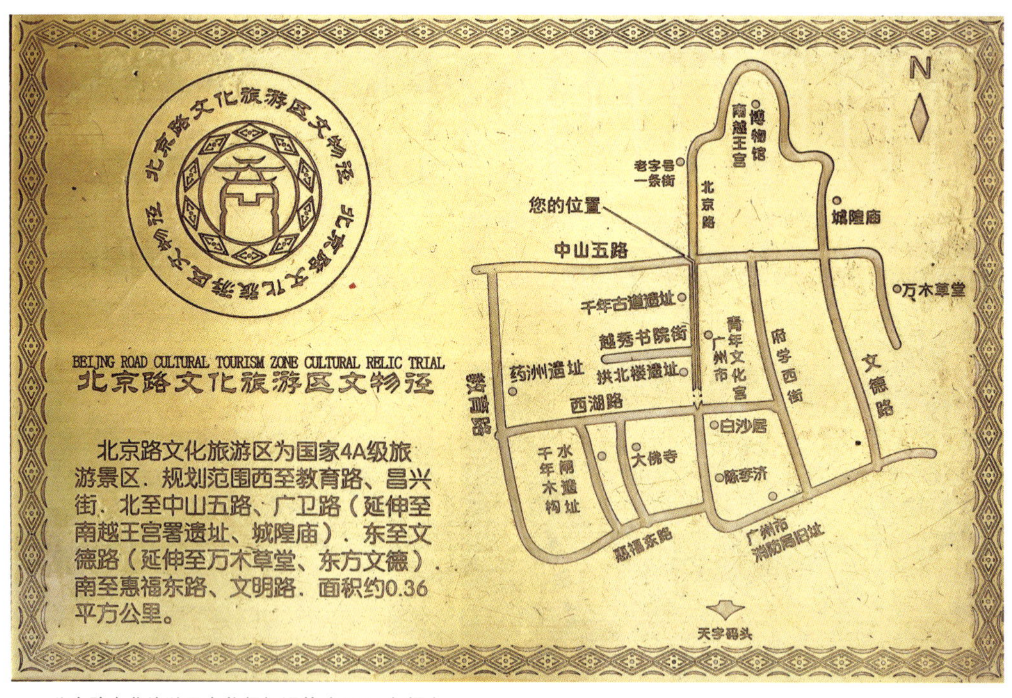

北京路文化旅游区文物径标识牌（2017 年摄）

风土风物

今北京街所在地，自秦代任嚣在广州筑城以来，历经2230多年，是广州城的核心地区，也是广府文化的核心地区之一。历代以来，今北京街地域内的风土风物，既有传承，也有变化，形成既与中原传统文化有密切关系，又有鲜明岭南特色的文化形态。近代以来，受到西方文化和革命思潮的冲击，一些传统风土风物消失。近年来，越秀区政府重视文化建设，加大广府文化推广力度，对传统风物、习俗进行改良和创新，在原有风土风物的基础上打造特色品牌。

民俗节庆

迎春花市　广州人说的逛花市，即逛年宵（迎春）花市，流行于广州地区，是花卉文化与年俗文化、商业文化结合的民俗活动。2007年5月，迎春花市被列入广州市第一批非物质文化遗产名录；6月，迎春花市被列入广东省第二批非物质文化遗产名录。2009年，迎春花市入选“祥和广州”十大文化名片。长期以来，北京街西湖路、教育路一带，为迎春花市最集中、最繁华的区域。

广州地区的花事在古籍中早有记载。西汉初，陆贾出使南越，来到番禺见南越王赵佗前后，目睹南越人爱花种花的情景，将其记入《南越行纪》中。唐代诗人张九龄《春江晚景》诗云：“薄暮津亭下，余花满客船。”南汉起，河南（今海珠区）庄头、芳村花棣（今荔湾区花地街道）、西关是广州三大花卉产地。

明清时期，广州花市与罗浮药市、东莞香市、廉州珠市并称为“东粤四市”，北京街为广州花市的主要场地之一。清同治年间（1862—1874），广州在除夕时已有花市，藩署前、双门底的花市也有夜市。

陆贾

清代，花市常年摆设，不限于岁暮新年。后来，岁暮花市渐渐成为广州人过新年的习俗，流传至2016年，广州人称之为“行花街”。清代张心泰《粤游小志》记载：“每届年暮，广州城内双门底卖吊钟花与水仙花成市，如云如霞，大家小户，售供座几，以娱岁华。”[①]

20世纪初，双门底大街拓宽为马路，沿街牌坊、庙宇全部拆去，岁暮花市的规模愈加扩大，从原藩署前一直扩展到今教

①〔清〕张心泰：《粤游小志》，载《小方壶斋舆地丛钞》第九帙，310页，清光绪三年刻本。

《银夜花街》油画（1963 年绘）

育路、西湖路一带。花市除摆卖鲜花外，还有许多卖字画、古玩的摊档。花市的时间通常是从农历腊月二十八至除夕夜（一说为腊月二十四至除夕夜）。随着迎接大年初一到来的鞭炮声在全城爆响，一年一度的迎春花市也宣告结束。花市散后，早期是由当地的庙祝、更夫负责清扫场地，后来改由各花档档主向警局缴费，由警局派人清洁。

中华人民共和国成立后，北京路迎春花市照常举办。1956 年，迎春花市正式迁到教育路、西湖路。

1964 年，广州市撤销太平路花市，采取分区设置花市的办法，但全市的中心花市仍设在教育路、西湖路，是广州市规模最大的花市。1966 年，迎春花市从腊月二十七持续

灯光花影相掩映（1994 年摄）

西湖路迎春花市（2015 年摄）

到正月初三，时间之长，破历届花市纪录，行花街的人数超过 300 万人次。

“文化大革命”时期，迎春花市一度被打为“剥削阶级毒害人民的旧思想、旧文化、旧风俗、旧习惯”，停止举办。1973 年，邓小平复出，迎春花市重开。

改革开放后，花市愈办愈兴旺。1985 年的迎春花市规模空前，广州市中心花市仍设在教育路、西湖路，并开展迎春花市评比活动，评比项目包括牌楼主题、创新形式、棚架外观、游人安全等。

城隍诞 传统广州城隍诞在每年的农历七月二十四，这一天被视为广州筑城纪念日。清代黄芝《粤小记》记载：“今七月二十四日为都城隍诞辰，相传是日为筑城之始，故后世以此日为神诞云。”[①] 1912 年以前，每逢城隍诞，民众便聚集在都城隍庙外，席地露宿，名为“打地气”。民间传说，城隍会托梦预告一年祸福，保佑身体健康。从四乡八镇赶来都城隍庙“打地气”的民众，在庙外席地而眠，一直到府学东街、府学西街。有些虔诚上香祈福的人，从大东门、西门口开始一步一拜，一直跪拜到都城隍庙前。

城隍诞当天，庆祝与祈福活动达到高潮。番禺进香会的大队人马，高举巨型神幡和无数彩旗，打着红底黄字大旗，由醒狮开路，从东面而来；南海进香会的队伍高举巨型神幡，打着黄底红字大旗，以佛山飘色[②] 前导，从西面而来。两支队伍在都城隍庙前会合，道路两旁万众欢腾，爆竹声震耳欲聋。

1912 年后，政府提倡移风易俗，城隍诞被视为末俗流弊。1929 年，政府接管都城隍庙，改为国货市场，城隍像被移走，此俗遂式微。

2011 年，越秀区政府完成都城隍庙修复，重新对外开放。2012 年 9 月 9 日是传统城隍诞，都城隍庙举行祈福仪式，超过 1 万名市民到庙中祈福。

2013 年城隍诞，“打地气，结仙缘”习俗恢复，由都城隍庙提供席子等寝具，供 100 多名市民在庙外“打地气”。凌晨子时，“打地气”活动结束，市民入庙“烧头炷香”。城隍诞当天，都城隍庙从罗浮山黄龙古观请来道士做法祈福，举办派长寿面、祈福带等活动；邀请珠江医院在广场上支起雨篷，现场义诊。

---

① 〔清〕黄芝：《粤小记》，载《清代广东笔记五种》，430 页，广东人民出版社，2006 年。

② 飘色：一种融戏剧、魔术、杂技、音乐、舞蹈于一体的传统民俗艺术，起源于明末清初的广东。由若干人推着一座装饰华丽的色板，色板上安排好固定姿势的人物形象。

都城隍庙（2015 年摄）

2015 年城隍诞期间，道士为民众祈福

2014 年城隍诞，在保留“打地气”“烧头炷香”传统习俗外，恢复“神功戏”（每逢神诞、庙宇开光、鬼节打醮、太平清醮及传统节日请戏班演出的酬神戏曲）演出，是中华人民共和国成立以来广州市首次举办“神功戏”。城隍诞前一晚，忠佑广场上搭起舞台，邀请名角小神鹰演出折子戏《八仙贺寿》《碎銮舆》等剧目，吸引大批市民观看。

2016 年城隍诞，在保留原有活动的基础上，将城隍像安放在城隍宫殿前，接受信众瞻拜。

广州自 2011 年恢复城隍诞民俗活动，在现代社会中重拾民众城隍文化记忆，唤起尊老、互助等传统美德和养生意识，同时也为市民提供一种有益身心的文娱活动，而原来城隍诞文化中“受命上天，职守斯土，主张威重，弹压氛祲”的意义，则逐渐淡化。

广府庙会　广府，指通行广府语系（也称粤语、白话、广州话）的地区，地理上指以广州为核心，涵盖珠江三角洲地区，远及广西部分地区的广府文化区域。庙会是中国民间广泛流传的一种传统民族节庆活动，民众在庙会期间进行祈福祷告、祭拜神明、看戏娱乐和买卖等活动。

广府地区历史上无庙会，类似的民俗活动多以神诞为载体。越秀区在元宵节举办庙会，通过庙会的方式，打造独特的广府民俗文化特色活动品牌，增强广府文化凝聚力和影响力，丰富和活跃群众文化生活，营造浓厚的年节气氛，让更多人了解广府文化。

2011 年，首届广府庙会在新修复的都城隍庙举行。庙会于正月十五上午在都城隍庙前忠佑广场鸣锣开幕，正月二十一下午在五仙观落下帷幕，全部活动以都城隍庙忠佑广场、中山四路（文德路口至北京路口）、府学西街、北京路、惠福东路美食街、大佛寺、五仙观为支点展开。庙会举办富有广府文化特色的元宵灯会和民俗文化巡游，城隍爷像也加入到巡游队伍中，为羊城祈福。举办专场民俗文化表演、非物质文化遗产手工艺品制作展示和传统小商品展销。举办潮汕英歌舞、中华绝活荟萃、手工捏面人等非广府文化技艺展示。共有350万人次参加该届庙会。

首届广府庙会民俗文化巡游活动（2011年摄）

2012年，第二届广府庙会注重突出广府文化特色，分设广府庙会美食区、广府庙会非物质文化遗产区、广府庙会动漫区、广府庙会元宵灯会区、广府庙会游园区和广府庙会互动区，举办广府达人秀、武林大会、广府乐韵、广府华彩、民族风采、民俗巡游和快乐宝贝等专场活动。共有600万人次参加该届庙会。

2013年，第三届广府庙会以“广府庙会，幸福相约”为主题，除重头戏广府达人秀外，还举办传统节日庆典、民间工艺展示、商贸、旅游、美食等50多个项目，忠佑广场作为民间工艺集市，庙会色彩更加浓厚。此外，举办公益相亲大会、非物质文化遗产展示、广府美食一条街和城隍爷像出巡等活动。庙会首次增设慈善元素，开展广府慈善义卖义拍活动，推动越秀区慈善事业的发展。共有600多万人次参加该届庙会。

第三届广府庙会开幕式（2013年摄）

2014年，第四届广府庙会推出“广府婚俗展示”亮点活动，征选9对新人，他们身穿汉服，举行集体婚礼，随后乘坐数辆老爷车巡游。此外，增设水上庙会；在西湖路增设骑楼展、老爷车展；都城隍庙广场上设置“幸福邮局”及“爱的纪念”邮戳；举办广府慈善捐助与义演活动，广州当地热心企业捐赠善款130多万元，向越秀区5639户低保、低收入困难家庭每户发放慰问金100元。该届庙会首次完全实现社会化运作，共开展项目70多个、活动280多场，吸引游客超过500万人次。

第五届广府庙会上，南越王卫队表演首次亮相（2015年摄）

2015年，第五届广府庙会继续开展民俗文化巡游活动。主舞台举办大型展演活动近20场，有广府竹枝词展演、广府达人秀等广府文化专场演出，以及连山民族风、爱心慈善展演等特色演出。各分会场设活动区、展示区、美食区、灯会区、商贸区五大功能区域，增设地铁庙会，开展传统节日庆典、非物质文化遗产和民间工艺展示、民间艺术展演、商贸美食展销等活动。其中，南北荟萃展区设在北京路南段，参展的不仅有广州戏服制作技艺、广州木雕等本土非物质文化遗产项目，还有贵州的蜡染、刺绣、竹编、银器制作，山西上党女红（布老虎）等国家级、省级非物质文化遗产项目。岭南精粹非遗展区设在北京路中段，集中展示具有浓厚广府特色的非物质文化遗产项目16个，包括红木宫灯、新会葵艺、岭南古琴等。共有500多万人次参加该届庙会，庙会活动在中央电视台《新闻联播》播出。

第六届广府庙会"广府韵"民俗文化巡游会演（2016年摄）

2016年，第六届广府庙会首次尝试"巡游＋会演"形式，在广东省人民体育场举办"五仙祈福"仪式、文艺会演及民俗巡游活动。其中，民俗巡游活动邀请龙狮队、沙湾飘色队等7支特色队伍参加。此外，在北京路南段、中段设有传统非物质文化遗产展示区，北京路北段设非物质文化遗产创意集市及非物质文化遗产创意大赛作品展区，共展示非物质文化遗产项目24个，其中国家级项目10个、省级项目7个、区级项目7个。庙会在瑶台村、沙涌南村和王圣堂村3个城中村推出祠堂庙会，把祠堂饭、醒狮、毽球、武术等特色活动送到市民家门口。共有超过500万人次参加该届庙会。

从2011年开始，广府庙会每年举办一次，愈来愈受到市民欢迎，形成一种新的元宵民间习俗。

特色技艺

传统中医药文化 今北京街在历史上是广州中医药文化重镇。明清以来，不少名医在此行医坐诊。民国时，还曾出现中医学院。中药方面，则出现过陈李济、潘高寿、采芝林等著名老字号。

陈李济创办于明万历二十八年（1600），位于双门底（今北京路），由陈体全、李昇佐创立，取名“陈李济”，寓意“陈李合作、同心济世”。创立初期，主要是广泛收集古代固有成方、验方，悉心研究炮制技术，制成各种疗效独特的古方正药。清末民国初，陈李济生产膏、丹、丸、散、茶、油、酒、锭 8 个剂型，其中以首创各种蜡壳药丸声誉最高。至 2016 年，陈李济主要生产中药口服固体制剂，剂型有传统的丸剂和现代的胶囊剂、片剂、颗粒剂、滴丸剂，已形成心脑血管类、风湿骨痛类、妇科类、滋补保健类、呼吸类、消化类 6 个产品系列，多个产品获得国家发明专利及国家、省、市名牌产品、优质产品称号。陈李济制药厂及其相关产品获得联合国、国家、省、市多项荣誉称号。

采芝林创办于清嘉庆年间（1796—1820），店铺设在广州府署西侧清风桥畔（今吉祥路与中山五路交会处），由广东南海河清堡黎氏同族 4 人合股创办。采芝林创业初期，与同时代的绝大部分药铺一样，以经营配剂为主，采取前店后作坊、自产自销的模式。民国时期，采芝林自制中成药有清火眼丸和枇杷膏，同时兼营十几种膏、丹、丸、散成药。改革开放后，采芝林中药材配剂品种有 5000 多个，精选地道药材，通过中药饮片厂加工炮制，制售药材包括老百姓日常煲汤用的药材和治病的药材。此外，还针对市场需求，拓展参茸贵细类、中药磨粉、养生汤料、健康茶饮、毒性药材五大系列产品。2009 年，采芝林传统中药文化先后被列入广州市第二批非物质文化遗产名录、广东省第三批非物质文化遗产名录。2010 年，鹿茸片炮制工艺被列入广东省岭南中药文化遗产保护名录。

潘高寿前身为长春洞药铺，创办于光绪十六年（1890），位于高第街，由广东开平人潘百世、潘应世兄弟创办，以“货真价实，童叟无欺，扶危助困，济世济人”为店规。药铺为前店后仓，前店作熟药配剂和药材零售，第二进为仓库，制作的蜡丸以卫生丸、理中丸、保肾丸、白凤丸、宁神丸、镇惊散、百应丹、协祥丹等最负盛名，治疗妇科、儿科疾患有奇效。20世纪20年代，药铺由潘郁生（又名潘四俶）主持，研制出川贝枇杷饮，后改名“川贝枇杷露”，成为潘高寿镇厂之宝。从创始之初到70年代，潘高寿川贝枇杷露基本依靠手工生产方式完成，生产工艺较为传统，一般包括选药、提取、过滤、调配、灌装5个基本步骤。80年代后，制作工艺日臻现代化，针对川贝的特性，采用酒提的方法，并对提取、渗漉、酒沉、压滤等工序的部分工艺进行改造，改变土炉明火式的制药生产方式，提高工作效率。

潘高寿创始人像

明清时期创办陈李济、采芝林、长春洞药铺的陈体全、李昇佐、黎氏族人、潘氏兄弟都擅长中医药。清末至民国时期，北京街人口密集，不少名中医也在此行医。精通中西医的孔沛然曾在豪贤路、榨粉街设馆施诊，其独特的“听、触、扣”手法与传统的“望、闻、问、切”互为补充，使诊断更加精准。因为他开的方剂都是一两几钱重，从不开大剂量的药，故有“孔小剂”之称。被誉为近代广东四大名医之一的陈伯坛曾在书坊街设馆行医，开办伯坛中医学校，因用药惯用大剂量，故有“陈大剂”之称。担任两广总督军医8年的郭梅峰曾在司后街行医。

1947年，广州市著名中医黎云卿在大南路太邱书院创办中医学校，自任校长，传道授业。1949年，学校因故停办，但黎云卿继续从事中医研究，写成《金匮约言》《伤寒六经表解》等书，济世利民。

1959年，廖凌云、林仲文在东风中路创办广州市正骨医院，是广州市第一家专科医院。廖凌云是西关正骨名医廖垣之子，被病患奉为“神医”，用祖传秘方制成的“青云 1 号”“青云 2 号”药膏，对治疗皮肤溃疡、张力性水泡褥疮等疾患有特殊疗效；以家传验方拔毒膏治疗火药枪伤，在花县、从化、清远山区享有盛名；验方伤科膏采用岭南草药制成，对各类跌打骨伤都有疗效。林仲文出身于中医世家，父亲林荫棠既是武术高手，也是驰名广东、香港和澳门的跌打正骨医师。林仲文子承父业，研发出对治疗骨关节炎有效的方剂“骨九方”，一直为广州市正骨医院保留使用。

广式腊味制作技艺 广式烧腊，一般分为烧味类、卤味类、腊味类三种。烧味和卤味是同一种烹饪肉类的制作方式，而腊味则是指腌制、熏制、风干肉类的方法。烧味类有烧乳猪、烧鹅、烧乳鸽、烧梅叉、烧排骨、烧鸡等二十多个品种。

早在唐宋时期，阿拉伯人和印度人远渡到广州传经或经商时，就携带有灌肠类食品。此后，广东加工肉的商人便在原有腌制工艺的基础上，吸收外来产品的经验，经过不断研究创新，最终形成广式腊味。

清末以来，今北京街汇聚众多的烧腊店。为吸引顾客，各烧腊店不断研制新的烧腊品种，改良传统的腌制配方和制作方式，努力迎合大众口味。改革开放后，随着社会经济文化的发展，人民消费水平的不断提高，各烧腊店更是精益求精，不断发展。2013 年，著名腊味店皇上皇进驻北京路，使北京街在广式烧腊制作技艺的传承方面，具有更为优越的条件。

孔旺记创办于清光绪初年，有“广州乳猪第一家”之称。店主孔昭旺举家从番禺迁到大马站并在附近定居，在后楼房（今市政府大院后）开设烧乳猪店铺。孔旺记的烧乳猪，选料精细，使用当地米喂养的小猪，调上其精心配制的调料，以明炉烧烤，火候掌握得恰到好处。烧出来的乳猪表面光滑，红润有加，俗称“玻璃皮”，其特点是色泽鲜明，入口化皮，甘香酥脆，皮脆肉嫩，香而不腻，口感极佳。20 世纪 30 年代，孔昭旺在广州观莲市场（今教育路北段）、惠爱路（今中山五路段）、南关等地开多间分店，分别由孔昭旺的几个儿子经营，其中，第八子孔全在黄泥巷（今华宁里）的分店叫孔莫记。40 年代，孔旺记烧味由谢祥主理，手艺更精，味道更好。1948 年，时任广东省政府委员兼主席的宋子文设家宴招待地方官员，专门订制了孔旺记的两只“席猪”（一席 20 件，每人两件）。改革开放后，“孔旺记”百年老字号招牌被重新挂起。其不断改进烧烤配方，把原来生盐腌制乳猪，改为炒香的淮盐腌制；把传统以南乳为主要配料，改为上等柱侯酱配以麻油；在上色涂浆时，改厚浆为薄浆，使乳猪色泽更为红润。除此之外，还不断开发新品种，除传统的明炉乳猪、骨香白切鸡外，又开发出香扎肉、烧肠、扎蹄、卤猪肠、白云猪手等40多个品种。1983年，广州市评选名优食品，孔旺记明炉乳猪和骨香白切鸡被评为广州市名风味小食品。

沧洲栈腊味店创办于光绪二十九年（1903），由广东香山人黎敦潮（又名黎禾）与其他几人合股，在惠爱街东段（今中山四路段）创办。至1928年，沧洲栈腊味小有名气，生意兴隆，黎敦潮买下其他几个股东的股份，变成独资经营，并把店迁到惠爱东路的新店址。沧洲栈的腊肠一定要用新鲜猪肉制作，而且非前后腿肉不用；肠衣必须由店内伙计亲自制作，名为"本地衣"；所选用的酒一定要用江西回龙酒和天津玫瑰露酒；糖则非上等白砂糖不可。制作招牌的"生抽腊肠"时，必须要从广州河南（今广州市海珠区）酱园购买；为保证生抽的质量，要用细管从酱缸中慢慢抽出来，一滴一滴过滤，买一次生抽往往要花上一天时间。生抽运回店后，还要在天台晾晒。由于每一个程序都精益求精，环环紧扣，才生产出豉味浓郁、备受欢迎的腊肠。

沧洲栈有腊味品种20多个，其中"鲜鸭膶肠"是其独创的品种，采用新鲜鸭肝，配以白糖、酒、生抽等，经过特殊加工处理，生产出来的腊肠风味独特，鸭肝的鲜肉香味与糖、酒等互相配合，相得益彰，口感香滑，既有鲜味，又有腊味，深受消费者喜爱。1986年，"生抽腊肠"获广州市优质产品奖。1988年，"生抽腊肠"获商业部优质产品奖，"一级无皮腊肉"获广东省优质产品奖。

20世纪中期的沧洲栈

美食小吃

肠粉　据传，肠粉起源于广东。民间传说，清乾隆皇帝曾因大臣纪晓岚的推荐，吃到这种“够爽、够嫩、够滑”的食物时，赞不绝口，说这米粉有点像猪肠子，于是得名“肠粉”。最迟在清代末期，广州街上已经出现“卖肠粉”的叫卖声。早期，肠粉分咸、甜两种，咸肠粉的馅料主要有猪肉、牛肉、虾仁、猪肝等，而甜肠粉的馅料则主要是炒香的花生碎和砂糖，再拌上炒香的芝麻。至20世纪末，广东肠粉主要为咸肠粉，北京街有银记肠粉、华辉拉肠等肠粉店。

广式肠粉（2017年摄）

云吞面　云吞面是广州的特色小食。云吞，又名馄饨，原为中原食品，唐宋时期传入广东，后广州人以谐音“云吞”称之。虽然面食在广东并不是以主食的地位呈现，但是大部分广州人对云吞面有难以割舍的情怀。

云吞面一般以云吞拌面，分为汤面与捞面。以煮熟的云吞和竹升面，加入比目鱼（又称大地鱼）、虾皮、瑶柱、火腿熬成的汤底即成。一般来说，云吞面由三部分组成，第一是汤底，其次才是竹升面与云吞，评价一碗云吞面的好坏，就是根据这三部分进行的。

二十世纪三四十年代，广州云吞面专卖店颇负盛名的有大新路的邵棠记、汉民路的欧荣记。至2016年，惠福美食花街有云吞面食肆。

干炒牛河　干炒牛河是广东小吃的一种，以沙河粉，配以牛肉、韭黄、豆芽等炒成，并以酱油调味。干炒牛河讲究“镬气”，必须猛火快炒，不仅要炒得均匀，根根分明，还要保持粉的完整。要做一道好吃的干炒牛河，首先要挑选一瓶好的酱油，酱油需豆味醇正且不发酸，把每根沙河粉都染成深褐色，才称得上传统的干炒牛河。

干炒牛河（2017 年摄）

至 2016 年，北京街的粤菜饭店基本上都可以吃到干炒牛河。

双皮奶 双皮奶，因其表面双层薄皮呈膏脂状而得名，是广东特色小吃，“中华名小吃”之一，有“广东甜品之王”的美誉。双皮奶以水牛奶、蛋清和白糖等混合炖制而成，质感细腻嫩滑，口味甜香清淡，可热品也可冷食，润肺养颜，老幼皆宜。

双皮奶（2017 年摄）

关于双皮奶的起源，有三种说法：一是，清末，顺德一个叫何十三的农家子弟，在清晨做早餐时无意调配而成。二是，旧时有一人将卖剩的水牛奶搁置一旁，冷却后发现奶上面结了一层奶皮，他觉得有趣，继续在上面倒上一层奶，从而创制成了“双皮奶”。三是，20 世纪初，顺德大良白石村以养殖水牛及售卖鲜奶、牛乳为生，为保存卖不完的水牛奶，将水牛奶煮沸后冷却，无意发明了双皮奶的技艺。

正宗的双皮奶做法考究，最重要的是选材，双皮奶的质量好坏首先取决于牛奶的新鲜程度，所选牛奶必须是新鲜水牛奶，制成的双皮奶才能够香、滑、浓。

至 2016 年，惠福美食花街甜品店都可买到双皮奶。

姜撞奶 姜撞奶主要是依靠姜汁和牛奶在一定温度范围（40 ~ 100℃）内发生化学

姜撞奶（2017 年摄）

作用，使牛奶凝固而制成。姜撞奶首创于广州市番禺区沙湾镇，沙湾是鱼米之乡，养水牛产奶是当地农民副业。这里产的水牛奶浓度高，脂肪量多，可以制成多种奶制品小吃，其中姜撞奶最为有名，传遍广州、香港、澳门食肆。按中医理论，牛奶味甘性寒，补虚羸，而姜则性辛微温，散寒暖胃，去痰下气。因此，姜撞奶在寒冷天气食用，有通身暖和之感，可谓配合巧妙。

至2016年，惠福美食花街甜品店都可买到姜撞奶。

及第粥　及第粥为广东传统名吃，是将猪瘦肉丸、猪肝片、猪粉肠加入粥中煮熟而成的粤式粥点。其色白鲜明，糜水交融，味鲜香厚，讲究粥底绵滑，白米粥熬到米粒全化。其名字与明代广东才子伦文叙有关。据传，伦文叙幼时家中十分贫穷，以卖菜为生。隔壁粥贩“怜其幼，惜其才”，每天中午以买菜为名，让伦文叙送一担菜至其家。每次伦文叙送完菜后，粥贩便以猪肉丸、猪粉肠、猪肝生滚的白粥招待他，权当午餐。后来伦氏高中，心念粥贩赠粥之恩，题名并书一匾“及第”。为讨吉利，每逢高考前夕，很多学子都会吃及第粥，不少父母也会买及第粥回家给子女吃，以寄托“望子成龙”之意。

及第粥（2017年摄）

至2016年，北京街粥粉面类食肆基本都售卖及第粥。

萝卜牛杂　萝卜牛杂作为有近两百年历史的名小吃，发源于广州地区。至2016年，在北京街有多处著名的萝卜牛杂食肆。

萝卜牛杂是将牛的内脏熬到软烂，加入特制酱汁调制，再加上萝卜焖至入味而成的一种美食，吃法有很多，如牛杂火锅、牛杂海鲜、牛杂串、牛杂碎等。制作时，需以“十三香”为主要卤水香料。主料包括茴香、花椒、八角、桂皮、陈皮、沙姜、豆蔻等；牛杂有牛肚、牛膀、牛肠、牛横利（即牛脾，又名牛连贴）和牛肺等。吃的时候可以加上辣椒油或胡椒粉，味道可口，营养价值高。

萝卜牛杂（2017年摄）

重新摆设后的财厅前新花坛　　钟涌　摄

名人与名街

今北京街所在地是广州城2230多年来的中心，地灵人杰，历朝历代不乏名人贤士，在政治、经济、文化方面各有建树，还产生了黄氏家族、许氏家族等名门望族。此外，作为郡治、省城所在地，北京街还汇集不少外来名人。近代以来，北京街成为民主革命的摇篮，外来的爱国志士怀着救国救民的热情，与当地的有识之士齐聚一堂，共同探索中国的发展道路。

名门望族

黄氏家族：十八世书香门第

黄氏家族自明代中期定居双门底（今北京路），明清以来，涌现出了不少文人学者。

黄瑜（生卒年不详） 字廷美，广东香山（今广东省中山市）人。明景泰七年（1456）中举人，会试时名列乙榜，入国子监，后参加会试屡试不第。在京中闲居8年，其学识得到大学士李贤、丘浚等赏识，推荐他入翰林院，黄瑜婉谢不就。成化五年（1469），授惠州府长乐县知县。任内，崇礼兴学，惠政于民。黄瑜归里后，居住在双门底泰泉里（今北京路青年文化宫），屋前种植两株槐树，筑双槐亭，自称双槐老人。著有《应诏六事疏》《七诱》《书传旁通》《双槐文集》《双槐岁抄》等。

黄畿（1465—1513） 字宗大，黄瑜之子。他7岁便能吟诗作对，鼓琴弦歌，被誉为神童。16岁入郡学，通《诗》《春秋》，文章自成风骨。黄畿感到郡学士风苟且，学子耽溺于酒色游乐，无心向学，以就近侍奉父母为由，辞学归里，转到邑庠（县学）读书。

此后，黄畿绝意举业，隐居于粤山山麓，自号粤洲学者，时人尊称他为"粤洲先生"。他潜心研究九流三才五行[①]的理论，晚年时研究《周易》《中庸》。著述有《三五玄书》25卷、《皇极经世书传》8卷、《粤洲集》6卷及《删正黄庭经》等。正德八年（1513），黄畿陪其子黄佐赴京应试，途中染疾不治，年仅49岁。

黄佐（1490—1566） 字才伯，号希斋，晚号泰泉，黄畿之子。出生于双门底泰泉里祖屋。

---

① 九流三才五行：九流是中国古代对儒家、道家、阴阳家、法家、名家、墨家、纵横家、杂家、农家9个学术流派的总称；三才，即天才、人才、地才；五行，即木、火、土、金、水，相临相生，相隔相克。

黄佐

黄佐聪慧好学，幼承家风，3 岁即受读《孝经》，8 岁钻研诗、词以及天文、历算之书。正德五年（1510）中解元。正德十六年（1521）中进士，选庶吉士，授翰林院编修。在大礼议之争中，黄佐主张依礼追嘉靖帝生父为皇叔父，并据理力争。后被外放任江西佥事，不久改任广西督学。任内，倡修乡村社学，拆除淫祠，编印《理学本源》，并颁行于所辖郡邑。后因母病致仕，居家 9 年后被重新起用，为翰林院编修兼左春坊左司谏。不久入为侍读，掌南京翰林院，召为右谕德，擢南京国子监祭酒。丁母忧，服满后任少詹事。与首辅夏言议河套事，意见相左。其时，吏部右侍郎职位空缺，欲谋此位者互相诋毁，龙颜大怒。黄佐虽未参与其事，但因是被举荐的候选人而受牵连罢官。淡泊功名的黄佐自此绝意仕途。

归居广州后，黄佐改白云山景泰寺为泰泉书院，广收弟子。弟子中不乏俊贤之才，明代岭南诗坛著名的“南园后五先生”中，欧大任、梁有誉、黎民表三人即出自其门下。讲学之余，黄佐潜心著述，在经学、地方文献、诗词等方面均有较大建树。

黄佐博通经籍，学术上尊陈献章之学说，而与王守仁则数相辩难。其所持理气一体说，认为“理即气也，气之有条不可离者谓之理，理之全体不可离者谓之道。盖通天地、亘今古，无非一气而已。”在明代学坛独树一帜。其经类著述有《诗经通解》21 卷、《礼典》40 卷、《乐典》36 卷、《乡礼》7 卷、《续春秋明经》12 卷、《小学古训》1 卷、《姆训》1 卷。

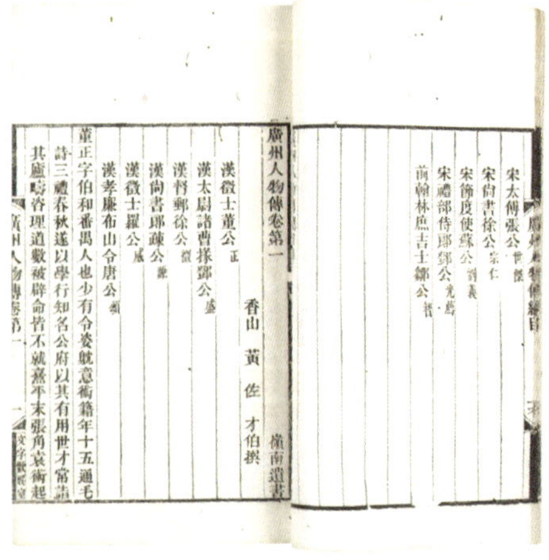
宋太傅張公 世傑
宋尚書徐公 宗仁
宋節度使蘇公 劉義
宋禮部侍郎鄧公 光薦
前翰林庶吉士鄒公 智

廣州人物傳卷第一
香山 黃佐 才伯撰
嶺南遺書
漢徵士董公 正
漢太尉諸曹掾鄧公 盛
漢督郵徐公 徵
漢尚書郎陳公 臨
漢徵士羅公 威
漢孝廉布山令唐公 頌
董正字伯和番禺人也少有令姿躭意術籍年十五通毛詩三禮春秋遂以學行知名公府以其有用世才常詣其廬嗟咨理道數被辟命皆不就熹平末張角袁術起

《广州人物传》书影

黄佐又是一代诗宗，著有诗文集《两都赋》2 卷、《泰泉集》60 卷。其诗任气而行，雄直恣肆，不傍门户，被后人尊为“吾粤之昌黎”。

黄佐在地方文献方面贡献尤为卓著。正德年间（1506—1521）撰《广州人物传》，24 卷，分门别类记载广东历代先贤近 200 人。嘉靖六年（1527）纂《广州市府志》，共 70 卷，50 多万字。嘉靖三十七年（1558）主纂《广东通志》，历时三载，成书 70 卷。该书体例严谨，文字简雅，资料充实。还有《罗浮山志》、《南雍志》24 卷、《广西通志》60 卷、《香山县志》8 卷。此外，尚有史类著述《通历》36 卷、《革除遗事》6 卷、《翰林记》20 卷等。嘉靖四十五年（1566）病逝，诏赠礼部左侍郎，谥文裕。

黄培芳（1778—1859） 字子实，又字香石，自号粤岳山人，黄佐八世孙。早年从冯敏昌学，嘉庆九年（1804）中式副榜，入太学肄业。嘉庆十一年（1806），黄培芳在广州借应元道院的场地，授徒讲学。嘉庆十三年（1808），应广州知府之聘，主讲于羊石书院。

黄培芳善诗词，工书画，蜚声坛坫，督学翁方纲将他与张维屏、谭敬昭并称为“粤东三子”。黄培芳在广州时，一直住在双门底泰泉里的粤岳草堂，门前高悬一副对联：“三百年里第，十八世书香”。儒林士子皆称他为“粤岳先生”。黄培芳又在先祖黄佐的宝书楼原址上建岭海楼，搜罗天下图史坟籍，并编《岭海楼书目》。

道光二年（1822），黄培芳到京师充补武英殿校录官。道光十八年（1838），返回广州，补为学海堂学长。咸丰七年（1857），以 80 岁高龄，仍坚持到书院讲学。咸丰九年（1859）去世。著述有《香山志》《重修肇庆府志》《重修新会县志》《易宗》《春秋左传翼》《浮山小志》《云泉随记》《岭海楼诗钞》《香石诗话》等 50 余种。

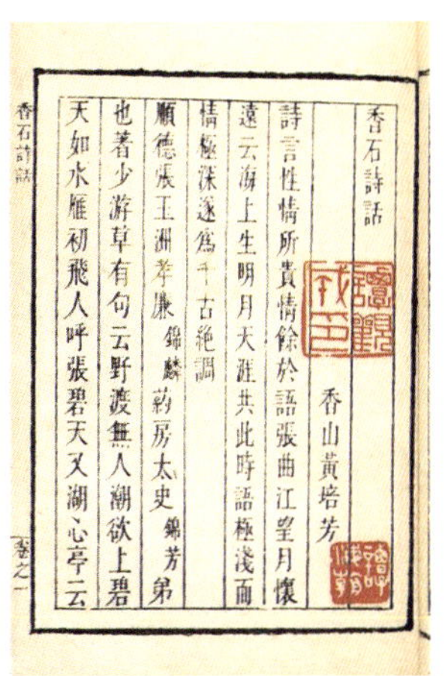

香石詩話

香山黃培芳

詩言性情所貴情餘於語張曲江望月懷遠云海上生明月天涯共此時語極淺而情極深遂爲千古絶調

順德張玉渊孝廉錦麟葯房太史錦芳弟也著少游草有句云野渡無人潮欲上碧天如水雁初飛人呼張碧天又湖心亭云

香石詩話 卷之一

《香石诗话》书影

黄佛颐（1886—1946） 字慈博，广东中山人，南社社员、清末拔贡生。著名藏书家、文献学家。喜好收藏文物古籍，对金石文物尤其重视，搜集家谱40多种。他所纂《广州城坊志》，是研究明清至民国初期广州城市的重要文献。著《广东宋元明刊本纪略》，记载闽、蜀、浙、粤等地的刻书源流、规模、发展历史，总结各地刻本的刊刻墨印特点及传承流布情况，是研究中国地方刻书史乃至文化史的必要参考文献，也是鉴定和收藏古籍版本的重要依据。此外，他还编有《英德县续志》《黄氏家乘续编》《珠玑巷民南迁记》等。

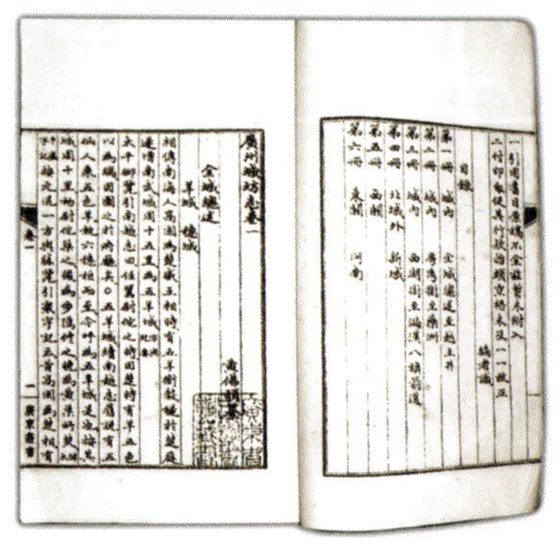

《广州城坊志》书影

民国时期，岭海楼藏书大部分散佚。泰泉里旧有黄文裕公祠和大司成牌坊，以纪念这一显赫的书香门第，公祠在抗日战争时期被日本侵略军轰炸所毁，牌坊于1963年前迁建到越秀公园南门前，“文化大革命”时被砸毁。

许氏家族：广州第一家族

在北京街的高第街许地，有一座古老的拜庭许大夫家庙，为号称“广州第一家族”许氏家族的祖业。许氏家族自清代中期许拜庭在高第街定居，历经许祥光、许应骙等几代人发展，对近代中国历史产生过影响。1994年，广东女作家伊妮以许氏家族为故事原型，创作长篇历史题材报告文学《千秋家国梦》。1997年，由卢伦常执导，拍成电视连续剧《千秋家国梦》。2000年，画家、书法家卢延光编著《广州第一家族》，通过许多鲜为人知的老照片，展现许氏家族的历史。

许拜庭（1772—1846） 名赓飏，字美瑞，拜庭为其号。13岁时到盐店当学徒，经过数十年奋斗，成为广州的大盐商。清嘉庆十五年（1810），广东沿海海盗猖獗，劫掠过往商船，造成行商裹足，海贸萧条。朝廷下令严剿，许拜庭主动请缨，自行出钱招募红单船数十艘、水勇数千人，每月散千金以养，自为部署，并亲率水勇出海参与围剿海盗。许拜庭的义举得到官府赞赏，允许他配合官军出战，最终将海盗驱逐出商船通航海域。事后，朝廷赏赐

许拜庭

许拜庭议叙同知加一级，又封中议大夫。许拜庭在禺山之阳的高第街定居，被尊奉为高第街许氏始祖。许拜庭有 7 个妻、妾，共育有 22 个子女。

许祥光（1799—1854） 字宾衢，许拜庭长子。嘉庆二十四年（1819）中举人，道光十二年（1832）中进士。道光二十七年（1847），两广总督耆英和英国签订缓期两年的入城条约。道光二十九年（1849），英方要求履约入城，许祥光联合广州士绅，严拒英国人进入广州。他带头捐银 6 万两，劝集捐银 40 万两，组织 10 万人的团勇，自任管带，昼夜守城。又以粤绅名义，亲赴十三行，递交信函，义正词严，劝英国人打消入城之想。由于广州人民严阵以待，最后英国人被迫放弃入城计划。许祥光因护城有功，被嘉奖赐爵三品顶戴。

许祥光

许氏家族在高第街的故宅，为许祥光生前兴建，规模宏大，占地 1.26 万平方米，人称“许地”，有家庙、戏台、藏书室、集选楼、七十二晋砖吟馆、会客厅、轿厅、金鱼池和花园、假山等。全屋五进深，三十六边阔，中堂有对联：“田尔田，宅尔宅，念先人创业艰难，冀汝子孙克勤克俭，永垂不朽；亲其亲，长其长，愿汝辈居家和睦，毋忘乃祖厥功厥德，勿堕家声”。

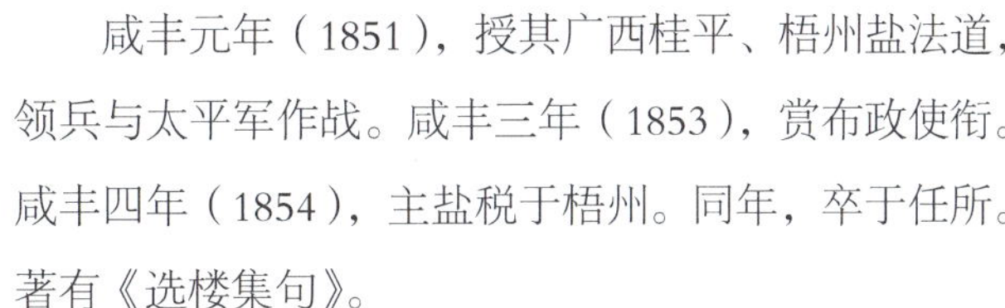
咸丰元年（1851），授其广西桂平、梧州盐法道，领兵与太平军作战。咸丰三年（1853），赏布政使衔。咸丰四年（1854），主盐税于梧州。同年，卒于任所。著有《选楼集句》。

许应鑅（1820—1891） 字昌言，又字星台，许祥光之子。道光二十三年（1843）中举人。咸丰三年（1853），以会试第十二名赐进士出身，擢郎中，出任江西临江府知府。许应鑅鼓励民众种植果木，结出的果实被称为“许公柑”。调任吉南赣宁道后，创办蚕桑局，亲自督教，蚕利大兴；又兴学校，建善堂，革除乡间溺女婴的陋习。许应鑅历任河南按察使、江苏按

许应鑅

察使，平反上百宗冤案，被称为“许青天”。在浙江布政使任内，设立沙洲局，大兴水利，服田力穑，仓储不涸，受到民间称颂。许应鑅平生清介自持，为官30余年，常拿出自己的俸禄周济穷人，不置产业。光绪十五年（1889），浙江发生水灾，收成大减，遍地饥民，但朝廷依然催征钱粮。许应鑅不愿加重百姓负担，宁愿拖欠朝廷赋税，故次年遭到弹劾，先被降一级调用，再奉旨“开缺来京”。途中染病不起，于光绪十七年（1891）去世。著述有《晋砖吟馆诗文》《习是编》《衍祥堂述闻》等。

许应骙（1832—1903） 字德昌，号筠庵，许礼光之子。道光三十年（1850）中进士。3年后参加朝考，改庶吉士。散馆后授翰林院检讨。同治元年（1862），参与纂修《清文宗实录》。历任翰林院侍讲、侍读，詹事府左、右庶子，署国子监祭酒，累升至工部尚书、总理各国事务大臣、礼部尚书。许应骙是阁部重臣，戊戌变法期间，认为维新派的主张“庸妄狂悖”，有挟天子以令诸侯之嫌，坚决反对。光绪皇帝准许臣民上书言事，礼部主事王照条陈请皇上游历日本等国，尚书怀塔布、许应骙不肯代递。光绪皇帝下旨，将礼部尚书怀塔布、许应骙，左侍郎堃岫，署左侍郎徐会澧，右侍郎溥颋，署右侍郎曾广汉一律革职。礼部六堂官被革事件轰动朝野。戊戌变法之后，许应骙外任闽浙总督，慈禧太后命其“来京陛见”，仍准在紫禁城骑马，并可在西苑门内骑马，以示优宠未衰。许应骙在厦门设立保商局，专责维护归国侨商利益，促进当地工商业发展。光绪二十五年（1899），许应骙奉旨兼署福州将军、福建船政大臣。义和团事件时，许应骙与李鸿章、刘坤一、张之洞、袁世凯、奎俊等封疆大吏共同签署“东南互保”盟约，使东南各省避免卷入北方的战乱。光绪二十七年（1901），湖广总督张之洞奏陈《遵旨筹议变法采用西法十一条折》，电约许应骙一同上奏，许应骙认为“泰西政要名目繁多，不合国情民意”，拒绝应约；他另奏陈“对政八策”，说“勿使中国一变而为西洋风俗”，反对变革。光绪二十八年（1902），御史李灼华上奏弹劾许应骙督闽积弊甚深，朝廷令张之洞查复。张之洞复奏言所参各节皆无实据，主张免议。清廷仍诏命部议处，遂令许应骙开缺回籍。他返回广州后，搬出高第街，在白鹅潭畔另筑一座园

许应骙

林居住。归里后深居简出，闭门谢客。光绪二十九年（1903）病故。著有《许尚书奏议》等。

许应锵

许应锵（1837—1896） 字少衢，许祚光长子。21岁被录为县学生。同治三年（1864）中举人。历任湖北、安徽等地知县。在任期间，历办苏、浙、皖赈捐有功，被提升为直隶州知州、知府和道员，特赏戴花翎。中法战争期间，沿海形势紧张。朝廷委派在籍翰林院侍读学士李文田办理团练，准备应战，同时委任许应锵帮助筹集款项。许应锵奔走努力，筹得白银数十万两，用来购置枪械，修筑炮台、城墙及训练团勇。光绪年间（1875—1908），许应锵被派筹办卢汉铁路。为筹集资金，积劳成疾，于光绪二十二年（1896）去世。

许崇灏

许崇灏（1882—1959） 字晴江，号公武，许应鑅之孙，清赣省洋务局会办许炳暐之子。光绪八年（1882）生于北京。初毕业于南京弁目养成所，后又毕业于江南陆师学堂步兵科，历任清代江南陆军第九镇步兵第三十六标第一营队官、第三营管带。宣统二年（1910），由黄兴、宋教仁介绍加入同盟会。辛亥革命时，任南京临时警备司令兼镇军第一独立旅旅长，在革命党中，与许崇智合称“辛亥双雄”。1912年3月，黄兴担任南京留守，许崇灏任留守府处长。1913年二次革命期间，许崇灏任江苏讨袁军总司令部参谋长。讨袁失败后，许崇灏逃亡上海。此后辗转至广州，跟随在孙中山左右。1920年，许崇灏任粤汉铁路总理兼护路军司令。1922年，任国民党东路讨贼军前敌总指挥部参谋长。1925年，发生廖仲恺遇刺案，许崇智被逐离粤，许崇灏也受牵连，从此失势。1928—1946年，历任南京国民政府考试院秘书、秘书长、国民政府委员、国民政府顾问等职。1946年退休，主持新亚细亚学会，著书立说。中华人民共和国成立后，历任上海市文史馆馆员、市参事室参事、市政协委员、民革中央团结委员。1959年，在上海病逝。

许崇智

许崇智（1886—1965） 字汝为，许应骙侄孙。青年时入读日本陆军士官学校中国留日士官生第三期步科。光绪三十年（1904）毕业回国，出任福建武备学堂教习，不久升任福建讲武堂总教习，继而任福建新军第十镇第四十标标统、第二十协协统。光绪三十二年（1906），加入同盟会。辛亥革命爆发，担任福州起义军前敌总指挥。1912 年，福建第一师改编为陆军第十四师，许崇智任师长，后任福建北伐军总司令。1916 年，任中华革命党军务部部长。1917 年夏，孙中山率领部分海军舰队南下广东，竖起护法运动旗帜，许崇智担任大元帅府参谋长、中华民国军政府陆军总长。1924 年，被推为中央监察委员兼国民党中央军事部部长，任建国粤军总司令。1925 年，被任命为国民政府军事部部长、军事委员会委员兼广东省政府主席、军事厅厅长。孙中山去世后，在国民党内受蒋介石排挤，1925 年，蒋介石借口廖仲恺遇刺案，迫使许崇智交出兵权。1939 年，迁居香港。抗日战争胜利后回到广州，后奉邀至南京参加还都大典，被蒋介石委任为国民政府总统府资政，许崇智大失所望，于是前往上海与居正、吴铁城、戴季陶等组织成功贸易公司，专事台湾与大陆间贸易。1946 年秋，举家迁居香港。1965 年 1 月，病逝于香港。

许济

许济（1887—1962） 原名许崇济，号佛航。晚清时考入南京弁目养成所，毕业后派赴新军当骑兵见习士官。1912 年，孙中山就任临时大总统，许济任南京西南区骑兵队队长。1914 年，经许崇智介绍，许济在上海加入中华革命党。1916 年，孙中山派许济赴山东潍县，任东北革命军总司令部参谋。其后，又参加粤军援闽、驱桂、援桂、东征诸役，许济身先士卒，冲锋陷阵，有“战神”“不要命”“打不死”等称号。1925 年，发生廖仲恺遇刺案，许崇智被迫交出兵权，许济所部也被缴械，本人被革职。1932 年，抗日运动兴起，许济回粤寻找工作，曾电蒋光鼐、蔡廷锴，愿在粤召集旧部支援十九路军在沪抗日，后因陈济棠忌妒排挤而未果，从此闭门不出，研究哲学与生理学。1962 年，许济在家中病逝。

许崇清

许崇清（1888—1969） 别号志澄，近现代著名教育家和教育哲学家。光绪三十一年（1905），官费留学日本，就读于日本第七高等学校。在日本，经宋教仁介绍加入同盟会，随后回国参加辛亥革命。1922年，许崇清回到广州，出任广州市教育局局长。1923年，由廖仲恺介绍加入国民党，担任国民党临时中央执行委员会候补执行委员，参加改组计划草拟工作。1924年，参与《中国国民党第一次全国代表大会宣言》教育部分的起草工作。1924—1927年，担任广东省教育厅厅长。1931年，出任中山大学校长。1936年，出任广东省教育厅厅长。1940年，再度出任中山大学代校长。中华人民共和国成立后，许崇清任广州市人民政府委员，之后受广州军事管制委员会指派，接管私立广州大学，并担任校长。1951年，许崇清第三次出任中山大学校长。1952年，参加中国民主促进会。1958年，参加中国民主同盟，并担任中国民主促进会广州市主委、中国民主同盟广东省主委，兼两个民主党派中央常委。此外，许崇清还曾先后担任第一至第三届全国人民代表大会代表、全国政协常务委员、广州市人民政府委员、中南军政委员会委员。1963年，担任广东省副省长。“文化大革命”中受到冲击，多次被批斗。1969年，因心脏病发作去世。

许卓

许卓（1908—1934） 原名许崇耆，又名许崇乾、许倬，字少文。高中毕业后，进入日本陆军士官学校炮兵专业学习。1924年，在广州加入中国共产党，之后赴法国继续寻求革命真理。1926年夏回国，由周恩来介绍到国民革命军第四军叶挺独立团担任排长，参加北伐战争。1927年，参加广州起义。起义失败后，受中共中央华南分局委派到广西俞作柏、李明瑞的桂军中任教导队政治教官。1929年12月，参加邓小平、张云逸领导的百色起义，与邓小平结下深厚革命情谊，当邓小平向上海汇报和请示工作时，曾指定由许卓代理前委书记。1930年，任红七军五十五团政委。同年冬，任红七军政治部主任。1932年6月，任红五军团第十五军参谋长。1933年，调任工农红军总司令部参谋长。1934年1月，许卓以军委直

许广平（右）与鲁迅（左）、周海婴（中）（20 世纪 30 年代摄）

许锡缵

属代表身份，出席第二次全国苏维埃代表大会。1934 年 2 月 19 日，担任中央红军总部检查团团长，受周恩来、刘伯承委派，到粤赣军区第三分区驻地的武平帽村，检查第五次反“围剿”防卫工作。在永平枫树岭遭福建省保安十四团便衣队和当地民团大刀会伏击，许卓等六人全部牺牲。1991 年，武平县在帽村建立许卓烈士纪念碑。

许广平（1898—1968） 笔名景宋，许应骙孙女。1917 年，就读于天津直隶第一女子师范学校预科，担任天津女界爱国同志会会刊《醒世周刊》主编，并积极参加五四运动。1923 年，考入北京女子高等师范学校国文系，成为鲁迅的学生。1927 年 1 月，鲁迅到中山大学担任教务主任兼文学系主任，许广平随行当他的助教和粤语翻译。其后随鲁迅到上海。1932 年 12 月，许广平把她与鲁迅的通信编辑成《两地书》出版。1936 年 10 月，鲁迅去世后，许广平致力于保存、整理鲁迅的遗作。1937 年 4 月，她将鲁迅 1934—1936 年的杂文 13 篇编成《夜记》出版。又以三闲书屋名义自费出版《鲁迅书简》影印本及《且介亭杂文末编》等书。1938 年 4 月，编成《集外集拾遗》。同年 8 月，由胡愈之发起，许广平、郑振铎等 20 人建立复社，以鲁迅纪念委员会名义，编辑出版 600 万字的《鲁迅全集》（20 卷本）。中华人民共和国成立后，许广平历任政务院副秘书长、全国人大常委会委员、全国政协常委、全国妇联副主席、民进中央副主席、全国文联主席团委员等职务。1968 年，在北京病逝。

许锡缵（1913—1999） 许崇灏长子。出生于南京，后回到许地居住。1936 年，毕业于上海交通大学航空工程系。在大学期间，许锡缵接触到共产党，参加中国共产党领导的外围组织中国民族武装自卫委员会。1936 年，被送往南昌航空机械学院第一期高级机械班深造，结业后留校任教官。抗日战争爆发后，许锡缵随国民政府撤往成都。1938年，秘密加入中国共产党，成为潜伏在国民党空军内的中共地下工作人员。1943年，国民政府派遣40名空军技术人员赴美国学习航空制造，许锡缵是其中一员。当时，中共成都地下组织曾派人到重庆请示周恩来、董必武、叶剑英等领导，得到明确的指示："同意许锡缵出国学习，将来建国需要自己的人才。出国后保留党籍，回来后找党。"1945年，许锡缵从美国回到重庆，与中共失去联系。1946年，随国民政府还都南京，进入国防部第六厅工作。直到1947年，许锡缵终于与解放军第二野战军的情报线建立联系，将各种重要军事情报送往解放军第二野战军和中原军区。1948年年底，许锡缵正式恢复中共的组织关系。中华人民共和国成立后，许锡缵历任上海大场人民空军第二十一飞机修理厂总工程师兼第一副厂长，沈阳一一二飞机修理厂、一一一发动机厂及四一〇发动机厂总工程师兼第一副厂长，北京航空学院研究部主任及航空工艺研究所副所长，中国航空研究院副总工程师，航空测试厂总工程师、厂长等职。

历史名人

庄有恭：清代广州唯一的状元　庄有恭（1713—1767），字容可，号滋圃，广东番禺人。在其父辈时迁居旧仓巷凌霄里。

庄有恭

清乾隆三年（1738）中举人，乾隆四年（1739）中状元，授翰林院修撰，命其入值上书房。乾隆五年（1740），充日讲起居注官。累迁侍讲学士。乾隆九年（1744），迁光禄寺卿。乾隆十一年（1746），特擢内阁学士。乾隆十三年（1748），提督江苏学政。乾隆十五年（1750），授户部侍郎，充江南乡试正考官，同年八月仍提督江苏学政。乾隆十六年（1751），授江苏巡抚。乾隆十七年（1752），暂署两江总督，奏请修筑太仓沿海海堤9470余丈，由国库先行支付修筑费用，然后按百姓受益田亩征还。得朝廷批准后，他亲自到现场，认真督办，海堤在汛期前告竣，收到如期效益。

乾隆二十一年（1756），庄有恭署理江南河道总督。时有泰兴县捐职州同朱呐杀人，按律应处绞刑，朱呐呈请以巨款赎罪，庄有恭未经奏闻皇帝即予批准。朝廷认为此举“大失人臣敬事之道”“专擅妄谬”，罪应处以绞刑，但赎款已全部归入国库，并无赃私舞弊，因而从宽免死，改发军台效力。乾隆二十二年（1757），命戴罪署理湖北巡抚。乾隆二十四年（1759），调浙江巡抚，致力于钱塘江口山阴、萧山、海宁、海盐一带防潮海堤的拆修改建和新建。乾隆二十七年（1762），调任江苏巡抚，有旨浙江海塘工程“仍听庄有恭专司其事”。庄有恭在江苏巡抚任上，“疏通太湖出水口及吴淞江、娄江等，以减少漫淹灾患”。乾隆皇帝赐诗褒扬：“德政吴松在”。乾隆二十九年（1764），擢为刑部尚书，仍留任巡抚。乾隆三十年（1765），升为协办大学士，召诣京师。

乾隆三十一年（1766）二月，庄有恭因苏州府同知段成功纵役累民一案，被乾隆皇帝认为“妄冀含糊结案”，是“官官相护”，因而审定应斩，斩监候秋后处决。八月，又赦免了庄有恭罪，补授福建巡抚。乾隆三十二年（1767），庄有恭病逝。其著述保存至今者有《三江水利纪略》《萤照阁集序》《广东城隍庙记》《重建番禺儒学记》等。

凌霄里的状元第，在庄有恭生前几经扩建翻修，规模宏大，高堂深院，叠阁连楼，直达旧仓巷、司后街（今越华路）。但在他死后，逐渐湮没，成为民居。

黎庇留：近代岭南伤寒名家　黎庇留（1846—？），字茂才，又名天佑，广东顺德人。儒而通医，专师张仲景，勤求古训，博采众方，成为近代岭南伤寒名家。清光绪二十年（1894），任广州十全堂医局医席，坐堂行医，誉满杏林，与陈伯坛、易巨荪、谭星缘并称“近代岭南伤寒四大家”。

民国初年，已届花甲的黎庇留，在流水井设医馆“崇正草堂”，大厅高悬一副对联：“振兴医风，挽回国命”。他经常对人说：“人生最可贵者，莫过如尽己之力，以为斯民服务，果能忠诚在心，廉洁自守，则益在人民矣，又何必孜孜为己哉？”

黎庇留医术高明，对经方的理解和对温热药的运用，已臻炉火纯青。他善用四逆汤起大症，在其留存

《黎庇留经方医案》书影

下来的50宗医案中，用四逆汤的就有十余案之多。据《黎庇留经方医案》记载：陈村有一位妇人，头部曾撞伤，伤口虽愈合，但因失血过多，体气不强，胃气也弱，卧床不起，病势日甚一日，很多医生都束手无策。家人请黎庇留判断还有几天可活，以便准备后事。黎庇留到时，她的家人已经齐集床边，替她换上新衣新鞋。黎庇留诊脉之后，问清病因，振笔直书200余字，拟方为“四逆汤”。妇人服药后，当晚即安睡，第二天能自己起床盥洗。之后，黎庇留再开“真武汤”，更在理中汤中加附子。妇人服用六七剂后，便行动如常。

此外，他还善用桂枝汤、大小青龙汤、大小柴胡汤、理中汤、白虎（石膏的别名）汤、承气汤诸方，恒有奇效，妙手回春。

黎庇留在行医之余，撰《伤寒论崇正篇》8卷，1925年刊行，后绝版。中华人民共和国成立后，黎庇留的儿子黎少庇根据他的医案手稿，编成《黎庇留经方医案》1卷，1958年出版。

梁鼎芬：创办广东首个公共图书馆　梁鼎芬（1859—1919），字星海，号节庵，世居广州榨粉街。早孤，寄养于姑家。曾师从于陈澧，清光绪二年（1876），中顺天乡试举人。光绪六年（1880）中进士，授翰林院庶吉士。光绪九年（1883），授翰林院编修。光绪十一年（1885）六月，因疏劾李鸿章在中法战争中议和失当，被朝旨以“妄劾”罪交部严议，降五级调用，由此获“直言”名声。旋赴惠州，主讲丰湖书院。光绪十三年（1887），被两广总督张之洞聘为肇庆端溪书院山长。光绪十四年（1888），广州广雅书院开馆，梁鼎芬率端溪书院诸生并入，仍为山长。光绪二十年（1894），张之洞署理两江总督，聘梁鼎芬主讲南京钟山书院。光绪二十一年（1895），康有为在上海组建强学会，梁鼎芬参议章程，并合请张之洞发起。光绪二十二年（1896），张之洞任湖广总督，梁鼎芬充幕僚，兼两湖书院监督。同年，《时务报》创刊，主笔梁启超等倡言民权，梁鼎芬常据张之洞之意干预、压制。光绪二十四年（1898）春，参与创办《正学报》。同年七月，《时务报》改为《昌言报》，梁鼎芬任总董兼主笔。

梁鼎芬

戊戌变法后辞去职务，并攻击康有为、梁启超，为自己和张之洞洗白。

光绪二十六年（1900），八国联军入侵北京，慈禧太后、光绪皇帝逃往西安，张之洞采纳梁鼎芬建议，进献衣料、食品、药品，深得慈禧欢心。梁鼎芬遂于是年十二月得复官翰林院编修。光绪二十七年（1901），复授汉阳知府，旋改署理武昌知府，兼署武昌盐法道。他创办府、道两级师范学堂，还捐俸1万元开办省师范学堂；对参与拒俄、拒法运动的学生，则严加防范，甚至开除学籍。光绪三十年（1904），擢安襄郧荆道。光绪三十二年（1906），升湖北按察使。光绪三十三年（1907）五月，专折奏陈预备立宪，又上疏弹劾庆亲王奕劻贪财受贿、直隶总督袁世凯结党营私，遭朝旨斥责，梁鼎芬随即称病开缺。

宣统三年（1911），梁鼎芬在广州榨粉街太史第养病。春，病体初愈，便在梁氏宗祠创办图书馆，为广州第一个面向学生开放的公共图书馆。梁祠图书馆虽然没有宋元时期的刻本，但所藏丛书众多，由于很多是两湖书院的学生捐赠，所以湖北省县志馆藏丰富，近代诗文集也十分丰富。梁鼎芬还手订《梁祠图书馆章程》，分为观书、抄书、借书、读书、捐书五约，颇为规范。1919年11月14日，梁鼎芬病逝于北京。之后，其子将所存藏书2万余册，捐给广东图书馆（今广东省立中山图书馆），其数量相当于当时广东图书馆藏书总量的2倍。

梁鼎芬喜吟咏，娴书法，有《节庵先生遗诗》及《续编》、《款红楼词》、《节庵先生遗稿》及《剩稿》、《梁节庵先生扇墨》、《焦山藏书约》传世。

陈伯坛：伤寒派一代宗师　陈伯坛（1863—1938），原名文炜，字英畦，俗称“陈大剂”，广东新会人。自幼学六经，研习阴阳五行、四诊八纲。清光绪八年（1882）中秀才，光绪十八年（1892）中举人。

光绪二十五年（1899），陈伯坛到广州书坊街挂牌行医，因坚持“富者多取而不伤，贫者减免而受惠”的行医原则，加之医术高明，而被誉为“长沙（即张仲景，汉末名医，曾任长沙太守）再世，仲景后身”，不少医者慕名前来学医。光绪三十一年（1905），受聘于广东陆军军医学堂，任中医学总教习、中医主任，主讲伤寒，培养出了不少医学人才。1924年，陆军军医学堂停办，陈伯坛在教育南路书坊街开设伯坛中医夜学馆，学员大半是执业医生。

陈伯坛

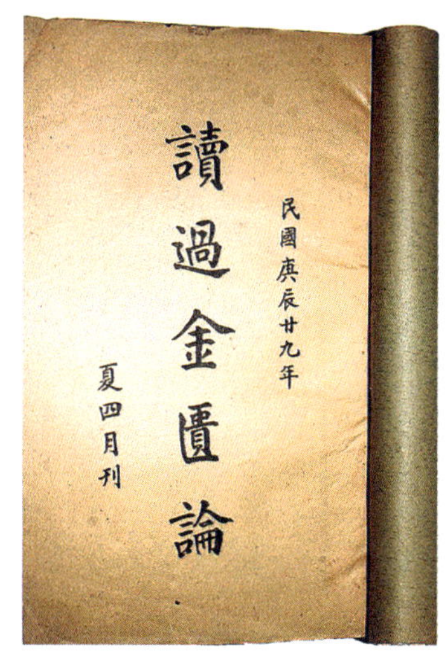

《读过金匮论》书影

1925 年，陈伯坛携家眷到香港定居，在香港中环文咸街开设陈伯坛寓行医，并创办伯坛中医专科学校，传授医学。在此期间，香港痘疹流行，陈伯坛利用中药内服救治了很多患者，名噪香江。

陈伯坛一生钻研张仲景的医学理论，旁及名家，造诣颇深；但又独立思考，不盲目附会，形成自己独特风格。他以“精”（精通三阴三阳、五运六气）、“警”（警觉那些有误的）、“整”（整理有层次）、“醒”（头脑清醒）四字为宗旨，对医学理论坚持“四不”（不剥削、不阿附、不随便敷衍、不拾人唾余）。他用药起剂量一剂常用 1500 ~ 2000 克，故被称为“陈大剂”，有“广东四大名医之一”和“广东四大怪医之一”的称号。他诊病时望病人脸色而知其症，闻声则知其病，对病者病情了然在胸，切脉只需几秒钟，所以每天能诊百余人。1938 年，在香港病逝。

著有《读过伤寒论》《读过金匮论》《伤寒门经》《麻痘蠡言》等，其中《读过伤寒论》全书 18 卷，40 余万字。

蔡兴　蔡昌：近代百货业先驱者　蔡兴（1870—？），字祥泰，别字英辉，号礼和；蔡昌（1877—1953），字均泰。他们是亲兄弟，原籍广东省香山县外壆乡（今广东省珠海市高新区唐家湾镇外沙村）。

清光绪二十五年（1899），蔡兴带着积蓄从澳大利亚归国，与同乡马应彪等集资，于光绪二十六年（1900）在香港创办先施百货公司。此后，蔡昌也从澳大利亚回国发展，在先施百货公司任职。宣统二年（1910），蔡氏兄弟计划创办一家大型环球百货公

蔡兴

蔡昌

司，他们往返于港穗，游说华侨及商界投资，集资400万港元，于1912年在香港德辅道闹市区开设大新百货公司，英文名“The Sun”，取“旭日东升，大展新猷”之意。蔡昌担任大新百货公司经理。蔡兴担任先施、大新两大公司总行董事局主席。

1916年，蔡氏兄弟进军内地，以独到的商业慧眼，选中惠爱街中段（今中山五路段）原广州府衙与藩司之间的一片土地，建一栋五层高的大厦，开设大新百货公司的第一家分店，时称“大新公司支店”（今新大新公司）。除经营百货外，还有天台游艺场，并设有酒业部、饮冰室、浴室等。1918年，又在西堤兴建第二家大新公司支店（今南方大厦）。广州人习惯用“城内大新”和“城外大新”区分两家店。

蔡氏兄弟利用城内大新旁边的空地，开辟一条近200米的内街，兴建商铺，以两兄弟的名字命名为“昌兴街”，后成为著名的西服一条街。

1934年，蔡昌招募股金600万元，在上海西藏路、南京路、劳合路（今六合路）交会处兴建上海大新公司（今上海市第一百货商店所在地）。1936年1月10日，上海大新公司正式开张。

1938年广州沦陷前，为避免受到战火的破坏，城内大新将仓库的货物全部运往城外大新储存，不料国民党撤退时，实行焦土政策，在城西纵火，城外大新首当其冲，连同城内大新的货物，化为灰烬。抗日战争胜利后，城内大新、城外大新均没有再复业。

蔡氏兄弟不仅是商界巨子，在实业方面也有建树。蔡兴独自开办或与他人合作开办过马玉山饼干公司、兴华制面厂、华洋织造厂、中华糖厂、中国邮船公司、中澳航业公司等，还担任广东银行、国民银行、香安燕梳公司及永生公司的董事或主席，是香港多间大公司和银行的董事会主席，也是先施百货公司大股东，曾先后被香港政府委任为香港慈善机构保良局绅、团防局绅，并多次当选为华东医院首任总理、华商总会干事值理、中山侨商会所主席等职，1923 年还被广东省长聘为顾问。蔡昌，人称“大班昌”，先后担任保良局局长、东华三院董事长、香港中山海外同乡济难总会委员等职，曾捐资家乡创办学校和医院，在慈善方面也堪称表率。

1947 年，蔡昌举家迁往香港定居。1953 年，在香港逝世。蔡兴晚年情况不详。

古应芬：近代著名资产阶级民主革命家 古应芬（1873—1931），字勷勤，又字湘芹、湘勤，祖籍广东梅县，后迁至番禺。自幼居住在越华路东岳二约 48 号（今仁生里东端）。

古应芬

清光绪二十八年（1902）中秀才。光绪三十年（1904）中举人，同年留学日本。光绪三十一年（1905）七月，参加中国同盟会成立大会，并加入同盟会。光绪三十二年（1906）冬，毕业于日本法政大学速成科。同年毕业后回到广州，任广东法政学堂编纂，并与朱执信等从事反清活动，而当时广东当局并未察觉，仍任命他为广东谘议局书记长。宣统二年（1910）广州新军起义前，他负责联络谘议局和学报界人士。宣统三年（1911）“三二九”广州起义爆发前，受命去香港，协助黄兴、胡汉民筹划起义事宜。同年九月，广东光复，古应芬任都督府秘书长、核计院院长。1912 年，改任琼崖绥靖处总办。1913 年，参与二次革命，失败后逃往香港。1917 年，任大元帅府秘书。1918 年 11 月，赴福建漳州援闽粤军部任职。1921 年，任广东省政务厅厅长。1922 年，陈炯明部叛乱，古应芬离开上海赴香港，与邓泽如等秘密联络各军，并奉孙中山之命在香港设立“讨陈办事处”，负责筹划讨陈工作。1923 年 1 月，任陆海军大元帅大本营江门办事处主任。同年 3 月，任大元帅府法制局局长；8 月，任征讨陈炯明的大元帅行营秘书长。1924 年 9 月，任大本营财政部部长、中央军需总监兼广东省财政厅厅长。

1925 年 7 月 1 日，大元帅府改组为国民政府，古应芬当选为委员，并任广东省民政厅厅长。同年 8 月 20 日，出任广州国民政府财政部部长兼广东省财政厅厅长。1926 年

1 月，当选为国民党第二届中央监察委委员，二届一中全会上被选举为中央监察委员会常务委员。1927 年“四一二”反革命政变后，受蒋介石之命南下广州，协助李济深“清党”。同年 4 月 18 日，南京国民政府成立，古应芬当选为常务委员、军事委员会委员，5 月代理财政部部长，7 月任广东省财政厅厅长。同年 8 月，蒋介石下野，古应芬也辞去一切职务，与邓泽如一起前往日本考察。后任国民党中央政治会议委员，留居香港。

1928 年 10 月，任国民政府文官长。1929 年 3 月，当选为国民党第三届中央监察委员，并连任中央政治会议委员。1931 年 10 月 28 日，在广州病逝。主要著作有《孙大元帅东征日记》《双梧馆诗文集》等。

古应芬去世后，国民政府在仓边路其故宅兴建三层骑楼建筑，在中座（古应芬父亲古芥南的房子）建古勷勤先生祠。2009 年，该建筑被列为广州市文物保护单位。

胡汉民：近代著名资产阶级民主革命家　胡汉民（1879—1936），原名衍鹳、衍鸿，字展堂，晚年别号不匮室主。先世祖居江西庐陵（今江西省吉安市），祖父宦游到广东，遂定居广东，入籍番禺。他出生于广州市区，后在仓边街（今仓边路）居住。

胡汉民

少年时，父母相继病逝，四个兄弟姐妹也接连夭折。早年以教书为业，授课之余，刻苦攻读，先后就读于学海堂、菊坡精舍，以微薄的“膏火”（助学金）赡养弟妹。

清光绪二十四年（1898），任广州《岭海报》记者，以鼓吹新学而闻名。通过结识史古愚、史坚如兄弟，他了解了孙中山的名字和为人，盛赞孙中山所领导的武装起义为“空前奇举”[①]。光绪二十六年（1900），史坚如谋炸广东巡抚德寿被捕殉难后，胡汉民立志寻求救国之道。光绪二十七年（1901）中举人。光绪二十八年（1902），到日本东京弘文学院师范科学习。两个月后，因清政府勾结日本政府压制中国留学生风潮，愤而退学归国。回国后，先在梧州中学任总教习，后在香山隆都地方私立学校任校长，因鼓吹新思想，为当地官绅所不容，遂于光绪三十年（1904）冬再度赴日

① 胡汉民:《胡汉民自传》，2 页，台湾传记文学出版社，1969 年。

本，就读于日本法政大学速成科。他与同学汪精卫、朱执信、古应芬等结成小团体，切磋学问，交流思想，开始倾向革命。

光绪三十一年（1905）八月，加入同盟会，后成为孙中山的助手。九月，被推为《民报》主编，累计在《民报》上发表文章20多篇，阐述三民主义，宣扬革命主张，批驳保皇派。

光绪三十三年（1907）正月，随孙中山到南洋从事革命活动。此后至1911年，直接或间接参与各种反清革命活动。宣统三年（1911）武昌起义后，广东宣布独立，推举胡汉民为都督。1912年元旦，中华民国临时政府在南京成立，胡汉民被任命为临时政府秘书长。同年4月，孙中山让位于袁世凯，胡汉民回到广东，在孙中山敦促下复任广东都督，并兼民政长、同盟会广东支部部长。

1913年，胡汉民被袁世凯解职。1914年，随孙中山赴日本，组建中华革命党，任政治部部长，主编《民国》杂志。1917年，参加护法军政府，任交通部部长，并协调疏通西南军阀。1918年5月，随孙中山到上海。在上海期间，他主要从事理论的探索，与廖仲恺、朱执信受孙中山委托，创办刊物《建设》并任总编辑。在一年多时间里，发表约15万字的著述，写成《唯物史观批评之批评》，较为系统地介绍马克思的唯物史观，他还对一些攻击唯物史观的错误观点进行批驳，成为马克思主义在中国的早期传播者之一。

1921年5月，孙中山在广州重组护法军政府，后就任非常大总统，胡汉民回广东担任总参议兼文官长、政治部部长。1922年，陈炯明部叛变，时胡汉民留守韶关大本营，闻讯后赶赴赣州，组织北伐军回师靖乱，失败后赴上海。1923年年初，滇桂粤联军驱逐陈炯明，重占广州，胡汉民被孙中山委任为广东省省长，回广东主持广东军政事宜。但桂系军阀沈鸿英发动江防事变，逼走胡汉民；胡汉民促请孙中山回广东，自己则奉孙中山之托回上海主持党务。同年5月，奉召回广东，从事巩固广东革命政权的工作，并曾两度代理代行大元帅职权，一度担任广东省省长。

1935年，赴欧洲考察。1936年1月，返抵广州。同年5月12日，因患脑溢血在广州去世。国民政府为其举行国葬。主要著作收入《胡汉民先生文集》，晚年有《不匮室诗钞》传世。

为纪念胡汉民的贡献，国民政府把广州的永汉路改名为汉民路，动物公园（今南越王宫博物馆范围内）改名为汉民公园。

金曾澄

金曾澄：近代广东资深教育家 金曾澄（1879—1957），字湘帆，祖籍浙江绍兴，出生于广州高第街金地。父辈经营盐业，发家后在高第街建成两三千平方米的大宅，名为敬业苑，又称金地。

童年时期，在敬业苑接受启蒙教育。青年时期，受康有为思想的影响，对西法颇为向往，当邓家仁、邓家让兄弟在广州创办时敏学堂时，金曾澄热心协助，并报名入读。

清光绪二十七年（1901），赴日本留学。宣统二年（1910），金曾澄毕业于广岛高等师范学校理化部。归国后任学部主事。

辛亥革命爆发后，金曾澄返回广州，任广东都督府参事。经广东都督胡汉民和钟荣光介绍，加入同盟会。同盟会改组为国民党后，加入国民党。1912 年，两广优级师范学堂改办为广东高等师范学校，出任该校校长并兼黄埔海军学校教官。1913 年，因母辞世离任，后赴新加坡等地考察。1915 年，任番禺县立师范学校校长。1917—1923 年，复任广东高等师范学校校长。

其间，金曾澄还担任广州市第一届参议院议员、广东教育学会会长、广东大学教育长、广州市教育局局长及广州华侨教育后援会主席。并曾代表广东教育学会，赴北京参加国民会议，以人民外交委员会名义，驻北京监督中央政府。

1926 年北伐战争开始后，金曾澄即回到广州，任国民政府教育行政委员会常务委员，兼任广州大学校长、国民大学董事长、国立法官学校教授及中央银行董事等职。1927 年，金曾澄与陈炳权等人创办私立广州大学，校舍设在今北京路东横街。

1929 年，任国民党中央政治会议广州分会秘书长。同年 3 月，出席国民党第三次全国代表大会。1929—1937 年，任广东省政府委员，其间，曾兼任第二、第三届广州特别市党部监察委员会常务监事、中央党义教师检定委员会委员、中小学校军事训练委员会委员、县长考试委员会委员、考试院高等考试第二届典试委员会委员、司法院法官典试委员会委员等职，其中 1930 年至 1932 年 3 月任广东省教育厅厅长。

1938 年，广州沦陷，国立中山大学迁往粤北坪石镇。金曾澄本已迁居澳门避乱，但 1942 年临危受命，出任国立中山大学代理校长，直至 1945 年 12 月。1945 年春，日本侵略军企图打通粤汉线，攻陷乐昌、韶关。金曾澄带领全校师生，冒着战火，紧急疏散到连县、五华、兴宁和梅县等地，克服重重困难，坚持办学。

抗日战争胜利后，金曾澄历任仲恺农工学校、执信女子中学和私立教忠中学等学校校长，兼任国民大学、广州大学特约教授，广州大学董事长，并当选为广州市参议会参议员兼驻会委员。中华人民共和国成立后，金曾澄仍担任广州私立教忠中学（今广州市第十三中学）校长。

1953 年 9 月，广州市文史研究馆成立，金曾澄受聘为馆员，后任副馆长。1955 年，当选为广州市政协委员。1956 年，当选为政协第一届广州市委员会常务委员。1957 年 3 月 24 日，在广州病逝。主要著作有《澄宇斋诗存》《三民主义问答》《广东教育史略》等。

郭梅峰：存心济世的岭南名医 郭梅峰（1879—1970），别名芬，原籍江西新城（今江西省黎川县），出身于中医世家。父亲郭慎初常言“富贵非吾愿，欲求济世，必须行医”，遂将医学心得传授于郭梅峰，并令其拜师于老医师张惠农门下。郭梅峰刻苦钻研医术，并兼学文学，后闻章果、陈伯坛、黎庇留医学渊深，便私下向他们学习。19 岁时独立行医，任崇实善堂医席，业余兼学西医，在两粤西医学校学医 3 年。当时，山西新军兵士患脚气、肠热症死亡者甚众，督宪（即总督）遂招考医生，郭梅峰报考，被录取为军医长，任职 8 年。

郭梅峰

1913 年，郭梅峰辞职脱离军队，在司后街（今越华路）开设诊所，其间，被推选为广州市卫生局考医委员。他对贫苦病患，往往不收诊金，甚至出钱为其配药。病患对处方有疑问，他也会耐心解释，指导调理，如母之教子，医德有口皆碑。

中华人民共和国成立后，郭梅峰在广州市北区中医院、广州市中医院越秀区门诊部应诊多年，后调到越秀区妇幼保健院中医科。1949 年，郭梅峰出席广州市群英大会，当选为广东省第一、二、三届人民代表大会代表，被聘为广东省中医药研究委员会顾问和广州中医学院筹备委员，后任顾问。还曾在广州市中医医院任职。

1962 年，郭梅峰接收广州中医学院首届毕业生杨干潜、郭燕文（郭梅峰的女儿）为徒。是年，被授予“广东省名老中医”称号。

郭梅峰治病辨证的学术渊源，属张仲景一脉，治愈过许多大症、重症。他认为医者要存心济世，心善然后可以为医。他治病用药，长于固本。君臣佐使的调配，以“固本”为原则。他认为人以元气为本，病邪为标，因此绝不滥用辛散以伤阴，苦寒伤心脾，而强调“调以甘药”。他把自己的治病大纲归纳为“养阴津（温热病），益心脾（内儿科），补冲任（妇产科）”九字大法门。

郭梅峰用药以轻剂著称，他用药虽轻，但恰到好处。郭梅峰尤喜以花类入药。独创温病、脚气、虚劳、妇儿科等一整套诊病用药方法。对古方、成方，郭梅峰不为所拘，不生搬硬套，既有所承，也有创新，用药君臣相得，丝丝入扣，自成一家。

1970 年 1 月，郭梅峰在越华路寓所病逝。其弟子杨干潜、郭燕文将其医学知识、医案重新整理，整理编成《梅峰医学》。郭梅峰行医 72 年，享誉国内外，著有《郭梅峰医案选》《论产后发热》。

陈干臣：爱国说书艺人　陈干臣（1896—1958），广东南海人，在今北京街辖地居住。

陈干臣

少年时，陈干臣曾在私塾熟读四书五经。成年后，在陈李济药厂工作。1932年，广州电专学校广播电台招考讲古（故事）员，陈干臣应征获选。他擅讲历史英雄人物故事，以音色浑厚、辞藻典雅、感情真挚动人而备受欢迎，其代表作有《杨志卖刀》《易水送荆轲》等。当时掌握广东军政大权的陈济棠闻其名，派人用小汽车将他接到府中讲故事。

1938 年，日本侵略军侵占广州，伪市府电台成为日本侵略军的喉舌。该台拟用高薪聘请陈干臣说书，他毅然拒绝，离开广州赶赴香港。

陈干臣赴港后应邀在 ZEK 电台讲古。当时，鸳鸯蝴蝶派的说书风潮充斥于香港文化市场,《欲焰》《梦断残宵》《孽海痴魂》等故事风靡一时。而陈干臣坚持在电台只讲大义凛然的正派故事。1941 年，日本侵略军占领香港，陈干臣即离港赴惠州参加抗日救亡运动。

1945 年抗日战争胜利后，陈干臣回到广州，在广州胜利电台重操旧业，取艺名“老陈”。《老陈讲古》成为当时听众范围最广的节目。除讲古外，还以岭南两千多年人杰地灵的史实撰写《百粤掌故》。

1949 年广州解放后，陈干臣在电台及岭南文物宫（今广州文化公园的前身）等地为群众说书，深受欢迎。不久被选为南区（今海珠区）政协委员、广州市第一届人大代表、市政协委员、市说书学会第一任会长。当时，香港“丽的呼声”电台请他去香港讲古，他婉言谢绝。当时的广州市市长朱光，亲切地称他为“干公”，并称赞他是“爱国说书艺人”。

1958 年 8 月，陈干臣因病逝世。

邱炳南：衬衫制作誉满羊城 邱炳南（？—1961），出生于南洋（今东南亚地区），在南洋跟师傅学习制作衬衫手艺，1932 年回国创业。回到广州后，他与妻子带着两个徒弟，在昌兴街口开设邱炳南恤衫店，店铺面积约 12 平方米。这是广州第一家、也是当时唯一一家衬衫专门店。

20 世纪 30 年代初，广州社会稳定，经济繁荣，人们乐于购置新的衣物，装点自己。受西方思想影响，西装盛行，昌兴街一带西服店林立，一件贴身笔挺的衬衫，是西装的标准搭配。邱炳南恤衫用料上乘，手艺精湛，尤其是衣领非常讲究。对特殊体型的人，如驼背、斜肩、大肚腩，均按特殊尺寸裁剪，务求穿着舒适、美观得体。很多光顾西服店的人，都会到邱炳南的恤衫店挑一两件衬衫。

1938 年，日本侵略军的飞机对广州进行轮番轰炸，邱炳南恤衫店也被炸为废墟。邱炳南夫妇逃到香港避难。香港沦陷后，邱炳南夫妇返回广州，在永汉北路（今北京路）重操旧业，但生意大不如前。

1945 年抗日战争胜利后，邱炳南与美国归侨伍时奕合股，扩大店面，开设制衣工场，工人增至 10 人，除经营销售、加工订制外，还增设补、修、改业务。1949 年，邱炳南与伍时奕拆股，店员、工人大多星散。邱炳南恤衫店面临困境。

中华人民共和国成立后，邱炳南采取增设布料、成衣零售的业务，努力提高营业额。广州市军事管制委员会主任叶剑英、市长朱光等政界名人，也曾到邱炳南恤衫店订做衬衫。

1956 年实行公私合营后，因为各种原因，店铺经历数次搬迁及改名。1958 年，因拆迁，从永汉北路搬到中山四路，之后又搬到中山五路 57 号。1960 年，工场并入越秀区床服管理部的大工场，而门市部则迁到中山五路 27 号（新民路口侧）。1961 年，恢复“邱炳南”店名。同年，邱炳南去世。

吴子复：书画篆刻名师 吴子复（1899—1979），原名鉴光，又名鉴，学名琬，字子复，以字行，别号宁斋、沄庐、伏叟等，祖籍广东四会。吴子复从小喜欢书法，13 岁起练习隶书，苦习汉石及六朝碑刻不辍。

1922 年，吴子复考入广州市立美术学校西画系，跟随胡根天、冯钢百、关良等名师，学习西洋画法。踏出校门后，吴子复与导师关良、同学伍千里等人随北伐军北上，参加北伐宣传工作。回到广州后，吴子复与李桦、赵世铭等组织青年艺术社，创办期刊《画室》《青年艺术》。1929 年，他们又在广州举办“青年艺术社第一回秋季绘画展览会”。

1931 年，广州中山纪念堂落成。伍千里在国民党广东省党部任职，负责布置会场，希望在讲台上安放孙中山的总理遗嘱。于是邀请吴子复书写总理遗嘱全文，勒石以铭。因吴子复的字体与胡汉民神似，以致一度误传为胡汉民笔墨。

1932—1936 年，吴子复在广州市立美术学校任教，赖少其、黄蒙田即出自其门下。抗日战争时期，吴子复一度回乡下避乱。其后，应胡根天邀请赴粤北，先后任广东省艺术院美术系导师、广东省立艺术专科学校美科主任等职，讲授现代绘画概论，随校辗转于连县、曲江、罗定各地，培养大批抗日宣传人才，尹积昌、谭畅、黄安仁等均出自其门下。1945 年抗日战争胜利后，吴子复旅居香港，编辑美术课本，供学生

广州中山纪念堂总理遗嘱刻石（2017 年摄）

临摹。曾以羊皮、复园、杨光美等笔名，在广州《天行报》副刊上发表美术评论，介绍国内外美术动态。

1949 年后回到广州，定居于越华路。在越华路生活期间，以“麝瓶”自名其斋。此后，历任广州市文史研究馆馆员、广州市政协文史资料研究委员会委员、广东省文学艺术界联合会委员、广州市文学艺术界联合会委员、广东省书法篆刻研究会副主任、中国美术家协会广东分会会员。

吴子复在教学与绘画创作之余，从未间断过书法研究。他的书法以隶书见称于时，书风遒劲古雅，稚拙纯真，有“吴隶”之称。其代表作有：广州中山纪念堂总理遗嘱刻石（1931 年），广州越秀山镇海楼横匾、镇海楼长联、广州博物馆横匾（1951 年），花县洪秀全故居洪秀全纪念碑（“文化大革命”时被毁），广州起义烈士陵园中朝人民血谊亭碑文、中苏人民血谊亭碑文（1963 年），肇庆七星岩摩崖刻石朱德诗（1978 年）等。他的书法作品曾参加日本东京“中国书道展览会”（1957 年）、“中国现代书道展览会”（1966 年），还参加过全国、省、市举办的书法展览。此外，吴子复擅长篆刻，风格独树一帜。

1979 年 8 月 24 日，吴子复病逝于广州。著述有《吴子复艺谭》《吴子复隶书册》《野意楼印赏》等。

中苏人民血谊亭石刻（2017 年摄）

梁志生：驰名粤、港、沪的丝绸名商　梁志生（1900—1986），籍贯不详。15 岁开始入行，在广州下九路生源泰丝绸店当练习生。1922 年，用自己的积蓄入股高第街的大经绸缎店。1925 年，与人合资办元亨绸缎店，成为助理。此后，又先后与人合资在上海开设永章办庄，在香港开设老九章，在广州下九路开设九同章丝绸店，先后担任经理、总经理等职，主持几间店的业务。

1930 年，梁志生把惠爱中路（今中山五路）的铺面转卖给一位菲律宾归侨，但约定九同章四年后再迁出。随后，梁志生在高第街租下一栋四层高的双铺面楼房，重新装修，把九同章迁到高第街。

九同章搬到高第街后，时运旺盛，顾客盈门。当时，岭南大学附属中学新生入学，按规定必须置备西装 1 套，大褛、寒衣、夏衣、衬衣、汗衫裤若干件。岭南大学和附中师生的西装，甚至连学生的学士袍，全部由九同章承制。九同章在惠爱中路时已兼营西服，迁到高第街后，在店内辟出一块 10 余平方米的柜面，继续经营西服，并兼营出租男女结婚礼服。

梁志生对丝绸的购买渠道和陈列方式进行改革。当时广州的绸缎店，大部分是从打铜街（今光复路一带）进货，梁志生直接到苏杭进货，不仅从厂家买到最新推出的款式，还得到一两个月的专营权。很多绸缎店因为货品贵重，一般不让顾客直接接触，梁志生在店内摆放玻璃柜陈列货品，让顾客一目了然。

梁志生很重视广告宣传。在九同章店门口放置两个大喇叭，既播放音乐、粤剧，也宣传诚信经营理念。在店内镶嵌着一副对联："标明货价真不二，揭破折扣假面具"。店内所有商品都有一张醒目的卡片，标明品种、号码、价格。顾客只要向店员说出号码，就可以按卡片上的价钱购买，货真价实，童叟无欺。此外，梁志生还通过折扣、减价等促销活动，扩大销售。

1938 年广州沦陷前，梁志生避居香港，九同章生意惨淡，改做布匹生意。1945 年抗日战争胜利后，梁志生返回广州，重新整顿高第街老店，并且在下九路新开九同章绸缎新店。

1955 年 12 月，广州市 137 个棉布零售商和 9 家丝绸店向政府申请全行业实行公私合营，成为广州市第一个实行全行业公私合营的行业。九同章也走上公私合营的道路，成立九同章棉布商店，并入华章、昌第等 30 多家棉布店，组成公私合营九同章棉布商店，经营棉布、丝绸及床上用品。"文化大革命"期间，曾改名为"为民棉布商店”。

1976 年恢复原名，被指定为机关团体用布供应点。但随着高第街成为第一条个体服装专业街后，九同章的生意反而日趋萎缩。1983 年，九同章扩大经营品种，与时装厂、毛织厂、针织厂、鞋厂等企业签订代销、经销协议，进行各种改革，经营状况一度有所好转。1986 年 5 月，梁志生因病逝世。

朱英南：归侨报国，创立美华百货 朱英南（1908—1984），出生于广东台山的一个华侨家庭。19 岁时，奉父命到美国底特律西北中学读书。1930 年回国，入读上海法政学院。1934 年毕业后，返回台山，投身教育事业。

1941 年 3 月 3 日，台山沦陷。朱英南离开台山，前往美国。朱英南到美国后，继续从事教育工作，执教于三藩市中华中学，并在中国新大陆图书馆任职。其间，参与筹办植德学校，并担任学校的董事长。1945 年抗日战争胜利后，朱英南萌发回国办实业的想法，决定在广州创办一家百货公司。

1946 年年底，朱英南与董事长朱立护、朱杰德、朱鹤年等人，从美国返回广州。经过多方考察，选定以永汉北路 165 ~ 167 号为店址，取名“美华”：一为商店门面和商品要华丽美观，二为寄寓美洲华侨报效中华之心。1948 年 11 月 7 日，美华百货公司正式开张。

美华百货定位走高档路线。商店门面装修豪华时尚，配有七彩霓虹光管，专门从美国购置自动电唱机、收音机、播音机、广播筒、发电机等设备。美华百货经营的商品，以高档、新潮著称。从香港进口的密斯佛陀（今用“蜜丝佛陀”名）化妆品系列、巴黎香水、箭牌衬衫、朗臣（今用“朗森”名）打火机、透明皮带、玻璃丝袜、原子水笔等时尚商品，受到富有阶层人士的喜爱。由于美华百货商品齐全精美，服务周到，开业仅几个月，便开始赢利。

最为广州人津津乐道的是，当时由于电力供应不足，广州经常停电。每当停电的时候，别的店都是点煤油灯，昏昏暗暗，美华却有自己的发电机，霓虹光管灯火辉煌，光耀夺目。喜好晚上逛街的人，都涌到美华百货。

然而，1948 年国民政府经济到崩溃边缘。美华开张之日，正是金圆券危机濒临爆发之时。美华作为华侨投资公司，以外币为结算本位，但由于政府对外汇实行严厉管制，任由外汇物价出现激烈波动，政府的牌价，岿然不动，而黑市外汇则跑得最快，跳得最高，与牌价的差距愈拉愈大。美华也被迫要做真假两本账，以资应付。

1949年，朱英南担心广州沦为战区，将美华百货资金抽出，避居香港。20世纪50年代，朱英南把抽到香港的资金调回广州，继续维持经营。

1953年，美华百货开始实行由国家经销。1956年，广州市工商联召开公私合营大会，工商界人士在申请书上签名，表示愿意参加全行业的公私合营。朱英南也申请美华实行公私合营，被列为私改重点考察单位。

公私合营后，美华百货被政府作为供外宾参观的对外窗口单位。朱英南先后担任广州市中国百货公司行业董事长，广东省第三、第五届人大代表，广州市政协常委，广东省工商联执委，广州市工商联第五、第六、第七届副主席，广州市侨联第六届副主席等职。

“文化大革命”期间，美华百货改名为“东方红百货商店”。1970年，迁往东山，与署前百货商店合并为东山百货商店。1973年，再迁回北京路原址，改为市针织百货展销商店。1985年，恢复“美华”原名。1987年，归属西湖商业公司。1990年，并入广州百货大厦。

1983年5月，朱英南赴美探亲。1984年2月，在美国病逝。

刘天一：广东音乐家　刘天一（1910—1990），学名善庶，艺名“天一”，取义于老子《道德经》之“天得一以清，地得一以宁”，广东新宁（今广东台山）人。

刘天一

1915年，随父母到广州，居住在西湖路小马站。1925年，就读于广州宏英中学。课余时间，跟随学校一名英语教师学习拉椰胡，培养起对音乐的浓厚兴趣，毕业后成为业余音乐社的活跃分子。1930年，在广州知行琴行当音乐教员，业余参加电台的音乐节目。因演奏易剑泉创作的《鸟投林》走红。

1931年，刘天一参加广州市著名的业余音乐社素社，担任高胡演奏员。1933年，在第十九路军总司令部军乐队任中乐教员。同年，与旅居广州的苏联著名钢琴家夏里柯合作，刘天一高胡独奏，夏里柯钢琴伴奏，在广州青年会音乐厅演出广东音乐名曲《旱天雷》《饿马摇铃》《雨打芭蕉》等。刘天一首创高胡与钢琴的结合，富有新意，颇受观众欢迎。1935年，前往日本东方学校攻读乐理，1938 年回国。广州沦陷后避居澳门，迫于生活，在酒店当职员，无法从事正常的音乐活动。

1945 年抗日战争胜利后，刘天一组建今雨社，常与吕文成、尹自重等广东音乐家合演于广州、香港、澳门。1950 年，以古筝为电影故事片《家》《春》《秋》《绝代佳人》等配乐；以古筝独奏《蕉窗夜雨》《塞上吟》，古筝、洞箫合奏《流水行云》，古筝、椰胡合奏《鸟惊喧》等广东名曲，并录制唱片。自从吕文成发明高胡后，刘天一也转而习高胡，并得以集吕文成、梁以忠、蔡保罗等众家之长，形成自己的风格，被誉为广东音乐高胡演奏艺术的第二代传人。

1954 年，刘天一回到广州，仍居住在西湖路小马站。参加广东音乐研究组工作，与陈卓莹、黄锦培、吕广球等音乐家每周用半天时间，集中进行记谱、整理、研究广东音乐的专业活动。1956 年，广州民间乐团成立，刘天一为乐师。

刘天一非常重视音乐创新。作曲家林韵应刘天一邀请，创作高胡独奏曲《春到田间》，成为一种新的广东音乐曲体，高胡首次以独奏的形式演出。

1956 年，刘天一参加第一届全国音乐周演出。1959 年，随广东民间音乐团赴苏联、匈牙利等国家访问演出。1961 年，刘天一担任广东音乐曲艺团副团长、团长，当时该团设在西湖路流水井。1963 年，参加中国艺术家表演团，赴日本访问演出。所到之处，备受好评。

其间，刘天一还担任中国文学艺术界联合会委员、中国音乐家协会理事、第四届广东省政协常务委员、广东省文学艺术界联合会副主席、广东省音乐家协会副主席、广州市文学艺术界联合会副主席、广州民间乐团团长。

1990 年 6 月 3 日，刘天一在广州逝世。他创作的乐曲有高胡独奏曲《鱼游春水》、高胡齐奏曲《花市迎春》、高胡独弦曲《怀念》、唢呐领奏曲《放烟花》等，演奏的曲目《春到田间》《鱼游春水》《鸟投林》《平湖秋月》被录制成唱片传世。

陈兴昌：改革开放后创办第一家私营企业 陈兴昌（1919—2008），祖籍浙江宁波。早年曾在上海从事服装生意。1947 年，陈兴昌在中山五路昌兴街的服装店当裁缝，以此糊口。

中华人民共和国成立后，陈兴昌和妻子开设一家家庭作坊式的制衣店，只有一台蝴蝶牌缝纫机，陈兴昌改做女式时装。不久扩展到有三台衣车。1953 年，陈兴昌将制衣店迁到中山五路 75 号。

改革开放后，政府鼓励从事个体服务业。于是，陈兴昌于 1979 年 7 月 1 日领取个体户牌照，利用手艺，重操裁缝旧业，成为广州首批个体户之一。

1984 年，陈兴昌看准童装有很大的需求空间，开始转做童装。当时，国内缺乏专门的童装企业，陈兴昌为了解童装最新款式，就从香港买了一些国外的时装杂志参考，然后自己再改进，设计出符合国内审美标准的童装。

20 世纪 80 年代初，广州是改革开放的前沿城市，全国各地不断有前来参观、采购的客商，陈兴昌的童装，往往令他们眼前一亮，甚至出现半夜在店门外排队抢购的情形。各地的订单纷至沓来。

1985 年，陈兴昌跻身成功商人之列，成为广州四大百万富翁之一。1989 年，陈兴昌领取广州市第一个私人企业营业执照，号码：穗私 V1 副字 0001 号。公司取名为广州市昌兴时装有限公司（今广州市昌兴实业有限公司）。此后，昌兴童装规模不断扩大，从一家店发展成一家实业公司，从中山五路发展到北京路、文明路、三元里、中山八路等，还远销海外。与此同时，陈兴昌注重公益事业，每年春节、中秋节，都会拿出几万元举办社区敬老宴，为街坊们送月饼和新春利是（即红包）。

1993 年，因中山五路兴建地铁 1 号线，昌兴童装店中山五路店迁到北京路。

21 世纪初，陈兴昌老当益壮，进行“第二次创业”——开拓时装市场。昌兴公司开始试运营时装店，市场反应颇好，并把时装设计、生产和销售定为公司发展的下一个目标。

2007 年，陈兴昌入选《南方都市报》主办的“改革开放 30 周年风云人物”候选人。2008 年 6 月 29 日，陈兴昌在广州逝世。

20 世纪 90 年代的广州市昌兴时装有限公司

名人与北京街

陈献章奉诏入京途经北京街 陈献章（1428—1500），字公甫，号石斋，又号病夫、白沙子、碧玉老人、石翁，广东新会白沙人，世称陈白沙。明代大儒。正统十三年（1448）四月，入京会试中副榜进士，被选入国子监读书。景泰二年（1451）、成化五年（1469）2 次参加会试不中，遂移志于治学。陈献章曾多次在广州城活动，应聘上京和南返时，均曾经过今北京街。

成化十九年（1483），皇帝下诏请陈献章入京。途经广州时，官府按照古礼制，请陈献章乘坐官府马车，从城南往城北藩台（布政司，故址在今北京路广东省财政厅）巡行。双门底（今北京路）一带万人夹道，填街塞巷，马车无法通过。100 多位画师追随在马车后，为他画像，盛况空前。明徐纮《翰林检讨白沙陈先生行状》记载陈献章初应聘经过广州的情形："道出羊城，所至观者如堵，至拥马不得行。"足见人数之众。

此外，陈献章曾住于双门底附近。据《广州城坊志》载："白沙居，相传白沙先生曾卜居于此，故名。"[①] 也有说法说，他在双门底附近主要是进行讲学活动。

清代，今北京街区域内的承宣街（今北京路）曾有一座真儒坊，为纪念陈献章而立。今不存。

陈献章及其著作

① 黄佛颐：《广州城坊志》，124 页，暨南大学出版社，1994 年。

海瑞入读禺山书院 海瑞（1514—1587），字汝贤、国开，号刚峰，琼州府琼山（今海南省琼山区）人。回族。

明嘉靖初年，海瑞曾在禺山书院（今北京街都城隍庙旁）读书，为梁百揆表墓（海瑞《奉议大夫梁百揆墓志铭》）。逝世后，郡人在禺山书院内并祀梁百揆（禺山书院创始人）、海瑞，将海瑞视为禺山书院的光荣。清代，粤秀书院也祀海瑞；海瑞还曾与杨继盛、倪岳、李湖被当成广州城隍爷。

在今北京街中山四路原儿童公园正门，为纪念海瑞而建海瑞牌坊。牌坊为石砌四柱三间三楼式，高约7米。四柱均有抱鼓石夹护柱脚，前后坊额分别刻“盛世直臣”“粤东正气”8个楷书大字。坊额上端刻“恩荣”二字，直书。沿边均精刻装饰花纹，上施石雕庑殿顶及鳌鱼宝珠脊，庄重古朴，具有一定的石构建筑艺术价值。1963年，被列为广州市文物保护单位。1966年被拆毁，无复建。

海瑞

梁廷枏助林则徐禁烟 梁廷枏（1796—1861），字章冉，号藤花亭主人，顺德伦教人。曾师从梁章钜等名士，潜心钻研，通古训，考制度，辨名物，著述多，涉及文、史、曲、词、金石、音律等，深受两广总督阮元和邓廷桢赞赏。其《南汉书》18卷，被当代学者认为是记述南汉国最完备的史料。

梁廷枏

两广总督卢坤于越华书院（位于今北京街）设海防书局，梁廷枏应聘参修。两年后，总纂终稿《广东海防汇览》40卷，力主整饬海防，加强船政，深受两广总督邓廷桢赞赏，因而委任为越华书院监理。清道光十五年（1835），兼学海堂学长。

道光十八年（1838），梁廷枏总修《粤海关志》，次年修成。书30卷，分14类，主要记述鸦片战争前中国海关制度、沿革、关务、税收及外贸状况，是研究这一时期中外关系的重要史料，是中国第一部地方海关志。

道光十九年（1839）初，钦差大臣林则徐入粤禁烟，驻越华书院。林则徐下榻越华书院近一年，以梁廷枏为左右，令其将海防资料绘制成图表，以作为禁烟、防务依据。梁廷枏还协助林则徐汇集越华、粤秀、羊城三书院士子办“观风试”，问卷调查鸦片流毒及民情吏治，肃腐惩奸。林则徐重梁廷枏之才，凡有大事多与商量。道光二十年（1840），林则徐迁入总督府，虽禁烟、御侮之政务繁纷，仍常向梁廷枏咨询。梁廷枏知英兵舰出印度后，提醒林则徐“请早为备”。鸦片战争爆发后，林则徐被革遭贬。梁廷枏奔走于士绅之间，嘉赞林则徐之恩泽，助巡抚怡良弹劾琦善卑屈误国，促使清廷罢琦善之官。其后，著《夷氛闻记》，实录此战前后史实，为后人研究鸦片战争提供了珍贵资料。

道光二十年（1840），梁廷枏出任澄海县训导仅 4 个月，广东巡抚怡良将其召回，仍任越华书院监理及学海堂学长。其后，两广总督徐广缙聘其为幕宾，协办团练。道光二十九年（1849），广州掀起反英人进城的高潮。梁廷枏召越华、粤秀、羊城三书院士众，并联合在籍士绅许祥光等，制定章程，聚集市民出丁设械，为拒英人进城做准备。又致柬数万给城外各社学，十天集结团勇约 10 万人，士、民捐资 60 万两。梁廷枏又与众绅前往英领事馆论理，英公使文翰理屈词穷，兼惮民威，便取消英国人进城之举。咸丰元年（1851），朝廷授予梁廷枏内阁中书加侍读衔。

孙中山在北京街的革命活动 孙中山（1866—1925），名文，字载之，号日新，又号逸仙，幼名帝象，化名中山樵。广东香山（今中山）人。

孙中山

孙中山早期在广州的革命活动，始于今北京街。清光绪十九年（1893），孙中山在广州冼基开设东西药局，由于他医术高明，声名鹊起，求诊者日众，于是在双门底圣教书楼（今北京路白沙巷口）开设东西药局分诊所。孙中山在双门底行医期间，常与一班志士在圣教书楼后座的礼拜堂和广雅书局抗风轩（在今文德路）讨论时局。光绪二十一年（1895）春，孙中山偕陆皓东、郑士良等人在广州建立兴中会分会。会址在双门底王家巷王氏书舍（又称王家祠云岗别墅，今北京路青年文化宫处），以“农学会”招牌为掩护，联系会党、绿林、游勇、防营、水师等。

孙中山领导的兴中会及同盟会，在广东先后组织 10 次武装起义，虽然均以失败告终，但鼓舞了全国各地的革命者。1911 年辛亥革命后，推翻清政府，建立中华民国，孙中山被拥戴为中华民国临时大总统。

1912 年 4 月 25 日晚 10 时，孙中山乘坐宝璧舰，抵达广州天字码头，从双门底至军政府都督府（今广东省民政厅），一路上张灯结彩。孙中山进城时，受到民众热烈欢迎。8 月 25 日，同盟会改组为国民党，孙中山当选为理事长。

1917 年，北方因参战问题引发国会解散、张勋复辟等一系列政治危机，孙中山率领海军和部分国会议员南下，在广州高举“护法”大旗，成立中华民国军政府，设大元帅府，对抗北洋政府。但由于桂系军阀的阻挠，护法运动以失败告终。

1920 年，陈炯明率领粤军从福建回师广东，驱逐桂系军阀，迎接孙中山回广州，重建大元帅府。1921 年 4 月 7 日，200 多名议员在广州召开非常国会，表决通过中华民国政府组织大纲，选举孙中山为非常大总统。总统府设在前清督练公所（今中山纪念堂）。5 月 5 日，孙中山正式就任，与宋庆龄登上广东财政厅大楼（今广东省财政厅），接受各方拜贺，并在露台向前来祝贺的团体一一答礼。其间，孙中山完成重要著作《实业计划》，并开始撰写《外交政策》等。此外，孙中山第一次收到苏联政府发来的正式官方信函，复函中说：“我非常注意你们的事业，特别是你们苏维埃底组织，你们军队和教育底组织。我希望知道您和其他友人在这些事情方面，特别是在教育方面所能告诉我的一切。”①

梁智华在高第街开办梁苏记遮铺 梁智华（1871—1952），字淦泉，广东顺德人。清光绪初年，因家贫，穿街过巷当“收买佬”（收购旧物小贩）谋生。光绪十二年（1886），16 岁的梁智华在广州惠爱西街（今中山六路）租下半边铺面，挂起“梁苏记遮店”招牌。几年间，生意日臻兴隆，资金日益雄厚，又到高第街开办一间梁苏记遮铺，前店铺，后工场，雇请工人，为日后生产经营的扩展打下基础。梁苏记遮铺上悬挂着两面镜子，写着“如不合意，原银奉还”“永久包修保用”。事实上，梁苏记也信守诺言，做好包修保用服务。

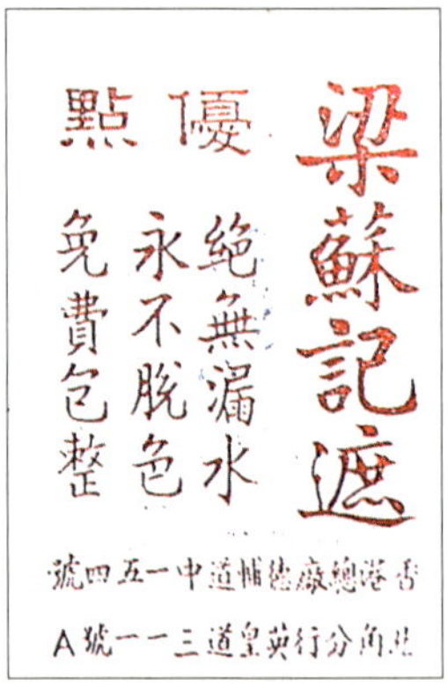

梁苏记在香港的广告

1919 年夏，受五四运动影响，全国抵制日货。当时，日本雨伞占据广州市场，梁智

① 孙中山：《复苏俄外交人民委员齐契林书》，《孙中山全集》第 5 卷，593 页，中华书局，1985 年。

华趁提倡国货机遇，立即赶制一大批名为“中山装”的蓝布伞，参加广州国货展览会，蓝布伞一举成为获奖的爱国产品。

陈独秀创办广东省立宣讲员养成所 陈独秀（1879—1942），原名庆同，官名乾生，字仲甫，号实庵，安徽怀宁（今安庆）人，是五四运动、新文化运动的主要领导人之一，曾被毛泽东称为“五四运动的总司令”。陈独秀于二十世纪二三十年代，多次在今北京街地域内从事革命活动。

陈独秀

1921年6月，陈独秀以广东省教育政务委员会名义，在高第街素波巷创办广东省立宣讲员养成所，分专门班和普通班，专门班招收相当于中学毕业程度的学员，开设一般高等学校的课程，有哲学、教育学、伦理学、外国语等，一年毕业；普通班程度稍低，半年毕业。宣讲员养成所被列为广州中上七校之一。后来，该所学校成为中共党组织在广东培养理论、宣传干部的学校。后又创办注音字母教导团，讲解注音字母兼授马克思主义原理，主要吸收中小学教师学习。宣讲员养成所先后由陈独秀、陈公博主持，谭植棠任教导主任，谭平山、杨章甫、谭天度、邓瑞仁等人任教员。同年7月，中国共产党第一次全国代表大会召开，陈独秀被大会选举为中央局书记。之后，在陈独秀的指导下，以广州共产主义小组为基础，成立中共在广东的第一个支部。

1922年4月底，陈独秀第二次到北京街，参加5月初在广州召开的全国第一次劳动大会与中国社会主义青年团全国第一次代表大会。这两个大会的筹备处，均设在素波巷。

朱执信组织发动“三二九”广州起义 朱执信（1855—1920），名大符，字执信，祖籍浙江萧山，出生于广东番禺。

朱执信参与“三二九”广州起义的组织、发动，负责运动新军、防营、民军。朱执信联络和发动的会员有顺德的陆领，南海的陆兰清，番禺的李福林，新会的谭义，香山的林义顺，惠州、海丰的陈炯明、王和顺，钦州、防城的黄明堂等。在孙中山决定组成的300多名选锋队（敢死队）员中，多数为朱执信选定。“三·二九”起义指挥部设在越华路小东营5号。1911年4月27日，同盟会在广州举行武装起义，史称辛亥

朱执信

杨匏安

“三二九”起义，因事前走漏消息，在实力尚未集中又不得不发动的情况下起事，起义军奋战一昼夜，分路与清军展开激烈巷战，终因伤亡过多，被迫退却，牺牲 100 多人。朱执信与黄兴等进攻督署，激战中负伤，流亡香港。

杨匏安在北京街传播马克思主义 杨匏安（1896—1931），原名麟焘，又名锦焘，笔名匏庵，广东香山（今珠海市）人。民国时期，在今北京街传播马克思主义，是华南地区早期马克思主义传播者，与李大钊被并称为“南杨北李”。

1918 年年初，杨匏安举家迁入广州，居住在司后街（今越华路）的杨家祠，在时敏、道根西中学任教，后又兼任《广东中华新报》记者。五四运动爆发后，积极投入反帝爱国斗争。1919 年秋，发表介绍西方美学思想的文章。后又发表一系列文章，系统地介绍唯物论等各种社会主义思潮。所撰《马克斯主义》一文，是华南地区最早介绍马克思主义的文章。杨匏安的另一篇文章《社会主义》，则广泛介绍各派社会主义思潮。1921 年，加入中国共产党。他发表的长篇白话文《马克斯主义浅说》，再次介绍马克思的唯物史观、阶级斗争学说和政治经济学。又发表《无产阶级与民治主义》，对无产阶级应否与资产阶级合作等问题，进行初步的探索。同年夏，代理广东区团委书记。杨匏安在今北京街的住所杨家祠，又名泗儒书室，原为香山县南屏北山杨氏家族在广州的宗祠，是大革命时期中共的重要活动场所。

胡根天发起广州第一个研究西洋美术的团体——赤社 胡根天（1892—1985），原名毓桂，别名持秋，号抒秋、志抒，别署天山一叟，广东开平人。在今北京街开展西方现代美术教育。

胡根天画像（吴作人画）

1921 年 10 月，胡根天与陈丘山、冯钢百、容有玑、徐守义、梅雨天等人组织广州第一个研究西洋美术的团体——赤社美术研究会（简称赤社，后改名尺社），向社会介绍西洋美术。赤社成立初期，没有固定地址。后于 1924 年 1 月在广大路租得两间房子作为社址。以三楼为研究室及展览室，一楼、二楼为办事处及宿舍，开办美术学校，分为上午、下午、晚间三个班招生。

1985 年 6 月 27 日，胡根天在广州病逝。著作有《胡根天作品集》《胡根天文集》等。

元代铜壶滴漏背面（仿制品，2017 年摄）

艺文

早在秦汉之际，南越王赵佗以今北京街为核心立国，北京街便出现文书。汉文帝时，陆贾第二次出使南越国，劝赵佗归汉，赵佗同意归附，并复信《报文帝书》，行文措辞，不亢不卑，为岭南第一篇散文。此后，历朝历代，北京街以特有的文化魅力，吸引文人雅士在此留下诗文辞章；药洲遗址、书院群、迎春花市等文化景观，更成为文人雅士歌咏的对象。

古代风雅辑

报文帝书

〔西汉〕赵佗[①]

蛮夷大长老夫臣佗昧死再拜上书皇帝陛下：老夫故粤吏也，高皇帝幸赐臣佗玺，以为南粤王，使为外臣，时内贡职。孝惠皇帝即位，义不忍绝，所以赐老夫者厚甚。高后自临用事，近细士，信谗臣，别异蛮夷，出令曰："毋予蛮夷外粤金铁田器；马牛羊即予，予牡，毋与牝。"老夫处辟，马牛羊齿已长，自以祭祀不修，有死罪，使内史藩、中尉高、御史平凡三辈上书谢过，皆不反。又风闻老夫父母坟墓已坏削，兄弟宗族已诛论。吏相与议曰："今内不得振于汉，外亡以自高异"。故更号为帝，自帝其国，非敢有害于天下也。高皇后闻之大怒，削去南粤之籍，使使不通。老夫窃疑长沙王谗臣，故敢发兵以伐其边。且南方卑湿，蛮夷中西有西瓯，其众半羸，南面称王；东有闽粤，其众数千人，亦称王；西北有长沙，其半蛮夷，亦称王。老夫故敢妄窃帝号，聊以自娱。老夫身定百邑之地，东西南北数千万里，带甲百万有余，然北面而臣事汉，何也？不敢背先人之故。老夫处粤四十九年，于今抱孙焉。然夙兴夜寐，寝不安席，食不甘味，目不视靡曼之色，耳不听钟鼓之音者，以不得事汉也。今陛下幸哀怜，复故号，通使汉如故，老夫死骨不腐，改号不敢为帝矣！谨北面因使者献白璧一双，翠鸟千，犀角十，紫贝五百，桂蠹一器，生翠四十双，孔雀二双，昧死再拜，以闻皇帝陛下。

（选自〔东汉〕班固《汉书》，中华书局，2007 年）

---

① 赵佗（前 240—前 137），恒山郡真定县（今河北省正定县）人。原为秦朝将领，与任嚣南下攻打百越。秦末大乱时，赵佗割据岭南，建立南越国。

南海百咏（选录）

〔南宋〕方信孺[①]

番山

番、禺，二山也。今在州学之后者止余一大磐石，有亭，榜以“番山”，而禺山则漫不可考。按《番禺志》云：“番山在北，禺山在南。”国初前摄南海簿郑熊所作《番禺杂志》云：“番山在城中东北隅，禺山在南二百许步，两山旧相联属，刘龑凿平之，就番积石为朝元洞，后更名为清虚洞，而以沉香为台观于禺山之上。”至《图经》则谓番山在今府学后，禺山在清海军楼雉堞下，是番在南而禺在北矣。又元祐间林斐作《兼山楼记》，亦谓番山在通判南厅之后，禺山在州廨治事厅之东。绍圣间章粢作《移学记》，亦以为学在番山之前，是皆与今说同。然《番禺志》，古书也，熊为潘美客，当时犹亲见亭观之旧，宜以此二说为正。况漕司贡院之东有神祠，至今尚以“清虚洞”为榜，故老亦以名其地。虽番山所在，或治事厅东或清海军楼下，皆未可知，而州学后者，禺山无疑矣！

城根片石久模糊，图记应须考国初。
欲识番山真面目，至今东北号清虚。

禺山

禺山何事作番山，空有陂陁迹已漫。
今日升堂听丝竹，沉香不见旧阑干。

任嚣城

《番禺杂志》云：“在今城东二百步，小城也。始嚣所理，后呼东城。今为盐仓，即旧番禺县也。”以今考之，东城即其地。熙宁间吕居简为帅，因其遗址而筑之，见于《郑亶之记》。《图经》乃以子城为古之东城，且引《番禺志》以为任嚣所理，殊不知番禺县国初时尚在今城东之紫泥港。所以《番禺杂志》谓今番禺为旧县也。若以子城为

① 方信孺（1177—1222），字孚若，福建莆田人，以荫补番禺尉。有《南海百咏》、《南冠萃稿》、《南辕拾稿》、《曲江啸吟》、《九疑漫编》、《桂林丙》三集、《击缶编》、《好庵游戏集》刊行于世。

是，则安有旧县在其中乎？沈怀远《南越志》云：“尉任嚣疾笃，知己子不肖，不堪付以后事，遂召龙川令赵陀。谓之曰‘秦室丧乱，未有真主，吾观天文，五星聚于东井，知南越偏霸之象。’故召陀授以权柄”云。

五星自是汉家符，忍死任嚣亦太愚。

今日朝台犹百尺，荒城不记旧规模。

清海军楼

元符二年柯公述所创，折公彦质重建于绍兴二十年，近岁又一再作新矣。

睥睨旁围百尺楼，翚飞缥缈接云浮。

鲸波不动海山碧，弹压东南十四州。

十贤祠

在郡治之城上。前太守常以吴隐之、宋璟、李尚隐、卢奂、李勉、孔戣、卢钧、萧昉为八贤，蒋颖叔复以滕修、王綝益之，为十贤祠，自作序赞，列名刻石。别有八贤祠，盖潘美、向敏中、余靖、魏瓘、邵昱、陈世卿、陈从易、张颉也，乃连帅周自强所立。

晋唐相望已千年，香火如今数十贤。

不见古人空再拜，祠堂西去有贪泉。

药洲

在子城之西址，漕台之北界。旧居水中，积石如林。今西偏堙塞，水尚潴其东几百余丈，穴城而导于海，绿净如染。《图经》云：“伪刘聚方士习丹鼎之地。”《南征录》亦谓是时有方士投丸药于其中，水色立变。《药洲图序》乃以为葛稚川尝炼丹于此，非也。

沙邱遗臭茂陵空，何物能成九转功。

地下刘郎犹有愧，驾言聊作葛仙翁。

九曜石

在药洲水中。《图经》云：“石，太湖旧产也。伪刘时有富民负罪者，每运置此以自赎，遂成胜景云。”

九峰参立倚空明，好事传闻应列星。

运石早知能赎罪，上书何必待缇萦。

（选自〔南宋〕方信孺《南海百咏》，广东人民出版社，2010 年）

重修广州城隍庙记

〔明〕蔡汝贤[①]

夫世之谭城隍者，盖本《易》“城复于隍”之义。若称城隍，城隍者，仅见于李阳冰所为记。自吴越有祀，北齐有祀，则唐宋以来可知。我高皇帝神圣开基，独崇是典，敕天下府州县治，必立城隍，以镇一方，而申之制词，隆以徽号。凡以神道设教，护国庇民也。载考洪武三年特诏各处，庙宇如守令公廨，若有司莅政然。又俾诸司，初任必斋庙盟神，然后得治事。盖置司牧以保厘，立城隍以纠察阴阳表里，使人戒惧，而不敢易纪律，且以塞其违，其重也如此。

广州之有城隍旧矣，彼其庙貌森严，规模宏敞，独与外都异。盖省会之民物也繁，香火之奉，崇也至固，宜其神尊且显也。粤之称英灵者，必曰“城隍城隍”云。

历岁来，屡有圮坏。赖先后诸君子，葺而新之。于今则又敝矣。广州太守如皋郭君师吉，因祈雨神应，白余谓明有城隍，幽冥并治，国之纪也。今庙宇倾圮，责在刺史，刺史其敢慆慢，以辱下吏。余曰：嗟乎，诚在太守。然余忝兹土，其亦何责之辞，乃捐俸筮。以万历十三年乙酉春，祈告兴役，鸠工聚材。旧者更之，蠹者剔之，剥落者涂之，湫隘者廓之。自中殿一座六楹，以及拜亭六楹，罔不美而焕矣！又自左右两庑，各十二楹，中外二门，共八楹，罔不翼而严矣！又自斋宿厅房，左右各六楹。西为省牲所，东为羽士房，罔不饰而新矣！财不糜官，役不扰民，逾两阅月而竣。

太守请记，以诏后人。余闻李梁曰：“民之主也，圣王先成民，后致力于神，故民和而神降之福。”今太守政莅矣；讼，理矣；用以赞余旬，宣以广圣天子柔远之化，民和而成矣！由是致力于神，以修其庙宇，神有不歆而福之者乎？不然，是欺其民，以黩于神，神将吐之，其又何福之有？余是以为乐为之记。将俟观风者采焉。乃系以词曰：

---

① 蔡汝贤，字用卿，一字思齐，号龙阳，华亭（今上海松江）人。明隆庆二年（1568）进士，由大名府推官选礼科给事中，历官御史。万历四年（1576）任广东布政司参政，万历十三年（1585）任广东左布政使，后任南京兵部侍郎，致仕卒。著有《东夷图说》《岭海异闻》《续闻》等书。

于皇我明，德覆群生。轸念海邦，广州是城。倬彼城隍，渊渊仡仡，保此东方，以为民极。有恤閟宫，神具是依。岁久倾圮，神具是违。太守兴嗟，乃告藩伯。藩伯相之，新庙翼翼。群黎欢呼，曰：“父母且为民造福。”尊以神居，神居既安，聿修常祀。进尔清酤，介尔繁祉。其祉维何丰年屡登，天厉不作；海波不腾，勒此贞珉，永观厥成。

（选自〔清〕李福泰等修《清同治十年番禺县志》（点校本），广东人民出版社，1998 年）

拱北楼刻漏歌

〔清〕吴寿祺 ①

乾隆丁丑七月秋，招朋共登清海楼，
历梯百级踞其上，水天一望如圆球。
楼之东偏设漏刻，仿佛挈壶制造式，
高卑异级大小殊，四壶相承无欹侧。
范铜旁窍如漏卮，不方而圆形瑰奇，
漏吸一孔昼夜永，箭按百刻十二时。
水倾壶底箭浮面，涓滴才形分抄见，
细于茧内蚕吐丝，逝彼云中蛇掣电。
两丸日月一掷梭，测辰揆景兹无讹。
远自元延祐五载，广州宣慰陈用和，
轩皇观象创此器，夏官守壶即其意。
须知千里在毫厘，何难寸管窥天地，
远公庐山有莲花，宇文造器马上夸。

（隋宇文恺作马上刻漏）

今之刻漏通神技，按筹宁虑晷景差。
太平天子勤宵旰，夜如何其问夜半，
金徒抱箭玉女来，阴虫合盏灵虬灌。
钟声煌煌鼓逢逢，节更节点四海同，

① 吴寿祺，浙江仁和人。清乾隆十七年（1752）举人。曾任乾隆二十四（1759）《广州府志》分纂。

即看南粤传清漏，何异鸡人儆旦风。

（选自〔清〕金烈等修《（乾隆）广州府志》，岭南美术出版社，2007 年）

禺山

〔清〕彭孙遹[①]

刘鋹当年霸业雄，禺山相对起离宫。

药洲花坞无踪迹，只在西风野烧中。

（选自〔清〕金烈等修《（乾隆）广州府志》，岭南美术出版社，2007 年）

琴柏记

〔清〕杨应琚[②]

粤东抚署有老柏一株，无风而有声，悠然琴也，遂呼为琴柏。丙午春，余省亲来署，因得其所谓琴柏者。柏在署东之东园，是日，小雨初晴，和风扇物，花径飞红，桐轩滴绿。距柏数武，渐闻音韵泠泠，侧耳而听，声在树间，宫商交错，时断时续。曲而不屈，直而不促，含宏清越，惟意所触。余笑曰："讵伯牙之高山流水耶，直稽叔夜之广陵散矣。"署中宾朋咸来观听，好事者终日仰视，索其解不得，争以为奇。于是东园如市，歌吟旁午，何其幸欤。

他日，余偶率童子来游，倦藉草偃卧，童子去柏下坐，良久忽大叫："我得之矣。"余问故。童子笑不止，指树根以示曰："此非蜂穴欤？"审顾果有窦，中空，外狭内宽。窥之正黑，不知酿蜜几许，群蜂薨薨，出入不绝而声作焉。余抚掌大笑，向之琴声，尽为蜂声矣。捧腹而散。琴柏下由此寂寂。

呜呼，当其盛时，一柏美以琴名，薨薨扰扰之声，俨若五弦之迭奏焉，人郑重之，虽极天下之奇花异木而莫与之争。及其败也，人鄙弃之，虽欲与凡草木无闻而不可得。能惑士大夫之耳目而不能掩孺子之聪明，能动心者□□和而不能逃无知之觉察，又何其

---

① 彭孙遹（1631—1700），字骏孙，号羡门，又号金粟山人，浙江海盐人。清康熙十八年（1679）举博学鸿词科第一，授编修。历礼部侍郎兼翰林院学士，参与纂修《明史》。

② 杨应琚（1696—1767），字佩之，号松门。青海西宁人，祖籍辽海（今辽宁）汉军正白旗人。清雍正七年（1729）由荫生授户部员外郎。乾隆时，擢山西河东道，寻调甘肃西宁道。乾隆十九年（1754）任两广总督。

不幸欤！虽然止□己耳犹幸也，吾恐蜂日集，蜜日盈，利在祸生，名固丧矣。吾尚为琴柏危也。

（选自〔清〕金烈等修《(乾隆）广州府志》，岭南美术出版社，2007 年）

粤秀书院记

〔清〕沈廷芳[①]

粤东山海奥区，秀灵所钟，代生贤哲，张文献、崔清献以来，魁儒辈出，白沙、才伯、南川、弼唐、中离、曙台诸君子，学统渊源，弓裘不坠。他如梁文康、邱文庄、霍文敏、海忠介，并以气节勋猷，彪炳宇宙。人才之盛，自昔为然。我朝治平百余年，造士之典，超越前古，庠序而外，复命直省建立书院，颁赐帑金，以资膏火。特敕慎延讲席，遴选生徒，其乐育培养之泽，不诚优且渥欤！

粤秀书院在粤秀山之南，因即以粤秀名，大吏仰承德意，为仿朱子白鹿洞规分年读书法，立之仪节，而予以课程，俾无或荒怠。以是月锻季炼，腾风云而上，各踵相接也。往者先大夫出宰是邦，予方游学成，均身不能至，心实向往之。厥后被征留京师，入奉清班，出司风宪，齐、梁、燕、赵间，胜游几遍，迨告养归田，杜门奉讳，无复有四方之志。丙子冬，制府杨公、抚军鹤公，邀余主是席，固辞不获，因得览其山川人物之胜。想见国家文治隆洽，虽在万里之外，岭海之间，风气所趋，盖亦骎骎乎其日上焉。

会抚军周公继至，雅意作人辉煌讲舍，爰询其创，始知为秦中赵公宏灿、沈阳范公时崇、同江满公丕诸开府，暨太守当涂吴公骞之所踵事而增华者，建置于康熙之庚寅，补葺于雍正之庚戌之数。诸公者苦心经营，作意修举，无非上体圣天子隆儒之意，将蕲诸生与张崔、陈湛诸贤先后媲美也。乃记载缺如，其何以重贤能、扬美政耶。爰为纪其姓名里居，俾后之考覈者得所据焉。抑予更有进者，方今雅化日浓，人文蔚起，担登负笈之士，于于而来，必有非额之所能限者，继自今增学舍而储人材，是又在守土之君子矣。

（选自〔清〕金烈等修《(乾隆）广州府志》，岭南美术出版社，2007 年）

---

① 沈廷芳（1702—1772），字畹叔，一字荻林，号椒园，浙江仁和（今杭州）人。清乾隆元年（1736）以监生举博学鸿辞。官山东按察使，后巡江南道，巡视山东漕运，兼理河务。晚年曾掌教于粤秀、敬敷等书院。著有《隐拙斋诗集》《隐拙斋文集》《舆蒙杂著》《古文指绶》《鉴古录》《下学渊源》等书。

越华书院记

〔清〕范时纪[①]

尝考齐鲁接壤，齐地滨海以鱼盐甲天下，而礼教信义独重宗邦。今粤东僻处炎徼，素称滨海邹鲁，诚所谓南海盛衣冠之气者耶。我朝圣天子菁莪棫樸之化，溥遍天下，党庠术序而外，各省复创建书院，作育人材，超越千古。粤东向有粤秀书院，人文称盛，而商人子弟寄籍于此者，未有藏修之地，众商深以为歉，积志已久，因合词吁请余转申制抚，俱蒙嘉予，且捐资首创，即命予酌葴其事。于是众咸踊跃，乐输己赀，遂买旧宅一区而更新之，其中屋宇池亭以及草木竹石，原已略具，因而稍为布置，前建讲堂，后起书楼，余胥为弦诵肄业之宇。宁朴而固勿事雕华，盖取其地幽静，足以收检身心而已耳。

余惟书院之设，盛于苏湖，昔胡安定教学时，方尚词赋，安定独以经义治事分斋，故门多秀彦，筮仕者多适于用，遐哉盛欤。《易》曰："君子以朋友讲习。"《记》曰："学然后知不足。"欲明七教以兴民德，非陶以诗书之泽，其道无由也。

工既竣，制宪颜其额曰越华书院。即躬莅课艺，面加提命，众商感激欢腾，复捐项生息，充实膏火，以垂永久。余亦欣然率属僚同志者，共捐清俸，以仰副国家乐育人材之至意。于是敦请名宿为岵，俾得有所折衷，庶业不荒而名有由成矣。

夫制科之设，非但矜霜蹄风翮，弋取功名，而以书院为结援声气之地也，要知经义治事，虽分门以设教，实异事而同原。盖经义者所以为治事之本，而治事者所以见经义之用。故经义必见之于行事，始可谓之通经；而治事必本之于经义，始可谓之干事。今肄业于是者，息游有地，董劝有资，乐群砥砺之余，果能以经义治事，不分为二事，而当身体验能自得焉。将处则抱真学问，出则有真经济，庶不负大宪之栽培训诲，而共相沐浴于圣朝之雅化，将见士气日新，人才辈出，使海滨邹鲁名实相副，余且拭目俟之。

（选自〔清〕金烈等修《（乾隆）广州府志》，岭南美术出版社，2007 年）

---

① 范时纪，辽宁沈阳人，历任广东按察使，镶红旗汉军副都统，工部、仓场、户部、礼部诸侍郎。卒于清乾隆后期。

九曜石歌并跋

〔清〕翁方纲[①]

九曜亭边九曜石，南汉刘龑故苑之遗迹。爱莲种莲事俱往，千载仙湖水犹碧。前秋访石因登亭，周遭顾盼疑列星。五日辄乘使车去，未得剜苔剔藓恣留停。古色摩挲入梦寐，巾箱髣髴图真形。一石圆顶如建瓴，危根下削漱清泠。一石四达如疏棂，旁有直干撑岭岈。树与石抱石转青，往往树皆过百龄。不独昔日太湖灵壁浮海至，飘沙激浪增珑玲。崩云散雪那遽一一数，但觉嵌岩峍兀势欲凌沧溟。昨归经冬水初退，坐看家僮洗苹块。雨溜磨崖字尚存，泥淤仙掌痕还在。卢程许刻次第寻，陈九仙书竟晦昧。不知米家诗句刻何处，想在老榕巨根内。文藻同时有传否，亭沼何心叹兴废。九曜石，今日谁能识为九。一石独合三石成，此语闻又百年后。药洲两字亦是元章题，斜日苍烟但翘首。

九曜石在药洲旁，南汉刘龑罚罪人移自太湖灵壁，浮海而至。石凡九，其一在今布政使后堂东院。上刻"药洲"二字，左行书"米芾元章"，而旁题都不可识。其八在使院后院池中，西北一石正面中刻"转运使度支郎中金君卿正叔、转运判官太子中舍许彦先觉之、管勾文字殿中丞金材拙翁、门人成度公适，熙宁癸丑中伏泛舟避暑。"左刻"花药氛氲海上洲，水中云影带沙流。直应路与银潢接，槎客时来犯斗牛。彦先再游，移、樾、稹、稼、稌侍。熙宁甲寅上巳。"右刻"广东经略安抚使起居舍人龙图阁待制曾布子宣、转运副使都官外郎向宗旦公美、转运副使屯田外郎（缺二字）通道济、前广西转运判官太常（缺二字）赓声叔，元丰元年正月晦日游。"下有康熙五十一年学使楚安乡张明先和许觉之韵诗。又右有"程师孟、金君卿、李宗仪、许彦先同游药洲，熙宁甲寅上元日题。"其下八分书"邹非熊宗望、管湛之天步自葛仙洲，煮茶景濂堂，采菊筠谷，捞舟九曜石下，摩挲前贤题刻而去。淳熙戊申十月丁卯。"东一石上有掌迹，长尺二寸，吴鹏八分"仙掌"二字，旁有米元章诗。今石仆泥中，仅露一面，榕根蟠其上。米诗不可寻矣。又旁八分书"嘉熙三年己亥元巳，九仙野史陈畴少锡泛舟仙湖，观仙掌石，摩挲藓刻，诵米南宫诗，奇哉。弟尉同少林、孙成之可大、甥林璞藏用侍。临江萧（缺二字）东嘉吴伟茂远、清沅赵时瑢躬玉、长乐陈子（缺一字）茂，客也。"此段载《广州志》，今二十一字以

① 翁方纲（1733—1818），字正三，一字忠叔，号覃溪，晚号苏斋。直隶大兴（今属北京）人。清乾隆十七年（1752）进士，授编修。历督广东、江西、山东三省学政，官至内阁学士。精通金石、谱录、书画、词章之学。著有《粤东金石略》《苏米斋兰亭考》《复初斋诗文集》等。

下尽为榕根所踞。中刻“至正甲申秋，余奉天子命来镇东广，适官舍介于仙湖之东（缺七字）观仙掌石刻，乃宋嘉熙萧大山（缺八字）宛然如新。案郡志，仙湖旧名石洲（缺七字），石号九曜，而仙掌盖居其一焉（缺八字）兴斯石屹然犹存。余陇（志作余陇，今细观恐是今礲）九仙之迹（缺七字）慨然兴叹，遂识诸岁月，俾后之来者亦（缺五字）而刻铭无穷，共臻千古之胜概，以（缺七字）句云星鄽文囿剑池头，月地（缺七字）壮游推太华，又观仙掌五羊洲。至正（缺六字）中（缺）大夫广东道宣尉使都元帅（缺七字）敦诗志，令史韦（缺一字）安书丹。”亦八分书。池中破石上刻“嘉熙庚子孟秋，长乐黄朴成父约同郡唐璘伯玉、莆田刘克庄潜夫泛舟仙湖，湖多怪石，其二峰尤壮伟，乃宅厥中而作亭焉，左盘右踞，势若相（缺一字），而岩岩挺立，又类乎守道不屈者。遂磨崖以识之。”下刻《重修濂溪书院记》，明成化八年广东提学佥事新喻胡荣书。又一石刻“士宏子高、昌衡平甫元规正叔、安道子适，丙午仲春十五日题。”不著时代。志载卢士宏字子高，新郑人，治平元年知广州。丙午为治平三年，此在诸刻其最古者矣。程师孟、曾布皆知广州，贾昌衡治平中转运使。卢画防守策，诏谕诸蛮。程大修学校，负笈者众，诸番子弟皆愿入学。曾即南丰弟，程字公辟，即王荆公诗豫章太守吴郡郎是也。许彦先，始兴人，天圣乙丑进士，深于《易》。刘克庄，广东提刑（《职官志》作推官）。盖此地自刘氏凿仙湖与药洲通，宋熙宁中，周濂溪先生提刑广南，尝居之。至嘉定中，经略陈岘重疏湖水，辇刘氏故苑奇石置其旁，建堂浚池，绕植白莲，士大夫多泛舟觞咏。后人建书院，有爱莲亭。明嘉靖初，学使庄渠魏公校改建学署。国初，署迁育贤坊，至康熙五十一年，学使洞庭张公明先始修复焉。《广东新语》称，九石高八九尺或丈余，一石独大，合三石为之，下有数石笋，长三尺许，瑳如雪，父老云此“客石”也。久而生孳，后亦摧折，今则更无复能指为某石者矣。石日与沙水相荡激，昔人题识渐就销泐，甲申秋方纲奉命视学到署，五日出按各郡，未暇以观，今岁丙戌正月水缩，命工拓之，仙掌横卧老榕下，其露出之字为泥所没，洗刷数日而后辨之，石理湿不可着纸，火烘之乃可拓，凡四日，拓得大小纸十，藏诸箧衍，庶以仿佛前贤之流风耳。既歌之而跋于后。

乾隆三十一年上元日，督学使者、日讲起居注官、翰林院侍读、大兴翁方纲识并书。

（现存药洲遗址）

浚九曜石池记

〔清〕史梦琦[①]

使院二堂之东偏有池焉。相传即南汉刘氏所凿仙湖，通药洲者也。湖之中岩峰若岫若釜若堂，或蹲或踞者为九曜石。地洼下，岁历久不浚，积土不及岸者仅一板石，丈圆半没淤泥中。庚子秋，余奉命视学来此。试事之暇，周循池岸，募役夫疏抉壅塞。凡石自巅及趾，洗剔之至再三，阅二旬而工竣。湖广十丈有奇，深得广十之一。神瀵滵汩，涵波溶漾。无石不奇，无奇不显，顿还旧观矣。客曰："东粤山川，隩区巑岏，嵚嵌洄洑，浩淼之胜，有什百于此者。顾留意于一卷之石，一勺之波，得毋陋甚。且学使者例三年得替，而三年中复一再按临各郡县，计获休沐是间者数月矣，奚为此急急耶。"余曰："不然，山水之缘，小可见大，偶当暇日，涉焉成趣，半亩方塘，临流坐啸，鲦鱼出没其中，芰荷修竹掩映于上，顾而乐之，会心不在远也。夫天下之物，为我有而有之，亦不必为我有而有之。他日后我者至，徘徊池上，快微风之沦漪，睹云光之澹沱，恍然有得，抚景赋诗，视余之一觞一咏，又宁有别与。"客笑而颔之，爰笔而志诸石。九曜为刘龑购自太湖灵壁，浮海而至。今湖据其八，一石遗留藩署中，前学使翁君覃溪索之，方伯某谓："索石雅事，但何以处赠石者？"翁无以应，石遂不获全。若夫诸石款识与昔人题刻，翁君拓而考之详矣。不复赘。

乾隆辛丑仲春阳湖史梦琦记并书。

（现存药洲遗址）

广州土俗竹枝词（选录）

〔清〕杏岑果尔敏[②]

双门底

珠玉奇珍列万般，书坊画店任盘桓。
怡情争说双门底，不让京都大栅栏。

---

① 史梦琦，江苏阳湖人，清乾隆三十四年（1769）进士，曾任翰林院提调官、广东学政、福建漳州府知府等职。参与《四库全书》编纂。

② 杏岑果尔敏（1834—1900），满族人。清同治八年（1869）出为广州汉军副都统，光绪二年（1876）授杭州将军，后任马兰峪总兵，因病乞开缺，回北京休养。庚子上书言事，不为慈禧太后采纳，抑郁而终。

市廛

西湖街尾雅何如，九曜坊前刻善书。

怪绝油栏门里路，满街腥秽卖鲜鱼。

（选自杏岑果尔敏《广州土俗竹枝词》）

南海百咏续编（选录）

〔清〕樊封[①]

拱北楼

在藩署南。为省垣适中之处，唐清海军楼也。南汉时取为象阙，宋称节度楼，至明始有今称，代有修葺。楼上存贮元人铜壶漏一具，晷刻铢黍百年不爽。官吏司掌，昼悬时牌，夜击更柝，满城视为准则焉。

玉漏铜龙报晓筹，旧时清海大军楼。

银幢铁柱销磨尽，剩此贞金镇粤州。

案，漏造于元延祐三年，都元帅马速忽等捐铸。凡四壶，分上下四层位置。上三壶底隅皆有细孔，以滴水筒笕承之，以次递注于箭壶。壶中有浮箭，随水之高下而浮出水面，箭上刊勒时刻分数，水与壶平则箭刻亦尽。役人于卯初一刻复掬其水于至上之壶，又别为一昼夜矣。尝以官尺度之，第一壶口围八尺六寸六分，径二尺六分，底围七尺八寸，高三尺三寸。第二壶口围七尺五寸九分，径二尺二寸，底围六尺八寸五分，高二尺五寸五分。第三壶口围六尺三寸，径一尺九寸一分，底围四尺八寸二分，高二尺四寸五分。第四箭壶口围四尺四寸五分，径一尺三寸八分，底围同高三寸六分。上三壶皆有盖。第一壶四周皆有款识，字体夭邪且模糊不可读。扪认之，皆当日官斯土者之衔名也。明季西人利玛窦，故精于制造仪器者也，欲仿其式，无从着手焉。

---

① 樊封（1789—1876），字昆吾，广州驻防汉军正白旗人。曾任学海堂学长。清同治九年（1870）乡试，赐副贡生。受两广总督阮元之邀，纂辑《三朝御制诗注》。此外，著有《南海百咏续编》《论语注商》《大学集解》《读孟稽疑》《海语阁日记》《朴学山房文集》《辙北帆南诗草》《橹尾集》等。

海雪堂

在卫边街邝家祠内。明中书舍人邝露殉节处也，旧有灵异，人无敢居之者。乾隆初，追叙胜国忠贞，予以“通”谥，有司祠祀之，后音响遂寂然。

宝剑哀鸣镜有芒，天魔古鬼啸诸房。

名成海雪骑箕去，正命如斯岂是狂。

湛若负天才，有清狂名，以事走猺硐，为云亸娘掌书记。鼎革时出为绍武中书舍人。丙戌之役，与诸将固守省垣，城破日为甲士所获，引归其寓，踞坐海雪堂上，罗列瑰宝，啸歌以待甲士杀之。其从容就义，视彼之假托缁黄、偷息草间者，未可同年而语矣。所蓄之宋理宗琴、怀素墨迹千文、文丞相砚遂散落人间。

大佛寺

在南城龙藏街。即明代龙藏寺故址，后改为巡按行署。康熙三年，南疆奠谧，平南王自捐王俸营建兹宇，上为天子祝釐。制式悉仿京师官庙，世尊慈范亦摹之北匠云。

雌霓翔霄浥麴尘，三城遥降九重春。

黄金布地围龙藏，吁首南交祝紫宸。

顺治十四年，平南敬王遣其子之信、之孝、之廉、之隆、之辅、之佐六人赴京宿卫，咸授秩任有差。之隆以才器矜贵，奉旨尚固伦公主，晋秩固伦额驸。婚礼既成，额驸屡请侍主返粤，以修省觐礼。因寇氛未靖，未遂所请。至康熙六年四月，准额驸省觐，由通河水路取道苏杭以达粤。八月朔，公主与额驸尚之隆至羊城，以家人礼谒平王于邸第，献金帛进牲醴有加。在邸寓居八日，以月之初十日禀假归宁，平王亲送之南门外，额驸等遂还都。是寺即当年祝釐净坛也，前期建筑故至为庄严。之隆在都，亦聘请班禅大喇嘛四十众同至广东，修四十九日无遮胜会，齐醮之，华盛亦近世所希觏。今南荣前高碑矗立，文字矞皇，诗僧澹归和尚笔也。

惠福祠

在仙湖街仙童桥侧。都人祭赛金花夫人庙也。桥因夫人名，妇女祈嗣咸来祷祀，明学道魏校尝毁之。顺治十三年，藩下佐领张国禄修复焉。

金娘仙迹药湖隈，奠醑封牢日往回。

祠岂是淫嗤魏校，古王弓矢祀高禖。

庙有里人廖元素所撰碑，其略云："神于洪武七年四月十七日子时降生惠福巷女巫金氏之家。比长，佐母治巫，能知未来事，远近尊之，呼为'金花小娘'。年十七，坠于仙湖，遂解化去，时洪武廿二年七月七日午时也，数日乃获其蜕，姿貌如生。里人陈观见而异之，偕众殡殓。适湖傍有香木浮来，宛如人形，遂雕为夫人像，建庙祀之，远近祈嗣者咸有应验云云。至明成化时巡抚陈濂题神衔曰'金花普主惠福夫人'，从此香火弥盛。嘉靖间学道魏校目为淫祠毁之，居人移祀于河南渡口，祈祷转盛。"案《月令》："仲春，元鸟至。天子亲率后妃九嫔以弓矢祀于高禖。"郑注："高禖，神也。祀之祈嗣也。"诗之"生民元鸟"，传笺皆以为高禖之祀。金花夫人亦高禖类耳，安得云为淫祠？明季理学家荒经武断，不近人情，大都类此。

宝石桥

在古药洲东。伪汉刘鋹命黥徒采砺山之石，跨湖为桥，以通花药仙洲者也。其石光洁若玉，长丈有六，横三尺，厚二尺，平列如砥，今仅七片，俗呼为"七块石"。寰宇桥梁鲜此巨制，车辙马足千载犹新，题咏家号之为"宝石桥"云。

雨歇氤氲霸迹荒，江花空解念刘郎。

笑他七石虚称宝，不化长虹渡汴梁。

据《南征录》及《裨珠》考之，今省垣之仙湖街、清源巷以迄九曜坊、观莲街、西湖街，皆当日刘氏之御湖也。中有三山，缥缈萦曳。近粤秀之麓，复有花药洲以聚方士。北为宝石桥以通御驾，南为仙童桥以便四民，其余则汪洋亿顷，环以犀株，亦盛境地。今仙童桥亦巨石驾列，与宝石无异。其材略小，亦当年故物。惟仙童之称起于金花小娘，伪汉时尚无其称，亦云宝石耳。

（选自〔清〕樊封《南海百咏续编》，广东人民出版社，2010 年）

岭南杂事诗钞（选录）

〔清〕陈坤[①]

六出祥征秉穗来，楚庭曾见五云开。

---

① 陈坤（1821—？），字子厚，浙江钱塘人，幼随祖父到潮汕。及长，科场失意，捐大兴监生身份入官，历任大埔县典史、海阳县典史、海阳县丞、署理大埔知县、潮阳知县。在岭南居住 35 年。著有《岭南杂事诗钞》《粤东剿匪记略》《鳄渚回澜记》《治潮刍言》《潮乘备采录》等。

重熙累洽唐虞盛，戬谷诗赓遍八垓。

《寰宇记》：周时，南海有五仙人，衣五色衣，骑五色羊来集楚庭。各以谷穗一茎六出，留与州人。且祝曰："愿此阛阓，永无荒饥。"言毕，腾空而去，羊化为石，城因以名。并即其地为祠，曰五仙观。

九曜流空化石来，天教文运岭南开。

时时犹有光芒现，旷代频生大雅才。

九曜石，原来古药洲水中。南汉刘龑凿湖潴而九曜石出焉……

南汉于今八百秋，巍然双阙峙炎州。

可知倔强终何用，月朗风清拱北楼。

拱北在省城内藩司前，即唐清海楼也。其地本番、禺二山之交，刘龑削平之，叠石建双阙其上，宋经略司马伋重建，改双阙为双门，今曰双门底。元季毁，明洪武七年重建。国朝顺治十年修，巡抚李栖凤题曰："雄镇南邦"。康熙二十五年巡抚李士桢重修，题"拱北楼"三大字。咸丰七年英彝之变，匾毁于火。后重修斯楼，山左毛寄云鸿宾督部补书三字，复悬其上。

挈壶测日妙无前，浮箭分时尚古传。

奇巧淫邪须辨别，有无钟表阅千年。

元延祐间，宣慰司陈用和造铜刻漏。在拱北楼东偏，砖级累置其上，大者高六尺，余三者递减一尺，围俱视所高而杀时辰。筹树小壶中，有铜尺衡壶，遇某时刻则字浮尺间，数百年来依然可用。视今之洋钟、洋表不数月即须修理者，迥不相同，乃可谓巧也。

不爱红花爱白花，靡然缴福祀金华。

神恩偏解如人意，果结离离几万家。

广州多金华夫人祠。夫人字金华，少为女巫，不嫁，善媚鬼神，其后溺死湖中，尸有异香，数日不坏。即有一黄沉女像，容貌绝类夫人者，浮出水面，人以为水仙，立祠祀之，名其地曰仙湖。祈子往往有验。妇女有谣云：祈子金华，多得白花，三年两朵，离离成果。

两祠相倚雅相亲，福在人间德有邻。
拱北楼前孖土地，香烟同护万家春。

拱北楼前有神庙两间，互相依倚，一朝北一朝南，俗呼为孖土地。

双门岁暮最繁华，冷艳寒芳烂若霞。
入市人归携欲遍，水仙花与吊钟花。

吊钟花一苞数葩，状如吊钟，其色红，以九钟者为佳。惟高要县属鼎湖山有是种，他处植之，弗生也。每届年暮，广州城内双门底卖吊钟花与水仙花成市，灿烂如霞，大家小户皆售供座间，以娱岁华。

（选自〔清〕陈坤《岭南杂事诗钞》，广东人民出版社，2014 年）

羊城竹枝词（节录）

〔清〕何渐鸿[①]

五羊城辟五羊仙，粤海繁华别有天。
处处花花花世界，南街箫管北街弦。

茶商盐贾及洋商，别户分门各一行。
更有双门底夜市，彻宵灯火似苏杭。

（选自吟香阁主人辑《羊城竹枝词》卷二，清光绪刻本）

① 何渐鸿，广东顺德人，清代文人。清光绪元年（1875），广州举办有史以来第一次以“竹枝词”为题的征诗活动，并由吟香阁主人（李慕周）编选佳作汇刻为《羊城竹枝词》，何渐鸿的作品入选。

羊城竹枝词

〔清〕黎秉枢[①]

仙湖西湖湖水清，西湖仙湖湖月明。

两湖水月无寻处，惹得侬家无限情。

（选自吟香阁主人辑《羊城竹枝词》卷二，清光绪刻本）

广东藏书纪事诗（选录）

徐绍棨[②]

黄文裕宝书楼

百年遗迹宝书楼，明月长空一望收。

六艺品流精鉴别，名山史笔足千秋。

黄佐，字才伯，号希斋，晚号泰泉，香山人。明正德五年庚午乡试第一，十五年庚辰（按：明史府志不记年干，题名碑录作辛巳，相去一年，而黄文裕公祠碑坊作庚辰，今尚可睹）成进士。选庶吉士、授编修，累擢少詹事。与大学士夏言论河套事不合。寻罢归，日与诸生论道。其学以“博约”为宗，尝曰：“词章之说胜，始有无用之文；虚寂之说行，始有无文之学。”故出其门者多以学行交修自饬，以梁有誉、黎民表、欧大任为最著。故学者称为泰泉先生。卒谥文裕。生平著述二百六十余卷。言礼有《泰泉乡礼》，乐有《乐典》，义理有《庸言》，文章有《六艺流别》，诗有《唐音类选》《明音类选》，掌故有《革除遗事》《南雍志》《翰林记》《广州人物传》。所修之《广东通志》，史例瞻详，尤负盛名；至《泰泉全集》，文章衔华佩实，足以雄视一时。其《春夜大醉言志》诗有“长空赠我以明月”句。然其学问之浩瀚渊博，胥由于藏书。泰泉有宝书楼，搜庋秘籍为一时冠。《广州府志》谓宝书楼在旧藩司左，明祭酒黄佐建。按旧藩司在双门底即今之永汉路，宝书

① 黎秉枢，广东新会人，清代文人。清光绪元年（1875），广州举办以“竹枝词”为题的征诗活动。黎秉枢的作品入选吟香阁主人（李慕周）为这次活动汇刻的《羊城竹枝词》一书，并为该书撰序。

② 徐绍棨（1879—1948），字信符。广东番禺人。近代著名藏书家、图书馆学家、版本学家。先后在广东高等学堂、中山大学、岭南大学、广东法科学院、广州大学执教。曾任广东省图书馆馆长、中山图书馆董事、中山大学图书馆委员等职，并在广东修志馆、编印局、文献馆从事研究工作。

楼在黄文裕公祠内，即中华书局左邻。己卯广州沦陷，荡为灰烬，仅余入门之石牌坊而已。癸巳灾区重建，辟为青年文化宫。大司成牌坊以文献故，仍得耸立门前，诚足为后人景仰也。

汪瑔随山馆

甫也诸侯老宾客，拥书权作小诸侯。

布衣报国心常切，幕府文章广运筹。

汪瑔字玉泉，一字越人，又名芙生，所居曰谷庵，学者称“谷庵先生”。浙江绍兴人，客粤占籍，遂为番禺人。少随父游粤东，辄以文词著，偶佐郡县为幕客，所至咸有声誉，布政司俊达闻而聘焉。光绪初元，两广总督刘坤一延之入幕，主洋务，理中外交涉。继任者若裕宽、张树声、曾国荃，均倚重，资其计画。法越之难，边海骚震，曾公独就谷庵阴筹战守，深心翕服，叹为国宝。谷庵澹于荣仕，晚岁养疴，耽情坟史，名贤巨公，礼聘踵至，终不复出。著书满家，撰有《随山馆集》十八卷,《无闻子》一卷,《松烟小录》六卷,《旅谈》五卷,《尺牍》二卷。谷庵诗《闲居杂兴》云:“坐拥图书未是贫，忘机聊学葛天民”，又云:“车从迹浑疑退院僧，心情犹恋读书灯。”家富藏书，以集部为备。

子兆铨，字莘伯，光绪乙酉科举人，官海阳县学教谕、广东高等学堂教务长、教忠学堂校长，著有《苌楚轩集》《惺默诗集》。楹书保守，缥缃无恙。孙彦平、彦慈，亦继守不替。昔人言岭南藏书，鲜有能延三代者，今随山馆藏书已及三代，虽一阨于水，再阨于兵，然长恩默护，尤不至荡为灰烬也。

侄兆镛，字憬吾，光绪己丑科举人，少读书于随山馆，后受业于陈东塾，故学有师承。藏书虽不多，而特精美。有宋槧《王十朋集》，南海孔氏岳雪楼旧藏也。所著有《微尚斋集》《晋会要》《再续碑传集》。

梁鼎芬葵霜阁

到处捐书有盛名，葵霜大节自铮铮。

早知精卫难填海，雪咽寒松耻晚荣。

寒松零落栖凤空，南北书床浩劫中。

何妥解经毋暇逸，葵霜斜月鉴孤忠。

梁鼎芬，字星海，号节庵，番禺人，光绪庚辰进士，翰林院编修，自劾李鸿章罢职。两广总督张之洞延至幕中，在粤历任丰湖、端溪及广雅书院院长。所至提倡藏书，后任湖北按察使。国变后忠于清室，充陵园种树大臣，自完其节。节庵掌教端溪，创设书库；掌教丰湖，创设书藏；掌教广雅，扩充冠冕楼；游镇江又捐书焦山书藏。所至之地均倡导藏书。宣统间，复于榨粉街梁氏府第设梁祠图书馆，订阅览章则。

梁氏藏书，箱箧必自为题字雕刻，或称食鱼斋，或称栖凤楼，或称毋暇斋，或称节庵，或称精卫庵，或称寒松馆，或称葵霜阁。因时因地而异，皆有意义。食鱼斋因居武昌故；栖凤楼以何妥自比，妥字栖凤也。《节庵集》毋暇斋云，故人珍重题斋额，南北书床得自安；何妥解经知己少，荀卿劝学说能完。妥字栖凤，见《隋书》儒林传。集中诗言栖凤者最多，有《腊朔自米市胡同移居栖凤楼》，中有“翔仞须孤凤”句;《店中书寄妻弟》有“楼居栖凤旧栽花”句;《种花诗三首》有“怀哉栖凤宅，三花亲种之”句，注谓“芍药、海棠、丁香”。《上元夜饮图沈乙庵侍郎属题》有:“壬午移居栖凤客，意园时时猎书册”句;《所持翁遗墨》为其高弟程康题，有“栖凤题还在”，自注“翁客钟山时，以看作栖凤宅句为联写赠。今藏于家”。诵诗章所咏，若毋暇斋、栖凤楼，皆在京时表其向学之劬；精卫则喻其纠劾权要，等于衔石填海。寒松、葵霜，则表其劲节能耐岁寒。《节庵集》中《蔬园绝句》云:“趁雨安篱缘底事，为芟恶草护忠葵。”又云:“谁照孤忠心内事，葵霜阁外月初斜。”《乙庵移居诗和韵》有“阳葵亭阁肯相标”。诸诗皆自写其风节也。

葵霜阁藏书，虽无宋元精椠而丛书特多，湖北省县志，大致俱备，近代诗人集亦丰富。身没而后，其子学劬，将在粤藏书，捐入广东省立图书馆。余为部署编目，备载《广东图书馆藏书目录》中。其存于北平寓居藏书，学劬因贫无以自存，售于伦哲如所设书店，后全为东瀛购去。洎广州失陷，广东图书馆全部荡然。梁诗所谓“南北书床俱一空”竟成谶语。

（选自徐绍棨《广东藏书纪事诗》，台湾：文海出版社有限公司，1975 年）

近现代文荟

番禺二山的今昔

郑师许[①]

我现在拿起笔来写这一个题目，简直是件闹笑话的事！我虽然生长在距离广州不远的东莞县城，可是儿时的记忆模糊，二十岁以后便又到外省流浪了二十余年，广州市的情形确不甚熟悉，十分不配谈广州的山水风景人物了。可是世运变迁，广州又逐渐大都市化了，现时在广州市熙攘往来的人，你如问起“番禺”二字作何解释，恐怕十分之必瞠目不知所对了！好了，只好让我来写这一个题目了！

“番禺”二字，大概最初见于《史记》《汉书》,《史记·南越尉佗列传》载：南海尉任嚣召龙川令赵佗语曰：“闻陈胜等作乱，秦为无道，天下苦之，项羽、刘季、陈胜、吴广等州郡，各共兴军聚众，虎争天下，中国扰乱，未知所安，豪杰畔秦相立。南海僻远，吾恐盗兵侵地至此，吾欲兴兵绝新道，自备待诸侯变，会病甚。且番禺负山险阻，南海东西数千里，颇有中国人相辅，此亦一州之主也！可以立国。郡中长吏，无足与言者，故召公告之。”[②] 即被佗书，行南海尉事。《汉书》文字较简洁，而语意相同。其言谓“番禺负山险阻，南海东西数千里”，南海原是郡名，其界址容另考证，唯云“番禺负山险阻”，颜师古注《汉书》曰：负偝也；王先谦补注曰，官本偝作背；是番禺背负

① 郑师许（1897—1952），原名郑沛霖。广东东莞人。毕业于南京金陵大学，先后在国立交通大学、暨南大学、大夏大学、中山大学、广东省立勷勤大学等校任教。曾任《广东年鉴》总编纂、教育部史地教育委员会委员、广东文献委员会委员兼整理组组长、广州参议会议员、《西沙群岛志》总编纂、广东文化教育协会常务理事。

② 按：中华书局1959年版《史记》对这段话的断句为：“且番禺负山险，阻南海，东西数千里，颇有中国人相辅，此亦一州之主也，可以立国。”（见卷9，2967页）

二山，李吉甫《元和郡县志》谓县即因番山禺山而得名。又云险阻，即未知其不是现在坦坦荡荡的大道，而能车驰马骤的。然而试执今日广州的途人而问之，“孰为番山？孰为禺山？”只恐怕所答又非所问了。

虽然，番山禺山究竟位置在现在广州市的哪一角落呢？我现在可以告诉你。据志书和父老相传（其中当面告诉我的自然有一位是汪憬吾先生[①]），禺山自西而东，横贯今日广州市的正中，大约从现在的广大路口起的惠爱中路，蜿蜒起伏于今日财政厅前，禺山中学、城隍庙，直至仓边路口的惠爱东路旁而止。番山则自北而南，约略垂直于汉民公园、禺山中学之音，经过教忠中学孔圣庙而迤逦于禺山市场一带；其地势蟠结的山坡则西至旧日的双门底。邓淳的《岭南丛述》引《广州府志》云：“拱北楼，唐之清海楼也，其地本番禺二山之交，刘龑凿平之，叠石建双阙其上。”又引《广语》云：“宋经略某改双阙与为双门，民居其下，今号曰双门底云。”双门底盖在今日中华书局的附近。又云：“禺山南至番山五里，二山相属如长城，南挖溟海，木棉松柏刺桐之属，一望葱青，实为灵穴之所结，故佗墓营焉。”《番禺杂志》谓：“耆旧相传佗死营墓者数处，及葬丧车从四门出，故后不知墓之所在”，故“佗墓营焉”一语无考。唯云“禺山南至番山五里，二山相属如长城”，其说与我上文所述相符合。今者教忠中学广场侧边尚有当日开辟广场工人计算土方的余泥，足以考见山势斜坡的高度。

大概广州市地面的剧变，一为刘氏南汉时代的大营殿宇园林陂地的时候，一为民国时代拆城筑马路的现代化时候。关于南汉时候的营造，宋人笔记及明清两代的志书，尚有记载，唯民国所改建的则时代愈后，记载愈少，一旦老成凋谢，目聪者不多，这一回的大改变，真令人不知从何说起了。今者浸游惠爱路的东中，汉民路的南北，洋楼矗耸，高入云霄，霓虹厉光，目迷五色，谁复知当年“木棉松柏刺桐之属，一望葱青”，番禺二山相属，险阻难行者乎？然使游者坐其吉普之车，自西而东，一至广大路口，必可见地势陡高，蛇行而上；又试闲逛禺山中学左右一带商店，又必见每一楼房，后座渐高，拾级而升；又试一游城隍庙后一带街巷，由忠佑大街，抠衣直上，至聚星里为最高，不旋踵而往北趋，联珠里为山腰，梯云里为山麓，东为旧仓巷，北为越华路，全形山势宛然尚在。昔年山上大树木，犹有存者。近人有谓“广州市区内只有柏树，而无松

① 汪憬吾即汪兆镛。

树”，这句话我正在搜求例外以便解答，这一些原来山水风景人物的研究，在广州确实有其重要性呢！

1948年8月27日孔诞节于广州四部书斋

（选自广州市文学艺术联合会编《广州印象》，广州出版社，2007年）

记创造社出版部分部

钟敬文①

到广州来，将近两个月了，长日蜷伏在这珠江南岸丛林中的小室里。广州的好去处，热闹如大新公司、先施公司，名胜如黄花岗、六榕寺等，我都未曾去看过。这是为什么，我也不能清楚的说。固然，千辛万苦，到这里来，其目的不在于讨逛公司、览名用的荡子和名士之生活，但譬之经过宝山，却空手而归，这也未免太出于人情以外的事。关于这个答案，我虽然不能明白的告诉诸君——也许是不愿明白的告诉诸君，你们总是聪明的，这有什么值得更深的思索呢？

可是，话虽如上所说，却也有点例外的事情，那就是广州市里一家不重要的小书店，我却去看有些再怕看见那位掌柜的脸——年华很轻，并且生得颇秀丽的那位掌柜的脸。因为我每度到了那里，虽然凝神的翻检了很多的架上的新书，但到了下楼梯时，却都是两手空着——这一部是定然要买的，那一部也是不能不看的……这样的念头，尽管在心里打熬，总是不见实现了出来。

我初到广州时，第一宗吃紧的事，好像就是看书店，而那个小书店，尤其是为我所特别地留意的。大概是到后第二天吧，我就借一位朋友的引带，到那里去了。我初以为它至少也该是在大马路上像平常商店那样的房户。那里晓得在一条短僻的街里，而且是在二楼上的一间很小的房室呢！它的门口，挂着一块狭长的黑底白字中间斜穿一道星光般的红线之招牌，“创造社出版部分部”，这便是牌上刻镌着的字句。招牌小的很可怜，不是熟识了的人，是不容易找见的。到了楼上，这排《洪水》

① 钟敬文（1903—2002），原名钟谭宗。广东汕尾人。著名民间文艺学家、民俗学家、教育家、诗人、散文家。曾先后在浙江大学、中山大学、香港达德学院、北京师范大学、辅仁大学等校任教。历任中国民间文艺家协会主席、名誉主席，中国文联荣誉委员，中国民俗学会理事长、名誉理事长，中华诗词学会副会长等职。

呀,《创造月刊》呀,《现代评论》呀,《莽原》呀……那排《落叶》呀,《少年维特之烦恼》呀,《文艺论集》呀,《呐喊》呀……倒也排列很整整齐齐的，虽然式样并不多。其中最令人感到幽逸雅致的，是四壁上贴着的一些用信笺和粗纸写的字画。有一张信笺上录的是一首隽逸的小词：

帘卷曲栏独倚，山展暮天无际。泪眼不曾晴，家在吴头楚尾。

又有一张周灵均君的手笔，写的字句是：

春水柳条浓淡绿，桃花人面浅深红。

画幅，多是小张的漫画，而且用的是很随便的纸。这些漫画中，有成仿吾君的像，有郭沫若君的像，有穆木天君的像。穆君的像，最饶趣味，因为画的是他用近视眼看报时的情形，并且上面有自己题的两句赞：

北国之人，一团闷气。

有一幅叫做“久等的味儿”的，笔法颇与丰子恺君的相近，我觉得它很有意思。至于相片呢，也有一点，但最触目的，要算那幅用钢笔题着“流浪诗人王独清”的了。此外，还有一个很小的裸体像，在书架的上面正挂着。室里临街的一面，几旁两张藤椅，大概是预备给我们这样喜欢看书而没有钱买书的人坐的。进来的人（不能都称作什么“顾客”，因为有许多是“有睇无买”的，如我自己这位老兄也者，便是其中一个），其中有穿军装的，有穿长袍的，有穿西服的，有穿对襟衫或大襟衫的，形形色色，种类不齐；但就职业论，多是学生；就年龄论，则很少年届“而立”的前辈。据那掌柜和别的人的话听来，那生意是很不错的。

好了，信笔写了两张稿纸，总算把那个小书店的情况，约略说出一些了。我很觉得它里面有点值得看的书，而空气也比较本市什么商务印书馆分馆、文明书局等，来得温和而清新。据一个朋友说，北京的北新书局，也有点像这样的场面与风味。那么，真是南北首都，两小书店在遥遥相映照了——闻北新近来已迁了地址，情形怕已不同。又创造社上海的出版部本部，及北京的分部，局面怎样，不得知道，未审也和这里的分部有些相像否？

一九二六年十月十五日写于广州河南

（选自钟敬文《钟敬文文集·散文随笔卷》，安徽教育出版社，2002 年）

记广州花市

冰心[①]

去年年底，我在广州时节，朋友们对我盛称花市的风光，一再敦劝我说："你过了春节再回去吧，这里的花市是不可不逛的！"我虽然心动，但是我终于一九六一年的除夕，飞回北京来了，对于逛广州花市的计划，认为只好推到悠远的将来，想不到因有出国之便，在春节前又到了广州！

在南下的飞机上，大家已经兴高采烈地谈着广州的花市。

一到广州，那边来接的朋友，立刻就给我们提出逛花市的日程。最内行的人说，逛花市不要夜里去，固然是"花市灯如昼"，但是夜里人更多，见人不见花，要看花还是白天去好。

这一天，就是农历大年夜的前一天，我们吃过午饭不久，就迫不及待地跑到越秀区的花市去了。

我们发现那里是花山，也是人海。在鲜花和绿叶堆成的一座座山下，奔流着汹涌的人群，我们走入春天的最深处了。

我们常爱说："百花齐放。"但是在祖国的北方，百花是应着节序开的，就是在巧夺天工的温室里，也不能过于违背了自然的规律。在祖国的南方，天气基本上都像北方的春秋，因此百花就随着人的意愿而开放。在花市里高矗着一面红格的广告牌，上面标着花儿的名字和价格。什么桃花，牡丹花，菊花，桂花，水仙花，梅花，这都是我们常见的、平时决不"分庭抗礼"的花朵，今天却都挤在这里的花摊上，争妍斗艳地，显示着她们独特的风姿神韵，来征求爱好者的选评。

此外还有许多在北方不常见的如吊钟花，墨兰花，以及我自己从未听过看过的色艳香浓的花朵，如同看到舞台上和文坛上新出现的演员和作家一样，先是突然的惊讶，又

① 冰心（1900—1999），原名谢婉莹。福建长乐人。中国民主促进会成员。诗人，现代作家，翻译家，儿童文学作家，社会活动家，散文家。历任中国作家协会第二、三届理事会理事和书记处书记、顾问，中国文学艺术界联合会第二至四届全国委员会委员和副主席，中国民主促进会中央委员会副主席，全国人民代表大会第一至五届代表，中国人民政治协商会议第五至七届全国委员会常委和第八、九届全国委员会委员，全国少年儿童福利基金会副会长，中国妇女联合会常委等职。

继以无边的喜悦！

我们随着人流涌去，在温暖的阳光下，额上、背上都出了汗，我们一面脱下大衣，一面眼望着台上的缤纷灿烂的繁花，身子却随着人流转移。这时一个孩子向我怀里撞来，他穿着短袖的单衣，赤着脚，一只手里举着一枝鸡冠花，另一手牵着一个黄色的大气球，兴冲冲地只顾往前走。他抬头向我抱歉似的羞涩地微笑了一下，又钻进人群去了。我回头望了他一眼——也只能望一眼，后面的人又催涌上来了。鸡冠花，多么平凡的一种花，也许他手里只带着一两分钱吧，但是他已经买到了春天！我又回头望了一眼，我看见那朵黄色的气球，还在如海的春光和人流上飘荡着。

这一天，我看见了花，也看见了人，但也可以说是什么都没有细看，比方说，我看见了许多从各地来的朋友，他们没有看见我，后来也有人说在花市里看见了我，但是我没有看到他们，我只得到了一种“春深如海”的佳节的气氛，这佳节的气氛是可爱的，可宝贵的，令人振奋欢乐的。我小的时候，在福州的灯市、北京的厂甸里以及现在过“五一”“十一”的时候，也都深深地感到这种气氛。这是劳动人民大展奇才，大事休息的佳节，人们对于这些日子都有着欢乐的期待，欢乐的期待永远是一服兴奋剂。广州花市过去一个多月了，北京的花朵还没有在户外开放，我就是在欢乐的期待之下写出这篇短文的！

（载《北京晚报》，1962 年 3 月 11 日）

广州名迹记·双门底

罗香林[①]

观地方之盛衰，验世运之旋转，前人多注意于学术，今人多注意于政治。而余则谓随在可为参究，不仅于学术政治为然也。试举广州双门底演变言之，则广东数百年来之升沉变化，消息如何，亦可知矣。

双门底今为汉民北路，初名永汉北路。永汉北路之名，由于民国元年，将原日永清门改为永汉门。民国建筑马路时，由大南门至永汉门，全线称永汉南路。原日双门底至大南门，称为永汉北路。其后复将永汉改为汉民，而粤俗则至今称汉民北路曰双门底。

---

① 罗香林（1906—1978），字元一，号乙堂。广东兴宁人。近现代著名历史学家、民族学家及客家学的奠基人。历任广州市立中山图书馆馆长、中山大学副教授、广东省立文理学院院长。1949 年，移居香港，先后在新亚书院、香港大学等校任教。

盖其源远流长，有以使人留念不忘也。

双门之名，原于双阙。昔李唐御宇，于广东置清海军，择番山禺山之交，建清海军楼。五季，刘龑凿平之，建双阙其上，匾曰清海军节度司。宋经略司马伋改双阙为双门。明于其地建拱北楼，以适居省垣中心，因贮元人铜壶滴漏于楼阁，晷刻铢黍，历世不爽，昼悬时牌，夜击更柝，满城视为准则。迄明季，利玛窦东来，莅止嗟叹，徘徊不舍。利固精于制造仪器者也，欲仿其式。竟二王，并攻粤会，屠戮之余，整旅入居，平藩守东丽谯楼，靖藩守西丽谯楼。两门皆累瓮为圈，故称圈城，或曰圈段。（西人称广州曰 Canton，殆即由此。）其东西通道，则称东瓮街西瓮街。民居双门之下故曰双门底云。双门底所在地，为藩司前直街，明代称承宣街，清道咸间称双门大街。此街正对布政司衙门，旧有方岳牌坊，矗然耸立，俨然穗垣脊骨焉。

按粤垣未开马路时，以双门大街为最广阔，坊表林立，蔚为大观。岭海士流，题名其上，后先竞爽，不啻如陕西雁塔题名焉。考乾隆《广州府志》《坊表》：在承宣街者，真儒坊，为检讨陈献章立。三元坊，为伦文叙、伦以谅、伦以训立。探花坊，为涂瑞立。状元坊，为伦文叙立。三达尊坊，为尚书湛若水立。会元宰辅坊，为大学士梁储立。大司成坊，为祭酒黄佐立。榜眼坊，为刘存业立。癸丑进士坊，为王卿命、俞士英、吴殿邦、林联授、李廷材、霍化鹏、梁梦环、李孙宸、崔奇观立。己未进士坊，为陈子壮、何吾驺、黄应举、夏懋学、刘大林、关季益、赵恂如、朱昌祚、谢云虬、姚钿、吴羽侯立。辛未进士坊，为刘承宣、刘士斗、邹鎏、郑瑜、区联芳、赵龙、许国佐、廖贞瑄、杨邦翰、胡一魁、罗起凤、龙大维、严学思、陈是集、邓务忠、麦而炫立。太子宾客宗伯学士坊，为尚书王宏诲立。甲辰进士坊，为李待问、郭尚宾、吴光龙、关骥立。亮天元弼圣朝硕辅坊，为大学士何吾驺立。奕世台光熙朝人瑞坊，为内阁黄士俊、祖黄廷畿、父黄镐立。鼎元台辅坊，为黄士俊立。父子存问坊，为大学士黄士俊立。七宿经天坊，为黄士俊、樊王家、彭际遇、李同芳、伦肇修、韩日缵、林养栋立。朱明一代，广东巍科人物，具见于双门底坊表矣。

而七宿经天坊最为伟丽，魁然壁立，高十余仞，柱础及顶，飞檐横空，篆文雕琢，工巧无艺。迄嘉庆二十六年，十月初六夜，广州大火，从藩司前起，延方岳牌坊，次及七宿经天坊。火焰所被，若赤城然，电掣雷轰，石皆碎裂。昔崔鼎来云：闻之耆老，黄士俊与樊王家皆粤人，而更入桂籍。黄在桂簪花，悬七星经天旗船面。士俊既登状元，因为立坊纪念，并刻七星其下。意兴之豪，一时无两。然士俊以八十高龄，犹投降满清，甘为贰臣，回禄之灾，有由来乎。闻是次大火，烧至大司成坊，黄文裕公祠，即戛然而止。天道不可知而可知云。而大司成牌坊，则至今犹在也。

按双门底黄文裕公祠，为明时国子监祭酒黄佐泰泉讲学旧地。旧有宝书楼，为文裕藏书处。附近大司成里，亦称泰泉里。清道光间，文裕八世孙黄培芳香石，仍居是地。世称泰泉诗孙，有粤岳草堂，在泰泉里内，堂后有岭海楼，南海谭莹玉生为文纪之。张维屏《国朝诗人征略》二篇云：广州城旧宅，以黄文裕故居为最古，香石中翰门联云：三百年里第，十八世书香。洵佳话也。

双门底自昔以书业为最盛，倘效李南涧所撰京师琉璃厂《书肆记》，则双门底不让琉璃厂专美国内矣。广州书肆多设于学院前及双门底。学院前旧称府学东街，今为文德路，旧书肆多萃于是。双门底书肆，则自昔多售专门书籍，故价倍昂贵。今回溯各书坊历史，如藏修堂、翰墨园、森宝阁、九经阁、儒雅堂、登云阁等，皆以苏书标名，古本书与善本，亦间有之。藏修堂主人刘晚荣，尝刊《藏修堂丛书》，颇负盛誉。翰墨园主人骆氏，则专刊朱墨本群书，如朱批《文选》，拉批《陶诗韩诗》，五色批《杜诗》等，省外人士，颇喜购阅。闻父老传云：昔南海曾钊勉士，博学闳通，经义尤邃，家贫不可得书，则日至书肆索读。适仪征阮氏，总制两粤，一日以所爱书，付肆装订。勉士暗自翻阅，遇传刊错字，辄以小楷校注其旁，盖不意为总督书也。后阮氏令役取书，睹所校字，大加惊讶。因自赴书肆询问。铺主谓开罪总督，明指勉士所为。阮氏即揖勉士乞教。旋礼聘为学海堂学长。阮刻《十三经》所附《校记》，盖多勉士拟稿云。

同光间石印盛行，双门底复有点石斋、蜚英馆、同文书局、纬文书局等设立，铺主多江浙人。及戊戌维新，复有时务书局、时敏书局、开明书局等设立，多贩运上海所出新书。会新式学校勃兴，双门底各书店乃转售卖教科书及文具。而商务印书馆、中华书局、世界书局、大东书局等，相继崛起，局面恢宏，群书日富。而凡负盛名之新书局，与有所作为之报馆，亦多设于双门底焉。

双门底书肆肇于何时，今不可考。按李文藻《苏瑞一先生传》谓予入粤，求先生遗集不得，闻所蓄书，尽鬻于双门底书肆曰壁鱼堂者，嘱友人物色之。此乾嘉时书坊见于载籍者也。意乾嘉时双门底早为书肆所萃矣。《学海堂二集》有侯康君谟《双门底卖书坊拟白香山新乐府》，可窥见道咸间广东书业概况。其词云："双门底，双阙峙。地本前朝清海楼，偃武修文书肆启。东西鳞次排两行，庋以高架如墨庄。就中书客据案坐，各以雅字名其坊。偶有新书未入目，拟取一缣售一轴。致令措大倾空囊，典衣典琴犹未足。夙闻江浙多赐书，金题玉躞侔石渠。书舶搜罗亦渊博，欲敌茂先三十车。吾粤繁华甲天下，玛瑙砗磲积如瓦。坐拥书城能几人？得毋重利轻儒雅。我愧敏悟非王充，遨游洛市能淹通。又惭家世非李泌，三尤牙签那可必。只应作计借荆州，涉猎终嫌览未周。国书偶从秦宓假，论衡难向蔡邕求。安得书仓有人筑，七略艺文广收蓄。大供寒士尽欢颜，万卷书如万间屋。山堂桃李皆新栽，春风花放越王台。君不见文翁化蜀学校盛，鲁丕相赵经术开。由来此事在提倡，莫谓南天竟乏才。”

双门底书肆，由清末至民国初年，可谓极一时之盛矣。就是如专售维新书籍及《圣经》之圣教书楼，且更与国父孙公中山之领导革命有关。惜后人不知关系之巨，风气浸以转变。迄对日抗战，广州陷落，汉民南路多为弹烟所毁，而双门底黄文裕公祠与圣教书楼等，亦成焦土。迨胜利复员，不数年间，局面顿更，双门底之文物重建遂亦无可措手矣。

（选自罗香林《大地胜游记》，台湾：亚洲出版社有限公司，1959 年）

花城

秦牧[①]

一年一度的广州年宵花市，素来脍炙人口。这些年常常有人从北方不远千里而来，瞧一瞧南国花市的盛况。还常常可以见到好些国际友人，也陶醉在这东方的节日情调中，和中国朋友一起选购着鲜花。往年的花市已经够盛大了，今年这个花海又涌起了一个新的高潮。因为农村人民公社化以后，花木的生产增加了，今年春节又是城市人民公社化之后的第一个春节，广州去年有累万的家庭妇女和街坊居民投入了生产和其他的劳动队伍。加上今年党和政府进一步安排群众的节日生活，花木供应空前多了，买花的人也空前多了，除原来的几个年宵花市之外，又开辟了新的花市。如果把几个花市的长度累加起来，“十里花街”，恐怕是名不虚传了。在花市开始以前，站在珠江岸上眺望那条浩浩荡荡、作为全省三十六条内河航道枢纽的珠江，但见在各式各样的楼船汽轮当中，还错杂着一艘艘载满鲜花盆栽的木船，它们来自顺德、高要、清远、四会等县，载来了

① 秦牧（1919—1992），广东澄海人。著名作家。历任中华书局广州分局编辑部主任、《羊城晚报》副总编辑、《作品》杂志主编、广东省文联副主席、中国作协广东分会副主席、中国作协理事、中国文联委员、暨南大学中文系主任、中国当代文学研究会副会长、中国当代文学学会顾问等。

南国初春的气息和农民群众的心意。“多好多美的花！”“今年花的品种可我啦！”江岸上人们不禁啧啧称赏。广州有个文化公园，园里今年也布置了一个大规模的“迎春会”。花匠偿用鲜艳的名花瓜果外，还陈列着一株花朵灼灼、树冠直径达一丈许的大桃树。这一切，都显示出今年广州的花市是不平常的。

人们常常有这么一种体验：碰到热闹和奇特的场面，心里画就象被一根鹅羽撩拔着似的，有一种痒痒麻麻的感觉。总想把自己所看到和感觉的一切形容出来。对于广州的年宵花市，我就常常有这样的冲动。虽然过去我已经描述过它们了，但是今年，徜徉在这个特别巨大的花海中，我又涌起这样的欲望了。

农历过年的各种风习，是我们民族在几千年的历史中形成的。我们现在有些过年风俗，一直可以追溯到一两千年前的史迹中去。这一切，是和许多的历史故事、民间传说、巧匠绝技和群众的美学观念密切联系起来的。在中国的年节中，有的是要踏青的，有的是要划船的，有的是要赶会的……这和外国的什么点灯节，泼水节一样，都各有它们生活意义和诗情画意。过年的玩龙灯、跑旱船、放花炮……人人穿上整洁衣服，头面一新，男人都理了发，妇女都修整了辫髻，大姑娘还扎了花饰。那“糖瓜祭灶，新年来到，姑娘要花，小子要炮，老头儿要一顶新毡帽”的北方俗谚，多少描述了这种气氛。这难道只是欢乐欢乐，玩儿玩儿而已么？难道我们从这隆重的节日情调中不还可以领略到我们民族文化的源远流长，和千百年来人们热烈向往美好未来地过年，但是贫苦的农户，也要设法购张画，贴对门联；年轻的闺女也总是要在辫梢扎朵绒花，在窗棂上贴张大红剪纸，这就更足以想见无论在怎样困苦中，人们对于幸福生活的强烈的习憧憬。在新的时代，农历过年中那种深刻体现旧社会烙印的习俗被革除了，赌博、酗酒，向舞龙灯的人投掷燃烧的爆竹，千奇百怪的禁忌，这一类的事情没有了，那些要猴子的凤阳人、跑江湖扎纸花的石门人，那些摇着串上铜钱的冬青树枝的乞丐，以及号称从五台山峨眉山下来化缘的行脚僧人不见了。而一些美好的习俗被发扬光大起来，一些古老的风习被赋予了崭新的内容。现在我们也燃放爆竹，但是谁想到那和“驱傩”之类的迷信有什么牵联呢！现在我们也贴春联，但是有谁想到“岁月逢春花遍地；人民有党劲冲天”“跃马横刀，万众一心驱穷白；飞花点翠，六亿双手绣山河”之类的春联，和古代的用桃木符辟邪有什么可以相提并论之处呢！古老的节日在新时代里是充满青春的光辉了。

这正是我们热爱那些古老而又新鲜的年节风习的原因。“风生白下千林暗，雾塞苍天百卉殚”的日子过去了，大地的花卉越种越美，人们怎能不热爱这个风光旖旎的南国花市，怎能不从这个盛大的花市享受着生活的温馨呢！

而南方的人们也真会安排，他们选择年宵逛花市这个节目作为过年生活里的一个高潮。太阳的热力是厉害的，在南方最热的海南岛上，有一些象菠萝之类的果树，根部也可以伸出地面结出果子来；有一些树木，锯断了用来做木桩，插在地里却又能长出嫩芽。在这样的地带，就正象昔人咏月季花的诗所说的：“药谢花开无日了，春来春去不相关。”早在春节到来之前一个月，你在郊外已经可以到处见到树上挂着一串串鲜艳的花朵了。面在四时的花卉，除了夏天的荷花石榴等不能见到外，其他各种各样的花几乎都出现了。牡丹、吊钟、水仙、大丽、梅花、菊花、山茶、墨兰……春秋冬三季的鲜花都挤在一起啦！

广州今年最大的花市设在太平路，就是历史上著名的“十三行”一带，花棚有点象马戏的看棚，一层一层衔接而上。那里各个公社、园艺场、植物园的旗帜飘扬，卖花的汉子们笑着高声报价。灯色花光，一片锦绣。我约略计算了 一下花的种类，今年总在一百种上下。望着那一片花海，端详着那发着香气、轻轻颤动和舒展着叶芽和花瓣的植物中的珍品，你会禁不住赞叹，人们选择和布置这么一个场面来作为迎春的高潮，真是匠心独运！那千千万万朵笑脸迎人的鲜花，仿佛正在用清脆细碎的声音在浅笑低语：“春来了！春来了！”买了花的人把花树举在头上，把盆花托在肩上，那人流仿佛又变成了一道奇特的花流。南国的人们也真懂得欣赏这些春天的使者。大伙不但欣赏花朵，还欣赏绿叶和鲜果。那象繁星似的金桔、四季桔、吉庆果之类的盆果，更是人们所欢迎的。但在这个特殊的、春节黎明即散的市集中，又仿佛一切事物都和花发生了联系。鱼摊上的金鱼，使人想起了水中的鲜花；海产摊上的贝壳和珊瑚，使人想起了海中的鲜花；至于古玩架上那些宝兰、均红、天青、粉采之类的瓷器和历代书画，又使人想起古代人们的巧手塑造出来的另一种永不凋谢的花朵了。

广州的花市上，吊钟、桃花、牡丹、水仙等是特别吸引人的花卉。尤其是这南方特有的吊钟，我觉得应该着重地提它一笔。这是一种先开花后发叶的多年生灌木。花蕾未开时被鳞状的厚壳包裹着，开花时鳞苞里就吊下了一个个粉红色的小钟状的花朵。通常一个鳞苞里有七八朵，也有个别到十多朵的。听朝鲜的贵宾说，这种花在朝鲜也被认为珍品。牡丹被誉为花王，但南国花市上的牡丹大抵光秃秃不见叶子，真是“卧丛无力含醉妆”。唯独这吊钟显示着异常旺盛的生命力，插在花瓶里不仅能够开花，还能够发叶。

这些小钟儿状的花朵，一簇簇迎风摇曳，使人就象听到了大地回春的铃铃铃的钟声。

花市盘桓，令人撩起一种对自己民族生活的深厚情感。我们和这一切古老而又青春的东西异常水乳交融。就正象北京人逛厂甸、上海人逛城隍庙、苏州人逛玄妙观所获得的那种特别亲切的感受一样。看着繁花锦绣，赏着姹紫嫣红，想起这种一日之间广州忽然变成了一座“花城”，几乎全城的人都出来深夜赏花的情景，真是感到美妙。

在旧时代绵长的历史中，能够买花的只是少数的人，现在一个纺织女工从花市举一株桃花回家，一个钢铁工人买一盆金桔托在头上，已经是很平常的事情了。听着卖花和买花的劳动者互相探询春讯，笑语声喧，令人深深体味到，亿万人的欢乐才是大地上真正的欢乐。

在这个花市里，也使人想到人类改造自然威力的巨大，牡丹本来是太行山的一种荒山小树，水仙本来是我国东南沼泽地带的一种野生植物，经过千百代人们的加工培养，竟使得它们变成了“国色天香”和“凌波仙子”！在野生状态时，菊花只能开着铜钱似的小花，鸡冠花更象是狗尾草似的，但是经过花农的悉心培养，人工的世代选择，它们竟变成这样丰腴艳丽了。“天工人可代，人工天不如。”生活的真理不正是这样么！

在这个花市里，你也不禁会想到各地的劳动人民共同创造历史文明的丰功伟绩。这里有来自福建的水仙，来自山东的牡丹，来自全国各省各地的名花异卉，还有本源出自印度的大丽，出自法国的猩红玫瑰，出自马来亚的含笑，出自撒哈拉沙漠地区的许多仙人掌科植物。各方的溪涧汇成了河流，各地劳动人民的创造汇成了灿烂的文明，在这个熙熙攘攘的市集中不也让人充分感觉到这一点么！

你在这里也不能不惊叹群众审美的眼力。一盆花果，群众大抵能够一致指出它们的优点和缺点。在这种品评中，我们不也可以领略到好些美学的道理么！

总之，徜徉在这个花海中，常常使你思索起来，感受到许多寻常的道理中新鲜的涵义。十一年来我养成了一个癖好，年年都要到花市去挤一挤，这正是其中的一个理由了。

我们赞美英勇的斗争和艰苦的劳动，也赞美由此而获得的幸福生活。因此，花市归来，象喝酒微醉似的，我拉拉扯扯写下这么一些话。让远地的人们也来分享我们的欢乐。

1961 年 2 月，广州

（选自秦牧《秦牧散文》，人民文学出版社，2005 年）

花街十里一城春

秦牧

银夜花街十里长，满城男女鬓衣香。

人潮灯下浑如醉，争看春秾初上妆！

上面这首小诗，描绘的是广州春节前夜花市的热闹景象。它是我二十年前写的。那时候自己正当盛年，逛花市时有一种“青春作赋”的感情，仿佛心灵被一根根羽毛撩拨着，十分舒畅；又好像喝了一杯香甜的醇酒，感到微醺，因而也就断续写了几篇关于广州花市的抒情小品。但是，从那以后，我已经有十多二十年不写这样的文章了。

粉碎“四人帮”后，已有百多年历史的广州迎春花市，又从零落消歇中复苏过来，而且像海水有小潮、大潮似的，在迎接建国三十周年的今年，它涌起了特大高潮，市里各区都设立了中心花市，许许多多公园也都设立了迎春花会。如果把这些香气缭绕的花街连接起来，“十里花街”，真是如实的写照。数日之间，不但吸引了广州的百万居民，还引来了国内许多远道的旅人和香港的三十万游客。几家电影制片厂的摄影师们也纷纷争着到处拍摄镜头。看着这番景象，我不禁又想执笔再描写一下广州所特有的这番情景了。

广州，地处承受“阳光之吻”的亚热带，北回归线就在它城北不远的地方穿过。太阳的直射线，一年四季，不断在南回归线和北回归线之间移动。立春的时候，阳光从南回归线北移，广州很快就感受到春天的热力了。可以说，童话中所描绘的，穿着银光闪闪的锦裳，振动着金色的翅膀，一路撒着花瓣而来的春姑娘，踏着南海波涛，登上了中国大陆的名城广州。从南到北，一直走到北方的黑龙江，差不多用了五个月时间。春姑娘走路的速度不能算很快，大概每天约莫走七十里。然而在她轻盈步履走过，袍袖拂到，目光注及的地方，冬眠的动物睁开眼睛了，叶芽舒展了，花蕾结了起来和慢慢绽开了。

实际上，春姑娘在春节之前就已经踏上南国的土地，农历十二月间，你在广州到处都可以看到她的踪迹。广州一些街道两旁开蝶形花的紫荆树，早在迎春花市举行之前，就已经缀着累千累万蝴蝶般的鲜花，很使人想起云南省的“蝶泉”。还有一种叫做“爆竹花”的藤蔓植物，种于地面，攀缘上升到屋顶或者花棚之上，然后又从上面悬挂而下，它那一串串密集的黄色花苞，开得热烈极了，像一串串正在燃烧的爆竹。南国的人们每逢看到市内和郊区紫荆树、爆竹花开花，正像听到春天的使者奔跑报信一样，知道春天来了，花市快要举行了。今年，紫荆树和爆竹花，都开得多么灿烂啊！

在广州经常可以见到热带、亚热带的植物，它们表现了异常顽强的生命力。榕树的气根伸到泥土里，就可以长成新的树干，以至于一株榕树可以辗转繁衍，形成一个小小的树林。栀子树的树头，被人掘了回来，养在清水盆里，就可以长出片片绿叶，这就是鲁迅也称道过的盆栽“水横枝”。种类繁多、五光十色，有“沙漠美人”之称的肉质植物，在广州可以长得十分之好，能够开出各种奇形怪状的瑰丽鲜花，甚至在冬天也没有例外。还有许多国外的嘉树名花不断被引种进来，品种相当纷繁。有一种香馥得令人陶醉的花，名字叫做“含笑”，是从新加坡引种进来的。另有一种娇妍艳丽超过了它的花，样子很像马蹄莲，叫做“唇苞花”，是从斯里兰卡引进来的。还有的人家，客厅里放着一碗清水，里面放着一小段枯木似的东西，它居然能够抽芽发叶，原来那叫“巴西铁树”，是从美洲引进来的。这种树，把它像手臂似的树干，锯成几寸一段，样子就像段段枯木一般，只要有适当的气温，一浸到清水里它就抽芽发叶了，一栽到泥土里它又变成一株新的树木了。

由于这座花城具有这样的气候条件，交通便利，归侨众多，既可以从国内各地，又可以从世界各地引进许多名花异卉，它出现了一批批花农花匠、园艺巧手，盆栽名家，花卉画师，就是自然不过的事情了。在具有这一切条件的广州，形成了春节前夜几乎倾城的人都到花市去看花买花的诗情画意的风俗，既是一种顺理成章的事态，也是一种群众愿望的升华和结晶。

国内外有各种各样的节日，有些节日，是纪念国家的独立、民族的翻身，纪念抗暴，缅怀先烈的。国内有些节日，是要赏月、划船、登山、看灯的，国外有些节日，是要泼水笑闹、围观美人、骑马比赛、化装作乐的，五花八门，形形色色，拨开宗教迷信和民族传说的薄雾轻纱，它们都多少寓有好整以暇、舒展筋骨的意味。节日也是各式各样生活情趣的喷发口。面对这林林总总的节日，南国花城里的人们很早就说：“不够！应该还有这么一个节日：设法使各种鲜花集中开放，列置长街，大家都来赏花买花，热闹一场！”迎春花市，就体现了这种心理而逐渐形成。这不仅在中国，就是在世界上，也是别开生面，堪称放一异彩的了。

花市，今年照例设立在一条条大街上，这些地方临时搭起了花架，那模样儿很有点像马戏的看台，一级一级，置满了盆栽和花束。更有一些摊档，是专门贩卖桃花、梅花、吊钟的，看那些摊位，又像是一个小小的树林。今年花街的花果树木特别多，因为市郊的花农加意栽培，花果都比去年增产啦。广州近郊有一个鹤洞公社，是著名的“花乡”，全公社种花两千多亩，种柑桔二十多万盆，还养出金鱼、热带鱼一百多万尾，这都比十年动荡前大大增加了。其他好些兼种花卉、景况有所发展的公社，也大抵如此。这样，今年鲜花盆果的供应量，就远远超过去年，形成花市新的宏观了。

虽说解放后的花市已经打破了旧俗，不再是“一日之市”，而是改成设立几天，但是人潮汹涌，仍然是在农历除夕的深夜。这时分，银灯高照，人流滚滚，夹着笑语喧声，涌入花市彩门。这个夜里，平素害怕拥挤的人也不怕拥挤了，往常夜间足不出户的人也来逛花市了。百数十万人，像赶集似的，熙熙攘攘，摩肩接踵，争着赏花买花，也可以说是情趣盎然了。

花架之上，神态凛冽的菊花，端庄雅洁的山茶花，艳丽的牡丹，娇俏的石竹，挺拔的剑兰，潇洒的仙客来，“卧从无力含醉妆”的大丽，“水上轻盈步微月”的水仙，“独先天下之春”的梅花，笑脸迎人般的绯桃，点点繁星般的海棠，色调缤纷的“彩雀”，还有鸡冠、玫瑰、含笑、兰花之类，交相辉映。南方特有的吊钟花，每一个鳞状花苞里能够伸出五六朵以至十几朵铃铛状的花儿，更像是在摇动着它们的小铃铛，喧嚷着“春来啦，春来啦！”人们就在这花街中间赏花买花。买到了的，就把一束束鲜花，一盆盆柑桔举在头上行走，这时候，奔腾不已的人流又逐渐变成一条“鲜花之流”了。

花市徜徉，人们实际上欣赏的不只是花，还有鲜果，这就是金桔、四季桔、朱砂桔、西柠檬、佛手之类，这一类果子是可以吃的；还有不能吃却大可观赏的鲜果，例如像一颗颗大红珠的“吉庆果”和像煞一只只小鹿头部的“乳茄”之类。人们不仅看花看果，也还专门欣赏各种植物的绿叶和树干，这就是兰草、肉质植物和九里香、山茶之类的盆栽。花市，还包含着更广义的“花”，金鱼是“水中之花”，古董是“古代艺术之花”，画师、书法家们即席挥毫的作品是新的艺术之花。有了这种多样性，花市的春意就更加热闹了。

花市徜徉，使人不能不惊叹花农、花匠们的巧手绝技，真是“天工人可代，人工天不如”。他们能够把许许多多种属于各个季节的花果，运用控制日照、水分、肥料等等办法，使它们同在一个时间里开花和结果。还能够“缩龙成寸”，在一盆之地，显示出一株株老树的苍劲雄姿。今年的花市上，有一株盆栽的果树，枝头挂着柑、橙、桔、金桔、“玳玳果”等几种水果，命名为“团结果”，这是花木公司的工人特意为今年花市培育出来，意味深长的礼物。

和花市互相辉映的，还有许多公园所举办的迎春花会，今年花会的花式品种，也攀登上一个新的高峰。中央公园里的盆栽、越秀公园的花卉馆和烈士陵园的花廊，都使我想起了苏州的园林。广东人一向把花匠幽默地尊称为“花王”，至今还是沿用着这样的称号。这些“花王”之中，不乏和中国神话传说中的“青帝”可以媲美的人物。他们真正能够击鼓催花，命令大量的鲜花同时绽开。像上面提到的那盆“团结果”，以及前些时菊花展览中出现的，一株开花两三千朵的大立菊，就是他们许多杰作中的一些代表。这些总是蹲在园圃里侍弄花木，衣服上常常沾着泥巴的人物，当你在公园里和他们擦身而过，或者在饭馆里和他们偶然共桌，看到他们从裤袋里掏出一个扁樽来畅饮其二两白酒，悠然自得的时候，有谁能够知道他们身怀这种巧夺天工的绝技呢！他们种菊时为了使菊花繁生，第一年不让它开花，第二年苦心经营之后，才催它着花上千的办法，堪称“厚积薄发”。这种“厚积薄发”，以及刻意剪裁，讲究和谐，打破常规，竞新斗巧那一套，不是也很值得艺术领域的其他人们师法吗！他们当然也是艺术家，不过他们的艺术创造，并非体现于文字、画幅、舞姿、歌喉，而是体现于树木之中罢了。逛逛花市，也是常常可以向双手沾满泥巴的“花王”殿下们，学习到一些美学的。

在花市里挤呀，挤呀，望着花棚上笑靥迎人的繁花，望着高擎花束行进的喧闹的人流，另一首小诗又冉冉地在我的心头形成了：

香街十里一城春，笑语喧声入彩门。
疑是层峦采蜜使，幻成百万看花人！

（选自秦牧《秦牧散文选》，人民文学出版社，1978 年）

民间故事录

五羊传说

五羊传说是岭南地区最早有文献记载、知名度最高的神话传说，以广州为中心向外辐射。因此传说，广州城又名五羊城、羊城、穗城、穗垣、仙城、羊石等。

五羊传说至少流传了 1500 多年。唐宋以后，以诗文、书画、雕塑、舞蹈、戏剧等

五羊石像（21世纪初摄）

多种形式流播。立于广州市越秀山的五羊石雕广为人知，成为广州的城市标志。民国时期、中华人民共和国成立后的广州市徽图案均有五羊传说的元素。传说中五羊仙的民间信仰含义，由当时的谷神，逐步演化为城神。广州城内祭祀五羊仙的五仙祠（后称五仙观）最迟建于宋代，世代为广州人所奉祀。对五羊传说渊源及内涵的研究，仍是学术界的热题。

对五羊传说的纪念性建筑最主要的是五仙祠。广州历史上可追溯的五仙祠，地点在十贤坊，即今北京路与广卫路交界之处。南宋嘉定年间（1208—1224），迁到西湖玉液池畔（今西湖路附近），称奉真观。南宋末年迁至今广仁路。明洪武元年（1368）焚毁。洪武十年（1377），由广东省布政使赵嗣坚迁往惠福西路现址。

近年来，政府部门重视对五羊传说的开发和利用。2007年，经越秀区申报，五羊传说被列为广州市第一批非物质文化遗产名录民间文学类项目。同年6月，经广州市申报，五羊传说被列为广东省第二批非物质文化遗产名录民间文学类项目。

传说源流 五羊传说作为民间口头传说始于何时，已无从追溯。这一传说载于古籍，最早为晋代《广州记》。

清苏仁山《五羊仙迹图》

传说中五羊降临的时间，有多种说法：清屈大均《广东新语》称在周夷王八年（前878），同书又有三国吴时的说法；清曾燠《重修南海五仙观记》称在周显王（前368—前321）时；晋裴渊《广州记》称在高固为楚威王相时；北宋钱易《南部新书》称在晋代。

五羊传说在流传过程中，保留其基本情节的同时又有所变化。《广州记》载："州厅事梁上画五羊像，又作五谷囊，随像悬之。云昔高固为楚相，五羊衔谷萃于楚庭，于是图其像。广州则楚分野，故因图象其瑞焉。"① 南朝宋沈怀远《南越志》称："昔有五仙牵五色羊至此。"② 五仙形象在这时才正式出现。唐人诗文中多处见五羊传说，如初唐诗人沈佺期《峡山赋》即称广东清远峡山"切惟羊城王岭之要冲"，高适《送柴司户充刘卿判官之岭外》有"海对羊城阔，山连象郡高"，殷尧藩《送刘禹锡侍御出刺连州》有"遐荒迢递五羊城，归兴浓消客里情"，皮日休《送李明府之任海南》有"五羊城在蜃楼边，墨绶垂腰正少年"。唐末裴铏所写传奇《崔炜》，描写崔炜在南越王赵佗墓穴中的奇遇，述及崔炜在墓中遇见"羊城使者"，这位使者骑着一头白羊，从空中冉冉而降，衣冠俨然，手执大笔，他把一写有篆字的青竹简放在几上，上面写着"广州刺史徐绅死，安南都护赵昌充替"③。仙人把崔炜带回人世。后来崔炜在广州城隍庙见有一尊神像，与他在赵佗墓中所见的羊城使者一模一样，这才恍然大悟，原来羊城即广州城，而城隍庙中也有五羊像。

至北宋时，五羊传说内容基本形成。如郑熊在《番禺杂记》中记载："广州昔有五仙骑五羊而至，遂名五羊。"④ 政和四年（1114），广南东路经略使张劢《广州重修五仙祠记》记载："广为南海郡治，番禺之山而城，以五羊得名，所从来远。参考南越岭表诸记录，并图经所载，初有五仙人，皆手持谷穗，一茎六出，乘羊而至。仙人之服与羊各异，色如五方。既遗穗与广人，仙忽飞升以去，羊留化为石。广人因即其地为祠祀之，今祠地是也。"⑤

宋以后，五羊传说基本上没有新的内容加入。《读史方舆纪要》《南越志》《南部新书》《南海县志》《南海百咏》《百越先贤志》等书的记载大同小异。

---

① 〔宋〕李昉等编：《太平御览》，第2卷，742页，河北教育出版社，1994年。

② 〔宋〕王存：《元丰九域志》，694页，中华书局，1984年。

③ 〔宋〕李昉等编：《太平广记》，140页，团结出版社，1994年。

④ 黄颐佛：《广州城坊志》，引郑熊《番禺杂记》，1页，暨南大学出版社，1994年。

⑤ 〔宋〕张劢：《广州重修五仙祠记》，存五仙观内。

《广东新语》专设“五羊石”条:“周夷王时，南海有五仙人，衣各一色，所骑羊亦各一色，来集楚庭，各以谷穗一茎六出，留与州人，且祝曰：愿此阛阓永无荒饥。言毕腾空而去，羊化为石。”[①] 此记载较多为后人引用。《广东新语》另有“五谷神”条，所述五仙骑五羊降于州厅时间为晋代，与“五羊石”条所述周夷王时不一致。

清以后至 2016 年，五羊传说内容与《广东新语》所记相同。

金花娘娘传说 金花娘娘，又名金花圣母、金花普主惠福夫人，被广州人称为“送子娘娘”和妇女儿童的保护神。

关于金花夫人的来历，有多种说法。

第一种说法称金花夫人从小就是巫女，端午节在仙湖观龙舟时不慎落水身亡，尸身数日不坏，浮出时面容如生，散发异香，有沉香木像在旁边，酷似金花生前的模样。人们便把它当作金花夫人的神像，立祠奉祀，祈嗣颇为灵验。

第二种说法称金花夫人是南汉宫中的女巫，溺死于宫中。

第三种说法称金花夫人本是民间处女，有巡按夫人难产，神灵梦中告诉她，只要把金花请到官衙，便可顺利生产。巡按派人密访，终于找到金花，把她带来，夫人果然诞下麟儿。从此，人们都把金花当成神，无人敢与她谈婚论嫁，金花羞愤不已，投湖自尽。

仙湖街北侧的惠福巷，传说是金花出生之地。一说惠福夫人因惠福巷而得名，一说惠福路、惠福巷因惠福夫人而得名。最迟从明代开始，广州人在仙湖边建灵应祠，立金花塑像以祀，名为“金花普主惠福夫人”。在妇女中流传一首歌谣:“祈子金华，多得白花。三年两朵，离离成果。”所谓“白花”，乃指男童。明、清两代，广州金花庙数量众多，星布于城厢内外，仅北京街范围内，仰忠街、仙湖街、连新路等街巷都有。金花夫人是明代以后在广州出现并盛行的地方神祇，既不入佛教，也不属道教，但在民间却有着广泛而深厚的信仰基础，形成一种地域性的崇拜活动和社会风俗。岁月日久，灵应祠逐渐残旧失修，终至毁圮。

明成化五年（1469），巡抚都御史陈濂重建，称金花庙或惠福祠，香火大盛。嘉靖初年，广东提学副使魏校下令捣毁广州的“淫祠”（不入官方祀典的祠庙），仙湖街的金花庙被拆毁。后人又重建，香火依然兴盛。清乾隆年间（1736—1795），内阁学士翁方纲视学粤东，再次下令拆毁。后来人们在仙湖街清源巷口又重建庙宇，

---

① 〔清〕屈大均:《广东新语》(上)，180 页，中华书局，1985 年。

至清末复圮。

明清时期，每年的农历四月十七是金花诞，民间开坛打醮，演戏酬神。妇女入“金花会”，集资庆祝，备办祭品，请戏班，唱八音，画舫笙歌，祷赛极盛。仙湖渠上有宝石桥（今大南路北侧仙湖街一带），因挤满前去求子的妇女，得名仙童桥。

金花夫人信仰历明、清两代，在广州盛行不衰。民国时期，金花夫人信仰开始式微。中华人民共和国成立后，移风易俗，金花夫人信仰基本绝迹，金花庙也大部分被拆除，或改作他用，只剩黄埔区有金花古庙。2009 年，金花娘娘传说被列入广州市第二批非物质文化遗产名录。

大事纪略

今北京街所在地，历史悠久，自秦代为南海郡治所开始，2230 多年来一直是华南地区的政治、经济、文化中心，漫漫历史长河在北京街留下多彩的印迹。近代以来，北京街成为民主革命的重地，无数爱国志士前赴后继，探索救国之路，在中国近代史上写下光辉的篇章。改革开放后，北京街顺应历史潮流，在改革开放的春风下，不断走向新的辉煌。

赵佗像

南越国始末

秦始皇三十三年（前214），秦始皇平定岭南，设桂林、南海、象三郡，任命任嚣为南海郡第一任行政长官。当时，南海郡治所设在今旧仓巷至芳草街之间。任嚣领军驻防，以今北京街为核心筑城，史称“任嚣城”。任嚣去世后，继任者赵佗以今北京街为

赵佗接受南越王封号雕塑（21 世纪初摄）

统治中心，拥旄岭南，建立南越国，史称其为“南越武王”。

汉高祖十一年（前 196），刘邦派陆贾携玺绶、诏书，出使南越国，劝赵佗向汉室称臣。赵佗被陆贾打动予以接见，并接受汉朝赐予的南越王印，剖符通使，称臣奉汉。

汉高后五年（前 183），吕后对南越国实行禁绝关市的经济封锁，赵佗和汉朝关系破裂。高后八年（前 180），吕后病逝，文帝即位，派陆贾第二次出使南越国，带信给赵佗，劝其归汉。赵佗回书《报文帝书》，表示愿奉明诏，长为藩臣。为表示臣服的诚意，赵佗还在象冈筑朝汉台，朔望升拜。

建元四年（前 137），赵佗去世，传位其孙赵眜。元狩元年（前 122），赵眜去世，传位其子赵婴齐。元鼎四年（前 113），赵婴齐去世，传位其子赵兴。元鼎五年（前 112），南越国丞相吕嘉叛汉，杀死赵兴和汉朝使者，立赵婴齐长子赵建德为王。汉武帝遣大军南征，元鼎六年（前 111）灭南越国。

南越国历五世，凡 93 年。

南汉国始末

五代十国时期，后梁贞明三年（917），南海王刘龑在今广州称帝，设广州为国都，改名兴王府，建立大越政权，改元乾亨。乾亨二年（918），刘龑在兴王府南郊祭天，大赦境内，改国号大汉，史称南汉。

刘龑立国初期，推行一系列治国政策，选拔人才，重视海外贸易，建筑业、造船业、矿冶业、制盐业、陶瓷业发达。与此同时，刘龑对广州城进行开发。以北京街为中心，扩展城区，修筑宫殿，把番山和禺山夷平，开凿西湖（今西湖路），在湖心小岛（药洲）上修建御花园。南汉的皇宫，与南越国宫署在同一地点，即今南越王宫博物馆处。

大有十五年（942），刘龑去世，其第三子刘玢即位，改元光天。光天二年（943），刘龑第四子刘晟杀刘玢自立，改元应乾（943—958），诛杀大臣、兄弟，数年之间，刘家被他诛杀殆尽。又任用宦官、宫女为政，使南汉国力日益衰弱。应乾十六年（958），刘晟去世，其子刘鋹继位，改元大宝（958—971）。刘鋹在位期间，荒淫无度，统治昏庸，国力大衰，更将朝政交予女巫，导致朝政糜烂不堪，政事紊乱。大宝十四年（即北宋开宝四年，971），南汉为北宋所灭，刘鋹被北宋封为恩赦侯。

南汉国，凡四朝，共54年。

南汉历代皇帝，都崇奉佛教，几十年间，环绕着兴王府（广州城），在东、南、西、北4个方位，兴建28座寺庙，分别是：东方七寺，慈度寺、天王寺、觉华寺、普慈寺、化乐寺、兴圣寺、觉性寺；西方七寺，文殊寺、千佛寺、真乘寺、水月寺、定林寺、昭瑞寺、集福寺；南方七寺，宝光寺、千秋寺、古胜寺、延祥寺、地藏寺，另两座寺失名；北方七寺，国清寺、尊胜寺、证果寺、报恩寺、地藏寺、报国寺、悟性寺。[①]

---

① 二十八寺寺名各文献记载略有不同，此据陈欣《南汉国史》，416页，广东人民出版社，2010年。

南汉历代皇帝，生活都十分奢靡，离宫别苑，遍布城厢内外。在今珠江以南、中山四路附近、流花桥附近、荔湾湖等处都曾设置别苑。开宝四年（971），北宋大军攻打广州，南汉不能敌，刘鋹决定弃城，带着宫中的奇珍异宝和妃嫔美人从海路逃走。然后下令放火焚城，烧光所有皇宫御苑和带不走的财宝。宦官们奉旨四处放火，位于城西的昌华苑首先起火，城中的西湖药洲和珠江南岸的千秋寺（今海幢公园）都可见火焰和浓烟。随后，各处的宫殿、馆苑、仓廪也陷入火海。

南明绍武政权始末

清顺治三年（1646）八月，南明隆武政权灭亡。时为唐王的朱聿𨮁和隆武朝的官员逃到广州，而其他南明势力则在广东肇庆推举明神宗（朱翊钧）之孙、明思宗（朱由检）堂弟、桂王朱由榔为监国。同年十月十六，江西赣州失守后，朱由榔政权于十月二十一从广

绍武君臣冢旧影

东肇庆仓皇逃往广西梧州。十月末，隆武朝大学士苏观生联同何吾驺、顾元镜、王应华、曾道唯等人，护送朱聿鐭到广州。十一月初五，朱聿鐭即位称帝，年号绍武，以明代都司署（今人民公园）为行宫，史称南明绍武政权。该政权最重要的一些官职，几乎全由广州当地人担任。

同年十一月初八，朱聿鐭称帝的消息传到梧州，朱由榔政权惊怒，4 日后至肇庆，于十一月十八登极称帝，改元永历。永历帝派遣兵科给事中彭耀、兵部主事陈嘉谟前往广州，以藩王礼节拜见绍武帝，规劝其取消帝号。首席大学士苏观生大怒，斩彭、陈二人，再令陈际泰督师攻打肇庆。永历帝派兵部右侍郎林佳鼎、夏四敷率兵，在十一月二十九于三水县城西，与绍武军展开内战，击退对方。苏观生再令广东总兵林察联同新降的海盗等数万人反击，大败永历军队。正当绍武、永历二帝自相残杀之时，由佟养甲、李成栋率领的清兵已攻取潮州、惠州，临近广州附近时，用缴获的南明地方官印，向绍武帝发出太平的错误信息。

同年十二月十五，清将李成栋率军突袭广州，从广州东门入城，绍武君臣尚未调集军队抵抗，城已攻陷。绍武朝的主要官员何吾驺、王应华、顾元镜等降清，广州城内的 24 位明朝藩王则全数被杀。苏观生见大势已去，自缢而死。已易服的绍武帝打算爬城墙逃走，但被清军抓获，囚于东察院，绍武帝自缢殉国。也有说法称，绍武帝、苏观生都是被清军所杀。

绍武朝从建立到灭亡，主要机构皆位于今北京街地区，历时 41 天。

清道光十九年林则徐广州禁烟

清道光十八年（1838），道光皇帝委任林则徐为钦差大臣，节制广州水师，前往烟患最为严重的广东办理禁烟事宜。

道光十九年（1839）公历 3 月，林则徐抵达广州后，即与两广总督邓廷桢、广东水师提督关天培共商禁烟大计，接见各阶层人士，调查鸦片流毒情况，采取严厉的禁烟措施。3 月 18 日，会同邓廷桢及广东巡抚怡良等传讯十三行洋商，责令转交谕帖，命外国鸦片贩在三日内将存在趸船上的所有鸦片缴出，并出具甘结。同时，对内查拿烟贩，收缴烟土、烟枪，严禁吸食。先后制定颁发《禁烟章程十条》《查禁营兵吸食鸦片条例》《编查保甲告示条款》《省城设局收缴鸦片章程》等戒烟条规。为方便民众缴烟，在今北京街辖内的大佛寺设置收缴烟土烟枪总局，并请爱国士绅邓士宪、陈其锟等协助办理。在约一年时间内，广东破获烟案数百起，逮捕人犯 2200 人，收缴鸦片 35551 千克、烟枪 75726 杆、烟锅 726 口，并惩办受贿包庇鸦片走私的水师官弁蒋大彪、梁恩升、徐广、王振高、保安泰、伦朝光等人。

英国驻华商务监督乔治·义律破坏禁烟活动，令所有停泊口外的英船开赴香港。3 月 24 日，义律潜入广州，阻止外商缴烟，并企图引带大鸦片贩颠地逃跑。林则徐下令停止中英贸易，派兵封锁商馆，断绝广州商馆与趸船之间的交通；撤出被外商雇用的买办、工人。义律见此情况，又改变方法，3 月 27 日，以英国女王和政府的名义，令英商缴烟，但向他们保证烟价由英国政府赔偿，其目的是要把清政府惩办不法外商的缴烟问题变成中英两国之间的问题，为英国发动侵华战争制造借口；又劝说美商缴烟，声明烟价也由英国政府赔偿，以促使美国共同侵华。结果，英美烟贩交出鸦片 19187 箱、2119 袋，超 136.5 万千克。

清光绪二十一年兴中会乙未广州起义

清光绪二十年（1894）公历 11 月，孙中山在檀香山组织兴中会，中国资产阶级革命派正式登上历史舞台。

光绪二十一年（1895）1 月，孙中山从檀香山返回香港，与陈少白、郑士良商议设立机关，联络防营、绿林、乡团，准备发动武装起义。2 月 21 日，孙中山与陆皓东、

孙中山等人策划乙未广州起义

兴中会在檀香山成立

郑士良、杨衢云、谢缵泰等人成立香港兴中会总会。3 月 13 日，兴中会干部开会决定发动广州起义。随后，孙中山即偕同郑士良、陆皓东、陈少白、邓荫南等赴广州，在双门底（今北京路）王氏书舍（又称王家祠云岗别墅，在今北京路青年文化宫内）设立兴中会广州分会，另在东门外咸虾栏张公馆、河南（今海珠区）等处设分支机关数十处。外以广州农学会之名为掩护，由孙中山坐镇指挥，杨衢云在香港负责后勤及运送人员、械弹和办理财政工作。

8 月27 日，起义计划完成。约在 9—10 月，决定起义日期为重阳节（农历九月初九，公历 10 月 26 日），按照民俗，是日拜山祭祖，往来人众，便于运送人员军械；起义时以红带为标志，口号为“除暴安良”。10 月 25 日，起义各部除香港一部外，均已抵达广州城外。杨衢云在香港措置失当，电告广州机关须延期二日。接香港来电，广州方面决定停止发动起义。当时，起义消息已经泄露。会员朱淇的哥哥朱湘将消息密报缉捕委员李家焯，孙中山被监视。但两广总督谭钟麟不相信孙中山会造反，故未逮捕孙中山。香港当局也将消息通知粤方，粤方防范加严。杨衢云接到广州电报，得知已停止进兵，但 7 箱军械已经下船，不能取回，便复电称“接电太迟，货已下船，请接”，并派朱贵全、丘四率队搭乘“保安”轮赴广州。28 日，南海县令李征庸与李家焯一早在码头截缉，逮捕朱贵全、丘四以及广东水师统带程奎光等 70 余人。此前，双门底、咸虾栏等机关被破坏，陆皓东等已被捕。此役未经发动即告失败，陆皓东、朱贵全、丘四被杀，程奎光病死狱中，其余或囚或释。孙中山从广州转移到香山县（今中山市）小榄镇，后经友人协助，登上伪装运鱼草、饲料的小船到澳门，脱离险境。

1911 年同盟会“三二九”起义

黄兴

广州新军起义失败后，孙中山于清宣统二年（1910）公历 11 月 13 日在马来西亚槟榔屿召开会议，决定再次起义，拟仍在广州举事。

为在广州发动起义，同盟会起义总指挥部设在广州司后街（今北京街越华路）小东营。宣统三年（1911）1 月底在香港跑马地 35 号设统筹部，以黄兴、赵声任正、副部长（起义时由赵声、黄兴分任正、副总指挥），胡汉民为秘书长。在香港摆花街设实行部，组织“选锋”（敢死队）400 余人，设立据点 38 处，以作联络、储存军械之所。

4 月 8 日，香港统筹部召开发难会议，决定 4 月 13 日举事，分十路进攻。是日，广州发生温生才刺杀署理广州将军孚琦之事，当局加倍戒严，起义日期改为 4 月 26 日，后又改期 4 月 27 日发动。4 月 26 日，黄兴等决定按原定日期 27 日起事，改四路进攻：黄兴攻督署；姚雨平攻小北门、占飞来庙，并迎新军及巡防营入城；陈炯明攻巡警教练所；胡毅生以 20 人守大南门。香港同仁收到发难电报后，因日起紧迫来不及全部进城，请缓一日，但部署已定，不能更改。

陈炯明、姚雨平、胡毅生所率三路均未发动，仅黄兴一路孤军奋战。黄兴将所部再分为三路，以徐维扬率花县同仁出小北门，拟与新军接应；以刘梅卿率闽省及南洋同仁攻督练公所；黄兴、方声洞、罗仲霍等十余人出大南门，拟与防军接应。黄兴等至双门底（今北京路），与从顺德调回的巡防三营相遇。该营是前来响应起义的，因无标志，双方交火，方声洞击毙防营哨官（党人）温带雄；防营开枪还击，打死方声洞。黄兴身边已无起义人士，便遁入一书店，易服而出，至晚潜到河南（今海珠区），找到机关，由徐宗汉包扎伤口，后同至香港就医。刘梅卿一队攻打督练公所，至莲塘街，与自吴公馆出发的喻培伦等四川同仁会合，在莲塘街至仓边路一带与防军交战，喻培伦等受伤被捕牺牲。徐维扬派至小北门者，沿途与敌作战，至小北门、高阳里口遇大队敌兵，被迫退至盛源米店继续作战，坚持至次日下午，张鸣岐下令烧街，起义者始越后墙逃走。徐维扬率队在司后街应敌，折入小东营，与李文甫会合，袭击飞来庙不克，失败后经三元里返回花县。至此，起义宣告失败。

1921 年新青年杂志社迁址昌兴街

《新青年》是新文化运动时期著名的刊物，该杂志对马克思主义在中国的传播起到重大作用。1921 年 4 月，由于杂志社遭到法国巡捕房的查封，被迫由上海迁至广州，在惠爱中路（今中山五路）昌兴街 26、28 号设立新址，继续出版该杂志。

《新青年》杂志，原称《青年杂志》，16 开本，1915 年 9 月在上海创刊。第 1 卷原名《青年杂志》，1916 年 9 月第二卷起改名《新青年》月刊。1917 年 1 月，编辑部迁到北京，1919 年又迁回上海。该刊以提倡民主和科学，反对专制和封建迷信；提倡新道德，反对旧礼教；提倡新文学，反对旧文学，宣传新文化运动为主要内容，对当时整个中国思想文化界产生巨大的影响。1920 年 9 月成为上海共产主义小组的机关刊物，并正式脱离上海群益书社，成立新青年社。1921 年 1 月,《新青年》第八卷第六号稿件已排好版，却遭法国巡捕房查封。4 月，该社迁至广州昌兴街 26、28 号的一所三层楼的房子内。一楼是专门销售进步书刊的丁卜书店，二、三楼为新青年杂志社。

新青年杂志社迁至广州后，继续编辑出版。1921 年中国共产党成立后，一度正式成为党中央的机关刊物，成为宣扬马克思主义的重要理论阵地，并对无政府主义和伪社会主义等思潮进行无情的揭露。鲁迅在《新青年》上发表中国近代文学史上第一部白话文小说

昌兴街《新青年》杂志社旧址（21世纪初摄）

《狂人日记》；李大钊在《新青年》杂志上发表《我的马克思主义观》《布尔什维主义的胜利》《庶民的胜利》等重要文章。该杂志由瞿秋白主编，继续介绍马克思列宁主义著作，刊登共产党人瞿秋白、任弼时、李求实、萧楚女等人的文章，遭到反动势力的仇视。1922年7月，第九卷第六号出版后停刊。1923年6月，中共三大召开期间改为季刊复刊，共出4期，编辑、出版、发行改在广州平民书社，书社地址在司后街（今北京街越华路）45号。1924年12月停刊，翌年4月又复刊，编辑、发行署名“广州新青年社”，不定期刊出5期。至1926年7月停刊，《新青年》杂志共出版63号（期）。

新青年杂志社迁到广州之后，除出版《新青年》杂志外，还出版“新青年丛书”（包括《到自由之路》《欧洲和议后之经济》《哲学问题》《社会主义史》《工团主义》《阶级斗争》等）和《陈独秀先生讲演集》等书，共56种。

此外，值得一提的是，1923 年，在 6 月的复刊号上，发表瞿秋白从法文译来的《国际歌》歌词和简谱。此前《国际歌》的歌词在中国虽有译本，但没有配上曲谱，因而无法传唱。在昌兴街，中国第一次真正唱响《国际歌》。

赤社美术研究会

赤社美术研究会（简称赤社）是 20 世纪 20 年代至 30 年代出现于广州的一个美术团体，组织人员包括广州西洋画家胡根天、陈丘山、梁銮、雷毓湘、容有玑、徐守义、梅雨天、任真汉等，存在时间 14 年。因“赤”字有光明、热烈、诚心、温和之义和南方的象征，故取名“赤社”。

赤社创办之前，广州虽然也有一些画社或美术学校，但这些画社和学校，多数为商业性质，招收学徒教授绘画，其中包括传统技法的国画和由日本传入的折衷派绘画，还有一种是教授青年人学习擦炭相或临摹外国传来的明信画片和复制画的。

1921 年 10 月 1 日，赤社举办广州首次西洋画展览会，地点设在永汉北路（今北京路）旧双门底右侧的广州市立师范学校内的一间礼堂，这一天也被称为赤社的诞生日。这是广东第一次开设西洋画展，比广东省第一次美术展览会要早三个多月。

广大路 8 号赤社旧址（21 世纪初摄）

展览持续一个星期，展品有油画、水彩画、木炭素描、粉彩画和铅笔速写等共160多幅，包括陈丘山、胡根天、徐守义、梅雨天、容有机、雷毓湘、李殿春、徐藏龄、崔国瑶等画家的画作。

1922年6月，赤社举办第二次画展，展览设在中央公园（今人民公园）东北边搭盖的葵棚里，作品依旧是西洋画，展出画作100多幅。

赤社成立初期，没有固定地址。1924年1月，在广大路租赁两栋房子作为社址。以三楼为研究室及展览室，一、二楼为办事处及宿舍。是年3月，赤社创办美术学校，分为上午、下午、晚间3个班授课。

1927年12月广州起义失败后，赤社引起当局的怀疑。1928年11月底，赤社被取缔解散。赤社发起人胡根天等人据理力争，争取社会支持，后将其改名“尺社”（谐音）继续开办。1935年宣告结束，赤社美术学校也随之停办。

1927年广州起义

1927年，上海发生“四一二”反革命政变。不久，武汉又发生“七一五”反革命政变。国民党发动清党运动，国共关系破裂，大革命失败。同年8月，中国共产党在南昌组织起义，其后叶挺、贺龙两军撤出南昌，向广东转进。8月20日，中共广东省委在香港成立，张太雷任省委书记。叶挺经香港进入广州，准备参加共产党在广州组织的起义。

11月26日，从上海回到广州的张太雷，与陈郁、黄平等人在广州召开常委会议，决定立即组织暴动。由张太雷、周文雍、黄平组成革命委员会，负责全盘运筹调度。12月7日，张太雷在司后街（今北京街越华路）一间小电影院里召集干部秘密会议，向大家宣讲、解释起义的政纲、口号。起义的总指挥部设在禺山市场一间杂货铺里。12月9日，叶挺和杨殷（中共广东省委常委兼省革命军事委员会主任、中共中央南方局委员）、沈青（工人赤卫队队长）、陈道舟（郊区农军总指挥）和教导团代表，在这间杂货铺里召开起义参谋团军事会议，制定起义部署和战斗序列。会议指出，由于暴动的消息已经外泄，张发奎对教导团有所怀疑，决定12月11日举行广州暴动。

12月11日3时30分，驻扎在黄花岗附近四标营的教导团官兵打响第一枪，暴动开始。按照原定计划，第一联队与敢死队分别从龙藏街和中央公园冲出，围攻市公安局。市公安局及各处据点，很快都被攻占。到天亮时，广州全城（珠江以北）已基本被占领。张发奎等逃往河南。

广州市苏维埃政府成员和工农兵执行委员会举行第一次会议，宣告成立苏维埃政府，因为起义是仿照巴黎公社的形式，故也称新成立的苏维埃政府为“广州公社”。苏维埃政府在市公安局内办公。

原定在中央公园召开苏维埃成立大会，但一股敌军突然冲过越秀山，在吉祥路与赤卫队发生激战，大会改到12日中午在西瓜园举行。会后，发布《广州苏维埃宣言》《广州苏维埃政府告民众》和有关的法令。

然而，形势很快发生逆转。12月12日，国民党李福林第五军陆续从猎德、河南戏院码头渡江，对广州公社实行反攻，越秀山爆发激烈的攻防战。12月13日清晨，越秀山失守。国民党军队从德宣路、吉祥路、惠爱路、四牌楼长驱直入，夺回市公安局。下午，巷战沉寂下来，广州全城重新落入国民党手里。

广州起义纪念馆（2014年摄）

1949年庆祝广州解放大游行

1949年10月14日，广州解放。11月11日，广州20万名市民举行盛况空前的庆祝解放大游行。活动分为阅兵和游行，检阅台设在原市政府合署大楼（今广州市人民政府）前。叶剑英、方方、邓华、赖传珠、陈赓、李章达等领导，在市政府门前检阅人民解放军入城式。接受检阅的解放军队伍，从市政府合署大楼的检阅台前出发，一路向南，经过爱群大厦，再折回向北，经越秀山脚，再回到检阅台。阅兵仪式历时4个小时。

第四野战军战士在广州市人民政府前接受首长检阅（1949年摄）

西湖路灯光夜市始末

在高第街个体户专业街取得成功经验之后，1984年5月，西湖路开设灯光夜市。广州市共开设6个类似的大型灯光夜市（西湖、黄花、珠光、沙园、晓港、芳村），加上一些小型灯光夜市共有17个。其中，西湖路夜市开设最早，也是全国首个时装夜市。

二十世纪八九十年代，每天19时到24时，西湖路便实行封路，档主们用竹竿沿马路两边搭建起约两三平方米的简易摊档，连成长龙，一字排开，每档都悬挂着一盏电灯，人流从中间经过。从高处望去，如同一条灯光的河流，璀璨夺目，故有“南国明珠”之称。

西湖路灯光夜市刚开张时，只有200多个档口，档主们对时装潮流有着非常敏锐的触觉。90年代，东京市场对巴黎时装的反应期是半个月，香港市场对东京时装的反应期是10天，而广州对香港时装的反应期是一个星期。换言之，很多香港流行时装，刚出来一个星期，便可以在广州街头找到。

西湖路灯光夜市成为展示时装潮流的橱窗，西装、T恤、皮革、时装、婚纱及旅游纪念品系列一应俱全。每晚的人流量多达3万人次，逛街购物的人密密匝匝，十分拥挤。到2000年年底，夜市档口已发展到1045个，灯光的长龙也越伸越长，从“一”字长蛇阵，变成“L”字形，再变成“十”字形。从业者超过1万人。营业面积达1260平方米。高峰时年营业额达8000万元，每年上缴税收600多万元。

西湖路灯光夜市（二十世纪八九十年代摄）

这批被人称为“街边仔”的个体户，发家致富后不忘回报社会，热心公益和慈善事业，率先在全市设立见义勇为基金，为修建地铁捐款，并多次捐钱捐物救济灾民，安置下岗职工等。西湖路灯光夜市多次被省、市评为文明集贸市场、社会治安综合治理先进单位。

由于商业环境及人居环境的改变，在城市中心设灯光夜市的模式，已渐渐显露出难以适应时代变化的弊端，诸如占道经营、阻塞消防通道、造成火灾隐患、噪音扰民等，对城市发展构成一定的不良影响。2001年12月，西湖路灯光夜市撤销。

1997 年设立广州北京路商业步行街

1995 年，全国开始实行五天工作制。人们的休闲时间多起来，消费观念逐渐改变，对城市旧有的交通系统、商业模式也产生了新的需求。商业步行街正是在这种新形势的催发下，于 1997 年在一些大城市应运而生，广州北京路商业步行街便在是年诞生。

1997 年 2 月 8 日，经广州市政府批准，北京路部分路段逢双休日实施准步行，除公共汽车外，其他车辆不准驶入。从 1998 年 5 月 1 日开始，北京路改为周末和节假日的步行街，所有机动车辆均不准驶入，但平时仍然通车。从 2001 年 12 月 1 日起，改为全天候步行街。2003 年 12 月 20 日，北京路北段（省财政厅大楼至中山五路）也开始实行分时段步行。其后，禺山路（全段）、惠福东路（北京路至教育路段）和书坊街，均纳入北京路商业步行街范围，被打造成岭南传统特色美食和东南亚风味美食街。平日的人流量至少有三四十万人次，周末达五六十万人次，比实行步行化前大幅增加。2005 年元旦，北京路的客流量突破 100 万人次。

随着时代的变化，人们的生活品味不断提升，功能单一的商业步行街，已经不能满足人们的需求。北京路商业步行街逐渐被赋予更多样、更丰富的文化内涵。以 2003 年 1 月整饰一新的千年古道遗址正式开放为标志，北京路深厚的历史文化底蕴被重新发掘和展示出来。千年古道遗址、南越国木构水闸遗迹、南越王宫博物馆、都城隍庙、药洲遗址、大佛寺、流水井书院群、体现民国建筑风格的骑楼和广东财政厅大楼，就像众星拱月一样围绕着北京路。

从 2014 年 10 月 16 日零时起，位于北京路北段（今广东省财政厅至中山五路）的广州老字号一条街正式纳入北京路商业步行街范围，实行全日步行街管理。利口福、宝生园、王老吉凉茶、生茂泰、皇上皇腊味、锦泉眼镜、清心堂、风行牛奶、沧洲腊味、仁信甜品等广州老字号进驻北京路步行街。其中不少品牌已被列入国家级和广东省、广

北京路商业步行街夜景（2017年摄）

州市级的非物质文化遗产名录之中，为北京路商业步行街注入新的文化元素。

2016年北京路文化旅游区正式挂牌国家AAAA级旅游景区

自2014年始，越秀区规划以北京路商业步行街为中轴线，将西至教育路、昌兴街，北至中山五路、广卫路（延伸至南越王宫署遗址、城隍庙），东至文德路（延伸至万木草堂、东方文德），南至惠福东路、文明路，面积约0.36平方千米的区域，创建国家AAAA级旅游景区——广州北京路文化旅游区。该区域拥有全国重点文物保护单位4处（秦代造船厂遗址、南越国宫署遗址、南越国木构水闸遗址、广州中山纪念堂）、省级文物保护单位4处（药洲遗址、大佛寺大殿、“三·二九”起义指挥部旧址、广东财政厅旧址）、市级文物保护单位9处（千年古道遗址、拱北楼遗址、拜庭许大夫家庙、都城隍

世界优秀旅游目的地组织主席 Sylvain St-Amand（前排中）参观北京路文化旅游区（2016 年摄）

庙、庐江书院、叶剑英商议讨逆旧址、濂溪书院、市政府合署楼旧址、解放军进城式检阅台旧址），是广州乃至广东底蕴最深厚、历史最完整、精华最集中的区域。

越秀区围绕广州打造国际商贸中心、培育世界文化名城的战略目标，成立景区创建工作领导小组，以项目化运作形式，按照《广州北京路创建国家 4A 级旅游景区工作方案》，共同推进景区创建工作。设立广州北京路文化核心区管理服务中心，纳入公益二类事业单位，配备 9 名正式编制的管理服务人员，充实景区内安保和城管力量，辅警力量达 100 人。编制《北京路文化核心区总体规划》和《北京路文化核心区起步区保护规划及控制性详细规划》，系统梳理北京路旅游资源及线路，分别对打造北京路千年文化轴、北京路历史文化街区保护和 AAAA 级旅游景区建设、北京路文化景观和业态优化提升进行设计。

与此同时，越秀区通过打造精品旅游线路、完善旅游景区配套设施、举办多种多样的活动、扩大宣传推荐的覆盖面等方式，多渠道推动景区宣传。经过两年多的改造，北京路文化旅游区的核心——北京路商业步行街整体换新颜，从北到南形成全域性的风景区。

2016 年 6 月，经过省、市专家评审，北京路文化旅游区正式挂牌国家 AAAA 级旅游景区，成为广东省首家全开放、全免费的国家级 AAAA 景区。

主要参考文献

1.〔清〕梁鼎芬修:《番禺县续志》，台湾成文出版社，1967 年。

2. 徐绍棨著:《广东藏书纪事诗》，台湾文海出版社，1975 年。

3. 存萃学社编:《胡汉民事迹资料汇编》，台湾大东图书公司，1980 年。

4. 中国社会科学院近代史所编:《孙中山全集》，中华书局，1981 年。

5.〔清〕屈大均著:《广东新语》，中华书局，1985 年。

6. 罗刚编著:《中华民国国父实录》，台湾财团法人罗刚先生三民主义奖学金基金会，1988 年。

7. 甄人、谭绍鹏主编:《广州著名老字号》，广州文化出版社，1989 年。

8. 广州市文物志编纂委员会编:《广州市文物志》，岭南美术出版社，1990 年。

9. 黄佛颐撰:《广州城坊志》，暨南大学出版社，1994 年。

10. 广州市地方志编纂委员会编:《广州市志》，广州出版社，1995 年。

11.〔清〕李福泰等修:《(同治)番禺县志》，广东人民出版社，1998 年。

12. 孔令仁、李德征主编:《中国老字号》，高等教育出版社，1998 年。

13. 广州市越秀区地方志编纂委员会编:《广州市越秀区志》，广东人民出版社，2000 年。

14. 广州市越秀区地方志办公室、广州市越秀区政协学习文史委员会编:《广州越秀古书院概观》，中山大学出版社，2002 年。

15. 陈泽泓、胡巧利主编:《广州近代大事典（1840 ~ 2000 年）》，广州出版社，2003 年。

16. 岭南文化百科全书编纂委员会编:《岭南文化百科全书》，中国大百科全书出版社，2006 年。

17. 广东省地方志办公室辑:《广东历代方志集成·广州府部》，岭南美术出版社，2007 年。

18. 陈建华主编:《广州市文物普查汇编·越秀区卷》，广州出版社，2008 年。

19. 广州市文史研究馆编:《文史纵横·越秀区文史专辑》，2010 年第 4 期。

20. 阮元等著:《岭南史志三种》，广东人民出版社，2011 年。

21. 林树森著:《广州城记》，广东人民出版社，2013 年。

22. 广州市人民政府地方志办公室、广州市文化广播新闻出版局编:《广州非物质文化遗产志》，方志出版社，2015 年。

23. 温斌、郭艳玲主编:《越秀史稿》，广东经济出版社，2016 年。

24. 高旭红编著:《药洲石刻》，广东人民出版社，2016 年。

编纂始末

2016年11月，根据《全国地方志事业发展规划纲要（2015—2020）》《广东省地方志事业发展规划（2016—2020）》《中国名镇志文化工程实施方案》《中国名村志文化工程实施方案》等精神，结合越秀区丰富的历史文化资源，中共越秀区委宣传部、越秀区人民政府地方志办公室、北京街道办事处联合开展《中国名镇志丛书·北京街道志》（简称《北京街道志》）编纂工作。

2017年1月19日，越秀区地方志办公室草拟《关于编写和出版〈北京街道志〉的工作方案（稿）》，经越秀区委宣传部和北京街道办事处审核后，建立《北京街道志》编委会，正式启动《北京街道志》编纂工作。越秀区地方志办公室负责申报"中国名镇志文化工程"工作，制定《北京街道志》篇目，征集相关文献史料，审查书稿的编写质量。2月14日，越秀区委宣传部、越秀区地方志办公室、北京街道办事处联合召开《北京街道志》第一轮评议会，与会人员围绕《北京街道志》的框架大纲和总述（稿）进行充分论证，提出修改意见。编写人员根据修改意见，理顺编目，编写志稿。5月8日，完成《北京街道志》初稿，并呈有关专家审核把关。5月27日下午，广州市人民政府地方志办公室召开《北京街道志》评议会，对志稿内容提出有针对性的修改意见。6月5日，越秀区委宣传部、越秀区地方志办公室、北京街道办事处联合召开《北京街道志》第二轮评议会，与会人员对志稿进行深入细致的论证。编写人员全面梳理专家评议意见，有的放矢进行修改，深入挖掘资料，对原志稿进行深加工。其间，先后参阅《番禺县志》《广州市志》《越秀史稿》等20多部文献资料。至6月26日，完成初步总纂，按程序呈广州市人民政府地方志办公室、广东省人民政府地方志办公室审查。7月6日，先后收到评审专家马建和、段雪玉的评审意见，认为《北京街道志》体例规范、结构合理、文字流畅，符合《中国名镇志丛书行文通则》，同意通过终审。

编写《北京街道志》的初衷，是延续和传承北京街的历史与文化，彰显其厚重的历史和文化张力。在《北京街道志》编修期间，越秀区委宣传部、越秀区地方志办公室、北京街道办事处领导给予高度重视；中国地方志指导小组陈旭，广东省人民政府地方志办公室温捷香、刘波，广州市人民政府地方志办公室黄小晶、胡巧利、叶文昕等领导以及业务处室的骨干给予具体指导；广东教育出版社副编审叶曙明收集大量翔实资料，编辑撰写初稿，文笔流畅；广府文化专家陈泽泓、龚伯洪等提供修改意见；越秀区档案局、越秀区民政局提供照片、地图资料。在此，谨代表《北京街道志》编纂委员会向参与该项工作的专家同仁表示感谢！

由于时间仓促，篇幅所限，加之编纂人员学识浅薄，书中尚有错误和遗漏之处，还望各位读者不吝赐教指正，以便后续订正。

编　者

2017 年 7 月